电子商务
法律法规

隋东旭 张云青 ◎ 编著

微课+思政版

清华大学出版社
北京

内 容 简 介

本书依据最新的电子商务法律法规编写,通过本书的学习,读者能够获取电子商务立法的最新成果,并对电子商务法律法规的框架和内容有清晰的认识。

本书共9章,主要内容包括电子商务与电子商务法、电子商务主体法律法规、电子合同法、电子支付与结算法律法规、电子签名与认证法律法规、电子商务中的知识产权法律法规、电子商务消费者权益保护法、电子商务纠纷与解决机制、电子商务新型法律法规。

本书配套有教学课件、微课视频、期末试卷及答案、教学大纲、电子教案等资源,可有效辅助教学。本书可以作为相关院校电子商务法律法规的教材,也可以供电子商务从业人员、贸易从业人员参考使用,还可以作为相关培训机构的教材使用。

本书封面贴有清华大学出版社防伪标签,无标签者不得销售。
版权所有,侵权必究。举报:010-62782989,beiqinquan@tup.tsinghua.edu.cn。

图书在版编目(CIP)数据

电子商务法律法规:微课+思政版 / 隋东旭,张云青编著. —北京:清华大学出版社,2023.10
(2025.1重印)
ISBN 978-7-302-64814-7

Ⅰ.①电⋯ Ⅱ.①隋⋯ ②张⋯ Ⅲ.①电子商务—法规—中国 Ⅳ.①D922.294

中国国家版本馆CIP数据核字(2023)第206099号

责任编辑:邓 婷
封面设计:刘 超
版式设计:文森时代
责任校对:马军令
责任印制:刘海龙

出版发行:清华大学出版社
网 址:https://www.tup.com.cn, https://www.wqxuetang.com
地 址:北京清华大学学研大厦A座 邮 编:100084
社 总 机:010-83470000 邮 购:010-62786544
投稿与读者服务:010-62776969, c-service@tup.tsinghua.edu.cn
质量反馈:010-62772015, zhiliang@tup.tsinghua.edu.cn
印 装 者:三河市天利华印刷装订有限公司
经 销:全国新华书店
开 本:185mm×260mm 印 张:14.75 字 数:356千字
版 次:2023年11月第1版 印 次:2025年1月第3次印刷
定 价:59.80元

产品编号:098084-01

前　言

随着我国经济的不断发展，电子商务成为我国战略新兴产业的重要组成部分，电子商务成为我国经济发展的新引擎之一，作为"互联网+"时代大众创业的新平台，电子商务在增加创业机会、促进大众创业、培育经济新的增长点、推进万众创新等方面发挥着举足轻重的作用。

在本书的编写过程中，编者力求将国内外电子商务立法的最新成果传递给读者，使读者对电子商务法的框架和内容有更清晰直观的了解。

电子商务法律法规是我国电子商务、经济贸易、经济管理等专业开设的一门专业基础课程，其对于学生掌握必备的电子商务法律知识具有基础性作用。本书全面阐述了电子商务法律法规的相关知识，旨在培养合格的电子商务物流应用型人才，为我国的经济发展做出贡献。

编写思路

本书对电子商务各个环节中的法律法规做了详细全面的介绍，考虑到行业的迅速发展，通过系统性的编写以达到对行业、对电子商务法律法规的适应需求。考虑到电子商务法律法规的特点，本书在编写的过程中引用的都是现行的法律法规，以便于学习、研究。在本书的编写过程中，编者始终站在行业发展的前沿，用最新的理念、行业成果、完善成熟的理论体系以及创新拓展的商业模式来丰富课程知识体系。本教材注重专业实践教学环节，强化实践技能训练，宜作为学生、相关领域从业者掌握职业技能、步入工作岗位的入门必读手册。

本书共9章，以下为各章的主要内容。

第1章电子商务与电子商务法，对电子商务、电子商务法以及国内外电子商务立法做了详细的介绍，包括电子商务的定义、特点与模式，电子商务法的定义、特点、作用、基本原则以及调整对象和范围，国内外电子商务立法概况。通过本章的学习，学生能够对电子商务、电子商务法以及国内外电子商务立法有一个宏观的了解。

第2章电子商务主体法律法规，对电子商务法律关系、电子商务经营与交易者的法律法规、电子商务平台的法律法规、网络服务提供商的法律法规做了详细的介绍。通过本章的学习，学生可以掌握电子商务主体法律法规，如电子商务经营者的法律规范、电子商务市场监管体系、企业自建自营的电子商务法律法规等。

第3章电子合同法，主要介绍了电子合同概述、电子合同的订立、电子合同的效力与履行，通过本章的学习，学生能够掌握电子合同法的相关知识，如电子合同订立的程序、电子合同的条款、电子合同履行的法律法规等。

第4章电子支付与结算法律法规，主要介绍了电子支付与结算概述、电子银行的法律法规、第三方支付结算的法律法规，通过本章的学习，学生能够掌握电子支付与结算的相关法律法规，如电子支付各方当事人的权利与义务、电子银行的相关法律法规、第三方支付结算的相关法律法规等。

第 5 章电子签名与认证法律法规，主要介绍了电子签名法律法规、电子认证法律法规，通过本章的学习，学生能够掌握电子签名与认证法律法规，如电子签名的法律法规、电子认证机构管理的法律法规、电子认证证书管理的法律法规等。

第 6 章电子商务中的知识产权法律法规，主要介绍了电子商务知识产权概述、网络著作权的法律法规、域名知识产权的法律法规、电子商务中其他的法律法规，通过本章的学习，学生能够掌握电子商务中的知识产权法律法规，如网络著作权的法律法规、域名注册与注销的法律法规、计算机软件著作权的法律法规、注册商标专用权的法律法规等。

第 7 章电子商务消费者权益保护法，主要介绍了电子商务消费者权益保护概述、电子商务消费者权益保护的法律法规、产品质量与互联网广告的法律法规、我国电子商务消费者权益保护面临的挑战、存在的问题与对策，通过本章的学习，学生能够掌握电子商务消费者权益保护法的相关知识，如电子商务消费者退货权与索赔权、与互联网广告相关的法律法规、我国电子商务消费者权益保护的对策等。

第 8 章电子商务纠纷与解决机制，主要介绍了电子商务纠纷概述和电子商务纠纷解决机制，通过本章的学习，学生能够掌握电子商务纠纷与解决机制的相关知识，如争议在线解决机制、在线仲裁等。

第 9 章电子商务新型法律法规，主要介绍了跨境电子商务的法律法规、直播电子商务的法律法规、移动电子商务的法律法规、农村电子商务的法律法规，通过本章的学习，学生能够掌握电子商务新型法律法规，如跨境电子商务税收的法律法规、移动电子商务经营活动的法律法规等。

本书特色

1. 理论框架结构完整

本书整体采用总—分的模式，对电子商务法律法规进行了全面细致的讲解。

2. 思政与课程相结合

本书中融入了思政元素，响应国家倡导的"思政进课堂"的号召，可以帮助学生树立正确的观念。

3. 板块多样

本书设置了多个板块内容，能够增强学生的学习兴趣，提升学生的阅读感受。同时，也能够拓展学生的知识面，使学生学习到更多的知识。

4. 配套资源，丰富多样

本书配有丰富的教学资源，包括教学课件、教学大纲、电子教案、微课视频、期末试卷及答案等，可有效辅助教学。

5. 体现法律法规的特殊性

本书以电子商务法律法规为依据，结合案例阐述相关理论，体现电子商务法律法规的特殊性。

本书由隋东旭和张云青编著，由于编者水平有限，书中难免存在疏漏和不足之处，敬请广大读者批评指正。

编者在编写本书时，参考了一些文献资料和相关书籍，在此对相关作者表示诚挚的感谢！

编 者

目 录

第1章 电子商务与电子商务法 / 1

1.1 电子商务概述 / 4
- 1.1.1 电子商务的定义 / 4
- 1.1.2 电子商务的特点 / 4
- 1.1.3 电子商务的模式 / 6

1.2 电子商务法概述 / 8
- 1.2.1 电子商务法的定义 / 8
- 1.2.2 电子商务法的特点 / 8
- 1.2.3 电子商务法的作用 / 10
- 1.2.4 电子商务法的基本原则 / 11
- 1.2.5 电子商务法的调整对象和范围 / 12

1.3 国内外电子商务立法 / 14
- 1.3.1 我国电子商务立法概况 / 14
- 1.3.2 国外电子商务立法概况 / 20

拓展实训 / 25

复习思考题 / 25

第2章 电子商务主体法律法规 / 26

2.1 电子商务法律关系 / 28
- 2.1.1 电子商务法律关系的概念 / 28
- 2.1.2 电子商务法律关系的主体 / 28
- 2.1.3 电子商务法律关系的客体 / 34

2.2 电子商务经营与交易者的法律法规 / 35
- 2.2.1 电子商务经营者的基本义务 / 35
- 2.2.2 电子商务经营者的法律规范 / 36
- 2.2.3 电子商务交易主体的分类 / 38
- 2.2.4 电子商务交易主体的认定 / 39
- 2.2.5 电子商务市场准入与退出 / 43

2.2.6 电子商务市场监管体系 / 46

2.3 **电子商务平台的法律法规** / 46

2.3.1 企业自建自营的电子商务法律法规 / 46

2.3.2 第三方电子商务交易平台的法律法规 / 48

2.4 **网络服务提供商的法律法规** / 51

2.4.1 网站的法律规制 / 51

2.4.2 网络服务提供商的法律义务 / 53

2.4.3 网络服务提供商的法律责任 / 55

拓展实训 / 56

复习思考题 / 57

第3章 电子合同法 / 58

3.1 **电子合同概述** / 59

3.1.1 合同与电子合同 / 59

3.1.2 电子合同的特点 / 60

3.1.3 电子合同的分类 / 61

3.2 **电子合同的订立** / 62

3.2.1 电子合同订立的书面形式 / 62

3.2.2 电子合同的法律承认 / 62

3.2.3 电子合同订立的程序 / 63

3.2.4 电子合同订立的特殊问题 / 67

3.3 **电子合同的效力与履行** / 69

3.3.1 电子合同的法律效力概述 / 69

3.3.2 电子合同履行的概念与原则 / 72

3.3.3 电子合同履行的方式 / 73

3.3.4 电子合同的条款 / 74

3.3.5 电子合同的标的 / 74

3.3.6 电子合同履行的法律法规 / 75

3.3.7 电子合同的违约救济 / 77

拓展实训 / 79

复习思考题 / 80

第4章 电子支付与结算法律法规 / 81

4.1 电子支付与结算概述 / 82

4.1.1　电子支付与结算的概念　/　82
　　　4.1.2　电子支付与结算的方式　/　83
　　　4.1.3　电子支付流程中的权利与义务　/　83
　　　4.1.4　电子支付各方当事人的权利与义务　/　86
　4.2　电子银行的法律法规　/　89
　　　4.2.1　电子银行概述　/　89
　　　4.2.2　电子银行的相关法律法规　/　91
　4.3　第三方支付结算的法律法规　/　98
　　　4.3.1　第三方支付结算概述　/　98
　　　4.3.2　第三方支付结算的相关法律法规　/　99
　拓展实训　/　101
　复习思考题　/　102

第5章　电子签名与认证法律法规　/　103

　5.1　电子签名法律法规　/　108
　　　5.1.1　我国《电子签名法》的立法概述　/　108
　　　5.1.2　电子签名的概念　/　109
　　　5.1.3　电子签名具备的条件　/　109
　　　5.1.4　电子签名的法律法规　/　110
　5.2　电子认证法律法规　/　112
　　　5.2.1　电子认证的概念与作用　/　112
　　　5.2.2　电子认证的类别　/　113
　　　5.2.3　电子认证机构管理的法律法规　/　115
　　　5.2.4　电子认证证书管理的法律法规　/　122
　拓展实训　/　126
　复习思考题　/　126

第6章　电子商务中的知识产权法律法规　/　127

　6.1　电子商务知识产权概述　/　128
　　　6.1.1　知识产权的相关定义　/　128
　　　6.1.2　知识产权的类别　/　129
　　　6.1.3　知识产权的特征　/　131
　6.2　网络著作权的法律法规　/　133
　　　6.2.1　网络著作权的概念　/　133

6.2.2　网络著作权的内容　/　134

　　　6.2.3　网络著作权的相关法律法规　/　138

　6.3　**域名知识产权的法律法规**　/　140

　　　6.3.1　域名知识产权的概念　/　140

　　　6.3.2　域名权人的权利与义务　/　140

　　　6.3.3　域名注册服务机构的法律法规　/　142

　　　6.3.4　域名注册与注销的法律法规　/　145

　　　6.3.5　因域名引起的不正当竞争　/　146

　　　6.3.6　域名纠纷的法律法规　/　147

　6.4　**电子商务中其他的法律法规**　/　148

　　　6.4.1　计算机软件著作权的法律法规　/　148

　　　6.4.2　注册商标专用权的法律法规　/　152

拓展实训　/　156

复习思考题　/　157

第7章　电子商务消费者权益保护法　/　158

　7.1　**电子商务消费者权益保护概述**　/　160

　　　7.1.1　电子商务消费者的定义　/　160

　　　7.1.2　电子商务消费者的特点　/　160

　　　7.1.3　电子商务消费者权益保护的基本原则　/　161

　7.2　**电子商务消费者权益保护的法律法规**　/　162

　　　7.2.1　电子商务消费者安全权和知情权　/　162

　　　7.2.2　电子商务消费者选择权与公平交易权　/　164

　　　7.2.3　电子商务消费者退货权与索赔权　/　165

　　　7.2.4　电子商务消费者个人信息权　/　166

　　　7.2.5　电子商务消费者的其他权利及其保护　/　168

　7.3　**产品质量与互联网广告的法律法规**　/　169

　　　7.3.1　与产品质量和经销商相关的法律法规　/　169

　　　7.3.2　与互联网广告相关的法律法规　/　171

拓展实训　/　180

复习思考题　/　180

第8章　电子商务纠纷与解决机制　/　181

　8.1　**电子商务纠纷概述**　/　182

8.1.1 电子商务纠纷的概念 / 182

8.1.2 电子商务纠纷的案件类型 / 182

8.2 **电子商务纠纷解决机制** / 184

8.2.1 争议在线解决机制 / 184

8.2.2 在线仲裁 / 186

8.2.3 在线诉讼 / 187

拓展实训 / 190

复习思考题 / 190

第9章 电子商务新型法律法规 / 191

9.1 **跨境电子商务的法律法规** / 193

9.1.1 跨境电子商务的定义 / 193

9.1.2 跨境电子商务主体的法律法规 / 193

9.1.3 跨境电子商务通关的法律法规 / 195

9.1.4 跨境电子商务零售进口经营活动的特殊规定 / 197

9.1.5 跨境电子商务税收的法律法规 / 200

9.1.6 跨境电子商务的纠纷解决制度 / 201

9.2 **直播电子商务的法律法规** / 203

9.2.1 直播电子商务的定义 / 203

9.2.2 直播电子商务的特点 / 204

9.2.3 直播电子商务的相关法律法规 / 205

9.3 **移动电子商务的法律法规** / 212

9.3.1 移动电子商务的认知 / 212

9.3.2 移动电子商务经营活动的法律法规 / 213

9.3.3 典型移动电子商务应用的法律法规 / 216

9.4 **农村电子商务的法律法规** / 218

9.4.1 农村电子商务的认知 / 218

9.4.2 农村电子商务的相关法律法规 / 221

拓展实训 / 223

复习思考题 / 223

参考文献 / 224

第 1 章

电子商务与电子商务法

知识目标

- ☑ 了解电子商务的相关知识，包括电子商务的定义、特点和模式；
- ☑ 掌握电子商务法的相关知识，包括电子商务法的定义、特点、作用、基本原则以及调整对象和范围；
- ☑ 了解国内外电子商务立法状况，包括我国电子商务立法概况和国外电子商务立法概况。

思维导图

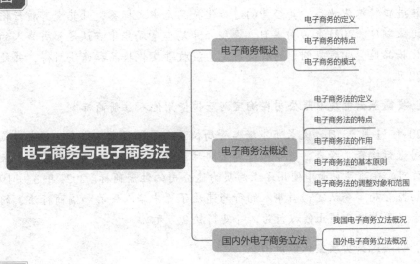

引导案例

安徽省市场监管局公布 2021 年电商领域十大典型案例

一、青阳县金宏外卖送餐服务有限公司对入网餐饮服务提供者未履行审查义务案

2021 年 7 月 28 日和 8 月 9 日，池州市青阳县市场监管局执法人员先后对青阳县金

宏外卖送餐服务有限公司位于青山新城南区莲花路的"饿了么外卖"办事点进行夏季餐饮配送平台专项检查。经查,当事人对入网餐饮服务提供者未履行审查义务,平台内的入网餐饮服务提供者中有1户食品经营许可证已过期未上传,3户未办理食品经营许可证。2021年10月11日,青阳县市场监管局审查认定,当事人的行为违反了《中华人民共和国食品安全法》和《网络餐饮服务食品安全监督管理办法》有关规定,决定没收当事人违法所得1043.4元,罚款5万元。

二、利辛县逆世界爬宠店未在淘宝平台内店铺首页位置公示营业执照信息或相关链接案

2021年11月3日,利辛县市场监管局执法人员根据杭州市余杭区市场监管局案件移送线索,对利辛县逆世界爬宠店进行检查。经查,当事人于2017年11月21日申请办理了名称为利辛县逆世界爬宠店营业执照,类型为个体工商户,经营场所为利辛县城关镇霸王路与文州路交叉口南路西,经营范围为宠物用品销售,并在淘宝平台上开设店铺"逆世界"销售宠物用品,截至案发,当事人未在其店铺首页显著位置持续公示营业执照信息或相关链接。2021年11月26日,利辛县市场监管局审查认定,当事人的行为违反了《中华人民共和国电子商务法》的有关规定,责令当事人改正,并处罚款5000元。

三、合肥市柒贝嘉电子商务有限公司未履行进货查验义务和销售无中文标签的进口化妆品案

2021年7月12日,合肥市市场监管局执法人员根据举报,对合肥市柒贝嘉电子商务有限公司进行现场检查。经查,当事人于2021年2月起通过淘宝网店"Seven Beauty"上架销售进口特殊化妆品,其经营的进口化妆品无中文标签,且其没有履行化妆品进货查验记录制度。2021年9月8日,合肥市市场监管局经审查认定,当事人的行为违反了《化妆品监督管理条例》的有关规定,没收涉案化妆品和违法所得,并处罚款共计26 272元。

四、安徽燕云电缆有限公司在淘宝网店铺使用他人注册商标案

2020年11月23日,天长市市场监管局执法人员根据案件线索,对安徽燕云电缆有限公司进行检查。经查,当事人在淘宝网注册店铺销售电线电缆商品时,未经商标注册人许可,在商品页面中使用了上海贝力达公司的注册商标。2021年3月19日,天长市市场监管局审查认定,当事人的行为违反了《中华人民共和国商标法》的有关规定,责令当事人立即停止侵权行为,并处罚款2万元。

五、胡某民买卖质量认证证书案

2021年7月16日,东至县市场监管局执法人员根据案件移交线索,对当事人胡某民涉嫌买卖认证证书进行立案调查。经查,当事人在认证微信群发布可提供认证服务广告信息联系到认证证书购买方后,又通过微信群联系到未依法登记注册和备案的"中元兴国际认证(中国)有限公司",为购买方秦皇岛秦家味物流配送有限公司办理了5张无效的质量体系认证证书,通过电子方式和书面邮寄方式交付给购买方,并从中

获利。2021年9月6日,东至县市场监管局审查认定,当事人利用网络渠道买卖无效的质量认证证书,并从中牟利,其行为构成非法买卖无效认证证书行为,违反了《认证证书和认证标志管理办法》第五条的规定,依据《认证证书和认证标志管理办法》第二十七条规定,对当事人罚款3万元。

六、凤台甜妹妹食品超市在美团外卖平台售卖过期食品案

2021年8月9日,凤台县市场监管局根据消费者投诉,对凤台甜妹妹食品超市进行现场检查。经查,当事人通过其在美团外卖平台"甜小妹零食超市"销售的1袋标称四川老川东食品有限公司生产的夜半小卤香辣牛肚已超过保质期,同时,其店内货架上的3盒南京同仁堂(600085)柠檬红豆薏米饮固体饮料也已超过保质期。当事人购进上述食品时未履行索证索票义务,也未建立查验记录、进货台账。2021年10月11日,凤台县市场监管局审查认定,当事人经营超过保质期食品,采购食品时未建立进货查验记录制度的行为,违反了《中华人民共和国食品安全法》的有关规定,责令当事人改正违法行为,并处警告、没收违法所得和违法食品、罚款1万元。

七、合肥天之骄教育科技有限公司发布虚假广告案

2021年7月22日,合肥市市场监管局执法人员对合肥天之骄教育科技有限公司进行检查。经查,当事人在该公司网站"资质及荣誉"栏目中展示"合肥晚报、新安晚报、安徽商报授予合肥市诚信办学单位""第二届中国互联网教育峰会榜样机构""58同城年度战略合作伙伴""安徽省小语种协会AAA级学校"等荣誉牌匾,实际上从未获得以上荣誉及牌匾,另外,该公司在商标未经核准注册的情形下,将"天之骄国际教育"陈设于经营场所。2021年11月2日,合肥市市场监管局审查认定,当事人的行为违反了《中华人民共和国广告法》第二十八条及《中华人民共和国商标法》第五十二条的规定,依据《中华人民共和国广告法》第五十五条和《中华人民共和国商标法》第五十二条,责令当事人停止发布违法广告并处罚20.2万元。

八、安徽富洋食品有限公司利用格式合同侵害消费者权益案

2021年8月5日,太和县市场监管局执法人员根据案件线索,对安徽富洋食品有限公司经营场所进行检查。经查,当事人在淘宝网开设运营"富洋婴童辅食店",网店内销售的"宝宝零食小蛋卷健康营养儿童休闲食品小馒头巧克力夹心蛋酥饼干"网页上标注有:"赠品为纯福利,一经送出,不退不换,不指定颜色,不累计,不叠加,介意勿拍"等词语。2021年9月26日,太和县市场监管局审查认定,当事人在网店销售商品时,将赠送商品标注为"一经送出,不退不换,不指定颜色"的用词,侵害了消费者的自主选择权、公平交易权,违反了《安徽省消费者权益保护条例》第十八条规定,依据《安徽省消费者权益保护条例》第五十九条规定,责令当事人立即改正,并处罚款5000元。

九、安徽省乔思牧医疗器械进出口有限公司虚假宣传案

2021年9月9日,滁州市南谯区市场监管局执法人员根据举报,对安徽省乔思牧医疗器械进出口有限公司的经营场所进行检查。经查，当事人没有医疗器械注册资质，却在网络平台上销售医疗器械。同时，为了提高消费者对产品的信任度，当事人将国内生产的医疗器械产品在网页上标注了"澳洲进口品质"；为了引导消费者购买欲望，当事人在网页上宣称"月销量3000+，库存数字39 771件"，实际上生产1172件、销售12件。2021年10月12日，滁州市南谯区市场监管局审查认定，当事人的行为是对其商品作虚假或者引人误解的商业宣传，违反了《中华人民共和国反不正当竞争法》第八条和第十七条的规定，依据《中华人民共和国反不正当竞争法》第二十条的规定，责令当事人立即停止不正当竞争违法行为，并处罚款22万元。

十、株洲醉酒轩酒业有限公司在直播平台上销售标签不合格酒类食品案

2021年1月19日，黄山市市场监管局执法人员根据群众反映，对位于黄山市屯溪区九龙工业园凤山路8号仓库进行检查，发现仓库内堆满了不同品种的白酒，并且有工作人员正在打包白酒向外地寄件。经查，该仓库是株洲醉酒轩酒业有限公司租赁。当事人在抖音和快手等互联网直播平台上设立账号，推送酒类广告给平台客户，客户点击平台链接预订，由当事人市场部将客户预订的产品数量、价格和收件地址发送给黄山仓库负责人，最终从黄山仓库通过物流发货，客户收到产品后付款。2021年4月21日，黄山市市场监管局经调查认定，当事人在抖音和快手等直播平台上设立账号，在黄山市租赁仓库发货销售的"茅台镇纯粮酒"违反了《中华人民共和国食品安全法》第六十七条的规定，依据《中华人民共和国食品安全法》第一百二十五条第一款，对当事人没收违法产品和违法所得，罚款人民币17.9万元。（陶维）

资料来源：安徽公布2021年电商领域十大典型案例[EB/OL]. （2022-01-21）. https://amr.ah.gov.cn/public/5248926/146465851.html.

1.1 电子商务概述

1.1.1 电子商务的定义

电子商务是指以信息网络技术为手段，以商品交换为中心的商务活动；也可理解为在互联网、企业内部网和增值网上以电子交易方式进行交易活动和相关服务的活动，是传统商业活动各环节的电子化、网络化、信息化；以互联网为媒介的商业行为均属于电子商务的范畴。

思政小课堂：

通过对电子商务与电子商务法的学习，培养学生的法律意识与职业道德感，最终培养学生成为德才兼备、全面发展的社会有用之才。

1.1.2 电子商务的特点

电子商务与传统商务相比具有明显的特点，主要表现在以下几个方面，如图1-1所示。

微课：电子商务的特点

图1-1 电子商务的特点

1. 交易虚拟化

电子商务通过互联网开展贸易，参与贸易的各方从贸易磋商、签订合同到资金支付等都无须当面进行，整个交易完全虚拟化。对卖方来说，可以通过建设自己的网站或者大型网络交易平台，将产品信息发布到互联网上。对买方来说，通过网络找到自己需要的产品。买卖双方通过网上洽谈，签订电子合同，完成交易并进行电子支付。

2. 交易成本低

距离越远，网络上进行信息传递的成本相对于信件、电话、传真等的成本而言就越低。买卖双方通过网络进行商务活动，无须中介者参与，减少了交易环节。

电子商务实行"无纸化贸易"，可减少90%的文件处理费用。企业利用内部网可实现"无纸化办公"，提高内部信息传递的效率，节省时间，并降低管理成本。而且，企业通过互联网可把总部、代理商，以及分布在各地的子公司、分公司联系在一起，及时对各地市场做出反应，及时生产，及时销售，降低库存，采用高效、快捷的配送公司提供交货服务，从而降低产品成本。

卖方可通过网络进行产品宣传，避免在传统方式下做广告等费用花费高。

3. 交易透明化

买卖双方从交易洽谈、签约以及货款的支付，到交货过程都在网络上进行。通畅、快捷的信息传输可以保证各种信息之间互相核对，可以防止伪造信息的流通。同样，在典型的许可证 EDI（电子数据交换）系统中，由于加强了发证单位和验证单位的通信、核对，所以假的许可证就不易漏网。海关 EDI 也可帮助杜绝边境的假出口、兜圈子、骗退税等违法行径。

知识链接

全国首例电子商务平台起诉售假卖家案

2016年6月，淘宝网通过大数据打假系统发现两家店铺销售的施华洛世奇手表存在售假嫌疑，经品牌方鉴定，被告销售的商品包装与正品不符，做工粗糙，颜色异样，权利人给出了"所涉商品为假货"的鉴定结论。

两家涉嫌售假的店铺分别由该案两名被告刘某均、王某怡注册，淘宝网将线索移送至警方。2016年8月10日，警方查处了王某怡位于布吉的经营及居住场所，当场将刘某均抓获，发现涉案的店铺实际上由刘某均与其妻陈某华共同经营。2017年5月，罗湖区法院认定刘某均夫妻二人犯销售假冒注册商标的商品罪。

2017年3月29日，淘宝网起诉售假冒施华洛世奇卖家案一审开庭。刘某均夫妻二人被公安机关查获后，淘宝网还以"违背平台不得售假约定、侵犯平台商誉"为由将上述三人告上法庭。

2017年1月初，龙岗区法院受理此案。这也是全国首例电子商务平台利用民事诉讼手段起诉售假卖家的案件。

庭审中，原告的代理律师称，三被告售假的行为违反原告与被告双方的网络服务合同，违反商标法相关规定，构成商标侵权，对申请人商誉造成损害，请求法院判令三被告赔偿损失321万元。

当日庭审中，已收到法庭传票的被告三人并未到场出庭，法庭遂宣布缺席审理。

在提交给法庭的答辩状中，刘某均夫妻二人均承认，因为一时糊涂铸成大错，对淘宝网造成一定的影响，因已改过和家庭变故等因素盼获得原告谅解。经过一个多小时的审理后，法庭宣布休庭，将择日宣判。

资料来源：阿里发布2017年打假打黑"诉讼第一案"成绩单，多案例入评选榜单[EB/OL]（2018-03-30）. https://www.163.com/dy/article/DE5LOTM60519U9GU.html.

1.1.3 电子商务的模式

1. B2B电子商务模式

企业与企业之间的电子商务即B2B（business to business）电子商务。B2B（也有写成BTB，是business to business的缩写）是指企业与企业之间通过专用网络或Internet进行数据信息的交换、传递，开展交易活动的商业模式。它将企业内部网和企业的产品及服务，通过B2B网站或移动客户端与客户紧密结合起来，通过网络的快速反应为客户提供更好的服务，从而促进企业的业务发展。

B2B电子商务的涉及面十分广泛，是指企业通过信息平台和外部网站将面向上游供应商的采购业务和面向下游代理商的销售有机地联系在一起，从而降低彼此之间的交易成本，提高客户满意度的商务模式。B2B电子商务是目前电子商务市场的主流部分，如图1-2所示。

图1-2 阿里巴巴

2. B2C 电子商务模式

企业与消费者之间的电子商务即 B2C（business to consumer）电子商务。B2C 电子商务指的是企业针对个人开展的电子商务活动的总称，如企业为个人提供在线医疗咨询、在线商品购买等，如图 1-3 所示。

图 1-3　京东

3. C2C 电子商务模式

C2C 是电子商务的专业用语，意思是个人与个人之间的电子商务，其中 C 指的是消费者，因为消费者的英文单词是 customer（consumer），所以简写为 C，又因为英文中的 2 的发音同 to，所以 C to C 简写为 C2C，C2C 即 customer（consumer）to customer（consumer）。例如一个消费者有一台计算机，通过网络进行交易，把它出售给另外一个消费者，此种交易类型就称为 C2C 电子商务，如图 1-4 所示。

图 1-4　闲鱼

4. O2O 电子商务模式

O2O 电子商务即 online 线上网店 offline 线下消费，商家通过免费开网店将商家信息、商品信息等展现给消费者，消费者在线上进行筛选服务并支付，在线下进行消费验证和消费体验。这样既能极大地满足消费者个性化的需求，也节省了消费者因在线支付而没有去消费的费用。商家通过网店信息传播得更快、更远、更广，可以瞬间聚集强大的消费能力。该模式的主要特点是商家和消费者都通过 O2O 电子商务满足了双方的需要。

5. 跨境电子商务

跨境电子商务是指分属于不同国家的交易主体，通过电子商务手段将传统进出口贸易中的展示、洽谈和成交环节电子化，并通过跨境物流及异地仓储送达商品、完成交易的一种国际商业活动。

6. 移动电子商务

移动电子商务 M-commerce，它由电子商务 E-commerce 的概念衍生出来，电子商务以 PC 机为主要界面是有线的电子商务；而移动电子商务则是通过移动通信设备（手机、平板电脑等）与无线上网技术结合所形成的商务活动。它将互联网、移动通信技术、短距离通信技术及其他信息处理技术完美地结合，使人们可以在任何时间、任何地点进行各种商贸活动，实现随时随地、线上线下的购物与交易、在线电子支付以及各种交易活动、商务活动、金融活动和相关的综合服务活动等。

移动电子商务分为广义与狭义两种：广义的移动电子商务是指通过移动通信设备随时随地获得的一切服务，涉及通信、娱乐、商业广告、旅游、紧急救助、农业、金融、学习等，可以看作与 electronic business 对应的 mobile business；狭义的移动电子商务是指通过通信设备进行货币类交易的商务活动，可以看作 electronic commerce 对应的 mobile commerce。在这两种说法中，都有两个重要的特征，即"移动"和"商务"。也正因如此，国外常用 mobile commerce 来表示移动电子商务。在国内，许多人根据 mobile commerce 的名称将其称为"移动商务"。如无特别指出，一般将"移动电子商务"与"移动商务"两个概念视为等同。

1.2 电子商务法概述

1.2.1 电子商务法的定义

电子商务法是指调整电子商务活动或行为的法律规范的总和。由于对电子商务有着不同的理解，所以人们对电子商务法调整范围的把握存在差异。目前的普遍看法是电子商务法不是试图面对所有的商业领域重新建立一套新的商业运作规则，而是将重点放在探讨因交易手段和交易方式的改变而产生的特殊商事法律问题。

1.2.2 电子商务法的特点

电子商务法是一个综合性法律体系，涉及民法、商法、经济法等许多领域，总体上讲，电子商务法属于商事法范畴。从组织法与行为法划分来看，电子商务法在性质上应属于行为法或者交易行为法的范畴，它同原有的商事法律相配合，来调整具体的电子商务法律关系。电子商务法通过保障网络交易安全，为电子商务的健康、快速发展创造一个良好的法律环境，以此促进网络商务交易活动的进行。电子商务法的特点如图1-5所示。

图1-5 电子商务法的特点

1. 国际性

电子商务法的国际属性是其最重要的特征之一，这主要基于网络法与电子商务法的全球特征和全球标准，互联网技术的全球性、标准的全球性、域名的全球性和接口的统一性，必然决定和要求电子商务的全球化、国际化。同时，全球经济一体化的要求，亦使网络与电子商务存在和发展的基础基本上处在同一平台上或环境下，世界各国经济相互依存、紧密联系，迫切需要建立适应网络和电子商务发展的统一规则。

2. 规则的统一性

电子商务法的另一个重要的法律特征则是统一规则，即在全球范围内统一网络规则和电子商务规则。规则的统一性是电子商务国际性的必然结果。从目前来看，联合国国际贸易法委员会颁布的《电子商务示范法》为统一规则的形成提供了必要的基础。

《电子商务示范法》支持在电子商务中的国际合同，确定和认可通过电子手段形成的合同规则和交易范式，规定了约束电子合同履行的标准，界定了构成有效电子书写文件和原始文件的条件，提出了为法律和商业目的而做出的电子签名的可接受程度，同时支持在法庭上和仲裁过程中可使用电子证据。

3. 技术性

电子商务之所以能有快速和大规模的发展，关键是基于技术和技术创新。如果没有科学技术为基础，以科技创新为先导，网络与电子商务的发展是不可能有今天这种水准和态势的。只有依靠科学技术和技术创新，电子商务才可能进入更高的阶段。

审视及评价世界各国的电子商务立法，不难看出，技术因素和技术含量在网络法和电子商务法中的重要性。应当说，电子商务法实质上是技术规范与法律规范融合的产物，离开了技术规范、技术创新，也就不存在网络法和电子商务法，更不存在网络法律体系和电子商务法律体系。

互联网是现代信息技术的代表，以网络为手段的电子商务法也必然带有一定的信息技术特点。其特点主要有以下四个。

1）程式性

电子商务法一般不直接涉及交易的具体内容，即不直接涉及当事人享有的权利和义务，主要调整当事人之间因不同交易手段的使用而引起的权利义务关系，即有关数据电文是否有效，是否归属于某人，电子签名是否有效，是否与交易的性质相适应，认证机构的资格如何，它在证书颁发与管理中应承担何种责任等问题。

2）技术性

在电子商务法中，许多法律规范是由技术规范直接或间接地演变而成的，实际上，网络本身的运作也需要一定的技术标准，当事人若不遵守，就不可能在网络环境下进行电子商务交易。

3）开放性

电子商务法是以数据电文进行意思表示的法律制度，而数据电文在形式上是多样化的，并且还在不断发展之中。因此，我们必须以开放的态度对待任何技术手段与媒介，设立开放型的规范，让各种有利于电子商务发展的设想和技术都能发挥作用。

4）复合性

电子商务法的复合性源于其技术手段的复杂性和依赖性，它通常表现为当事人必须在第三方的协助下完成交易活动。例如，在合同订立过程中，需要网络服务商提供接入服务，需要认证机构提供数字证书；在电子支付过程中，需要第三方支付机构提供网络化服务。

4. 复杂性

电子商务的高科技化和互联网技术的专业性、复杂性，造成了电子商务交易关系的复杂性，也由此决定了电子商务法律关系的复杂性。这是因为在电子商务交易中，当事人之间的交易必须在第三方协助下才能完成，即在网络服务商和认证机构等提供的服务下完成。这就使电子商务的交易活动与传统交易相比，包含了多重的法律关系，使电子商务法的法律关系复杂化。

1.2.3 电子商务法的作用

1. 创造良好的法律环境

随着互联网技术的迅速普及，各类现代化通信手段在商务交易中的使用频率正在急剧增加。然而，我们以非书面电文形式来传递具有法律意义的信息可能会因使用这种电文遇到法律障碍，也可能使这种电文的法律效力或有效性受到影响。起草电子商务法的目的是要向电子商务的各类参与者提供一套在虚拟环境下进行交易的规则，说明怎样消除此类法律障碍，为电子商务创造一个比较良好的法律环境。

2. 保障网络交易安全

现代社会互联网应用的快速发展使一系列网络安全问题接踵而来。如网络入侵、网络攻击、非法获取公民信息、侵犯知识产权、损害公民合法利益等，这些不仅会严重危害国家安全和社会公共利益，也会严重干扰电子商务的交易活动。

网络空间已成为第五大主权领域空间，没有网络安全就没有电子商务安全。网络一旦遭受攻击，就可能导致电子商务交易中断、金融紊乱等问题，破坏性极大，而电子商务法就是为了保障网络交易的安全而制定的法律。

3. 增加了现有法律的范围

之所以提及电子商务单独立法，是因为国家有关传递和存储信息的现行法律不够完备，因为那些文件在起草时还没有预见到电子商务的使用。例如，在某些情况下，现行法律通过规定使用"书面""经签字的"或"原始"文件等，对现代通信手段的使用施加了某些限制或包含有限制的含义。尽管国家在信息的某些方面颁布了具体规定，但仍然没有全面涉及电子商务的立法，这种情况可能使人们无法准确地把握并非以传统的书面文件形式提供的信息的法律性质和有效性，也无法完全相信电子支付的安全性。此外，在使用电子邮件和手机短信的同时，也有必要对新型通信技术制定相应的法律和规范。

电子商务法还有助于补救现有法律的缺陷。因为国家一级立法的不完备会对商务活动造成障碍，特别是在国际贸易中，相当大的一部分法律是与使用现代信息技术有关的。如果我国对使用现代信息技术的法律与国际规范有较大差异和不明确性，将会限制中国企业进入国际市场。

4. 鼓励利用现代信息技术开展交易活动

电子商务法的目标是促进电子商务的发展或为此创造方便条件，平等对待基于书面文件的用户和基于数据电文的用户，充分发挥高科技手段在商务活动中的作用。这些目标都是促进经济增长和提高国际、国内贸易效率的关键。从这一点来讲，电子商务立法的目的就是创立尽可能安全的法律环境，以便交易各方之间能够高效率地从事电子商务业务。

1.2.4 电子商务法的基本原则

1. 维护网络交易安全的原则

电子商务网络交易的安全是电子商务法承担的最重要的任务。因为这一问题将决定电子商务的生存和发展。一个不安全、没有信用的商业模式注定要走向衰亡。在人们尚未对电子商务充满信任时，营造和维护网络交易的安全便成为电子商务立法的初衷和理由。

2. 自由交易原则

电子商务和传统商业的相似之处在于，二者都需要赋予交易的参与人以充分的自由。这是市场经济规律的选择，法律必须予以尊重。只有如此，才能确保电子商务发展壮大。而且，电子商务给参与者提供了远远大于传统商业模式的想象空间，充分发挥个人自由是丰富交易内容、活跃交易秩序的关键。

3. 标准开放和信息透明原则

网络要实现最大限度的互联，就必须开放和统一技术标准。今天的电子商务正是得益于这种合作。随着科技和电子技术的不断进步和发展，新的技术产品和新的技术标准必将服务于电子商务，因此，确立标准开放的原则是很有必要的。

此外，作为电子产品和服务的供应者，必须保证向用户开放诸如姓名、商号、经营地址、注册模式等必要的信息，以方便网络用户在不上门的情况下自由选择和认知交易对象。

4. 保护消费者的原则

法律对消费者的保护是通过赋予其特定权利和增加专业者（销售者或提供服务者）的

特定义务来实现的。电子商务活动中的消费者依然享有传统商业模式下消费者的各项权利。

此外，由于是不能上门挑选的远程消费，网络消费者还应享有对交易合同的反思权和反悔权。发生纠纷时，应做出有利于消费者的法律安排。

5. 电子产品和服务供应商的整体责任原则

电子商务不像传统商务那样，客户可以面对面地咨询、挑选供应商的产品和服务。供应商在其网站上的产品介绍也多用枚举的方式对外宣传，客户对购买对象或消费对象的了解相对较少。因此，应保障用户在因供应商本人或第三人不履行义务受到损害时，至少能将供应商作为追诉对象。

1.2.5 电子商务法的调整对象和范围

1. 电子商务法的调整对象

电子商务法的调整对象应该是电子商务交易活动中发生的各种社会关系。这类社会关系是在广泛采用新型信息技术，并将这些技术应用到商业领域后形成的特殊的社会关系。它交叉存在于虚拟社会和实体社会之间。根据具体电子商务活动产生的不同关系，由此需要电子商务法律予以调整，将本书内容归纳为以下几个部分。

1）网络服务提供商的法律问题

电子商务网站是电子商务运营的基础。在电子商务环境下，交易双方的身份信息、产品信息、意思表示（合同内容）、资金信息等均需要通过网站发布、传递和储存。规范电子商务网站建设是电子商务法的首要任务。在通过中介服务商提供的平台进行交易的情况下，电子商务法必须确定中介服务商的法律地位和法律责任。同时电子商务法也需要确定在电子商务平台上设立电子商务网站、设立虚拟企业进行交易的主体之间的法律关系，确定电子商务网站与进入网站购物的消费者之间的法律关系。电子商务法还需要明确因为电子商务网站运作不当，如传输信息不真实、无效等引起交易损失时，网站应当承担的责任和相对人获得法律救济的途径和方法。

在现行法律体制下，任何长期固定从事营利性事业的主体都必须进行工商登记。在电子商务环境下，任何人不经登记就可以借助计算机网络发出或接收网络信息，并通过一定程序与其他人达成交易。虚拟主体的存在使电子商务交易安全性受到严重威胁。电子商务法应该明确网上交易主体，确定哪些主体可以进入虚拟市场从事在线业务。

2）电子合同的法律问题

电子商务的突出特点是信息数字化（或电子化）和网络化，一方面表现为企业内部信息和文档的电子化，另一方面表现为对外交易联络、记录的电子化，尤其是电子合同的应用带来了许多法律问题。对于前者而言，数据电文的应用带来了管理信息、财务记录、交易记录等完全电子化、网络化，如何保证这些信息安全并具有证据效力就是必须解决的问题；对于后者而言，因所有当事人的意思表示主要以电子化的形式存储在计算机硬盘或其他电子介质中，这些记录方式不仅容易被涂擦、删改、复制、遗失，而且不能脱离其记录工具（计算机）而作为证据独立存在。电子商务法需要解决由于内部记录、电子合同而引起的诸多问题，突出表现为有效电子记录规则、签字有效性、电子合同订立和履行等方面的问题。

3）电子支付的法律问题

在电子商务简易形式下,支付往往采用汇款或交货付款方式,而典型的电子商务则是在网上完成支付的。网上支付通过信用卡和虚拟银行的电子资金划拨来完成,而实现这一过程涉及网络银行与网络交易客户之间的协议、网络银行与网站之间的合作协议以及安全保障问题。因此,需要制定相应的法律,明确电子支付的当事人(包括付款人、收款人和银行)之间的法律关系,制定相关的电子支付制度,认可电子签字的合法性。同时,还应出台对于电子支付数据的伪造、变造、更改、涂销问题的处理办法。

我国现有的网络交易立法存在大片空白,没有调整电子支付关系的专项法律,电子支付立法存在突出的滞后性问题。由于缺少法律的规范,更加限制了电子支付的发展。

除去技术方面及社会配套设施建设等不提,单从法律方面来看,有关电子支付的问题主要存在于两个方面:一是电子支付效力的认定,二是对电子支付违法活动的防止与惩治。

4）电子签名与认证问题

电子商务环境下,任何交易的前提都是交易双方相互信任。电子签名与认证法律制度正是为确保这一目的而设立的。没有电子签名,无法使交易的单证生效;没有电子认证体系,开放、虚拟的电子商务将失去生存环境。电子签名的可靠性不仅依靠密码技术予以保证,也需要相应的法律制度对签名人、依赖方的权利义务予以明确,并赋予电子签名法律效力。电子认证可以通过电子技术检验用户合法性,与电子签名在功能和应用范围上有一些区别。认证机构可以对电子商务活动中的用户提供信用服务,完善认证机构的管理制度才能为电子商务活动提供更好的信用服务。

5）电子商务中的知识产权问题

开展电子商务的国家、企业和个人在涉及知识产权方面均需要采取法律承认和保护的交易方式,以便更有效地维护自己的智力成果。新形态的知识产权客体在互联网环境下得到扩展,知识产权侵权的类型也呈现出复杂、多变的态势。这种态势下对网络作品、商标以及域名的保护不仅关系无形财产的保护,也关系商务法律的构建。因此,简要阐述电子商务中的知识产权问题显得十分必要。

6）电子商务中的其他法律问题

互联网为企业带来了新的经营环境和经营方式,在这个特殊的经营环境中,同样会产生许多不正当竞争行为。这些不正当竞争行为有的与传统经济模式下的不正当竞争行为相似,有的则是网络环境产生的特殊不正当竞争行为。这些不正当竞争行为不仅可能侵犯线上消费者的合法权益,还会破坏良好的互联网经济秩序。伴随着互联网经济的日益繁盛,网上消费维权争议与网络虚假广告的投诉纠纷的数量节节攀升,印证了电子商务中反不正当竞争的重要性,这便是在线不正当竞争行为的规制问题。

另外,电子商务税收法律关系是电子商务法研究的一个重要组成部分。作为一种商业活动,电子商务是应当纳税的,但从促进电子商务发展的角度看,在一定时期内实行免税也是很有必要的。从实际运作情况看,由于网络交易是全球范围内的交易,因此征税管理十分困难。每天通过互联网所传递的资料数据相当庞大,其中某些信息就是商品,如果要监管所有的交易,必须对所有的信息都进行过滤,这在事实上是不可能的。

探索网络征税的有效方法是税法的一个重要任务。从另一方面看,如果按照现有的税法进行征税,必然要涉及税务票据问题,但电子发票的实际运用技术尚不成熟,其法律效力也有较大的争议，对这方面的问题也需要深入研究。

7）在线交易法律适用和管辖冲突问题

电子商务的本质是商务。虽然在线交易是在网络这个特殊的"虚拟环境"中完成的，但实体社会的商法框架和体系对电子商务仍然有效，电子商务法只是解决在线交易中的特殊法律问题。这里面就存在一个现有法律法规的适用问题。由于互联网的超地域性，法院管辖范围需要进一步明确。由于电子商务的技术特点，诉讼中的举证责任、证据规则也需要做相应调整。因此，对于网络环境引起的法律适用和法院管辖等问题的研究，也就成为电子商务法的重要组成部分。

2. 电子商务法的调整范围

电子商务法调整的范围主要涵盖两类商业活动：一类是贸易型电子商务，另一类是服务型电子商务。

贸易型电子商务是转移财产权利的电子商务，包括有形货物的贸易和无形信息产品的贸易。二者的区别主要在于，有形货物的贸易仍然需要利用传统物流配送渠道，如邮政、快递和物流配送系统；而无形信息产品的贸易则可以通过网络实现标的物的交付，如软件、影视产品等的交付。

服务型电子商务包括为开展电子商务提供服务的经营活动和通过网络开展各项有偿服务的经营活动。服务型电子商务区别于贸易型电子商务的一个重要特点是，它不移转任何财产，而只提供特定的服务。例如，网络服务提供商（IP）提供的网络接入服务、电子邮件服务、交易平台服务，教育、医疗、金融等行业提供的咨询服务，等等。虽然许多主体往往兼顾信息转让和信息服务，二者的界限并不十分清晰，但是，在法律上贸易和服务之间的差别还是存在的。

另外，随着信息技术的不断发展和用户需求的不断增长，近年来出现了一些实体市场、虚拟市场都采用的新技术（如移动商务技术）和新型电子商务类型（如O2O）。所以，电子商务法也需要考虑因实体市场与虚拟市场融合而出现的新问题。

1.3 国内外电子商务立法

1.3.1 我国电子商务立法概况

1. 我国电子商务立法的现状

（1）立法启动。根据第十二届全国人民代表大会常务委员会的立法规划，电子商务法被列入第二类立法项目。第二类立法项目是指需要抓紧工作，条件成熟时提请全国人民代表大会常务委员会审议的法律草案。2013年12月27日，全国人民代表大会财政经济委员会在人民大会堂召开电子商务法起草组成立暨第一次全体会议，标志着电子商务法立法工作正式启动。

（2）首次审议。2016年12月19日上午，第十二届全国人民代表大会常务委员会第二十五次会议在北京召开，首次审议《中华人民共和国电子商务法（草案）》。

2016年12月19日上午,全国人民代表大会财政经济委员会副主任委员吕祖善做了关于提请审议《中华人民共和国电子商务法(草案)》议案的说明。2016年12月25日,第十二届全国人民代表大会常务委员会第二十五次会议分组审议了《中华人民共和国电子商务法(草案)》。

知识链接

《中华人民共和国电子商务法》立法情况

2013年12月27日,全国人民代表大会财政经济委员会召开电子商务法起草组成立暨第一次全体会议。2016年12月19日,第十二届全国人民代表大会常务委员会第二十五次会议在北京首次审议《中华人民共和国电子商务法(草案)》。2017年10月31日,第十二届全国人民代表大会常务委员会第三十次会议对《中华人民共和国电子商务法(草案)》进行了再次审议。2018年6月19日,第十三届全国人民代表大会常务委员会第三次会议对《中华人民共和国电子商务法(草案)》三审稿进行了审议。2018年8月28日,第十三届全国人民代表大会常务委员会第五次会议就《中华人民共和国电子商务法(草案)》四审稿进行了分组审议。2018年8月31日,第十三届全国人民代表大会常务委员会第五次会议审议《中华人民共和国电子商务法(草案)》五次审议稿并通过,以国家主席令第七号公布,自2019年1月1日起施行。

《中华人民共和国电子商务法》旨在保障电子商务各方主体的合法权益,规范电子商务行为,维护市场秩序,促进电子商务持续健康发展。共分七章八十九条:第一章总则;第二章电子商务经营者(第一节一般规定、第二节电子商务平台经营者);第三章电子商务合同的订立与履行;第四章电子商务争议解决;第五章电子商务促进;第六章法律责任;第七章附则。

(3)二次审议。2017年10月31日,第十二届全国人民代表大会常务委员会第三十次会议对《中华人民共和国电子商务法(草案)》进行了再次审议。全国人民代表大会法律委员会副主任委员李连宁介绍了草案的修改思路:电子商务经营者应当依法办理工商登记,但销售自产农副产品、销售家庭手工业产品、个人利用自己的技能从事依法无须取得许可的便民劳务活动,以及依照法律、行政法规不需要进行工商登记的除外。不得以虚假宣传、虚构交易、编造用户评价等方式侵害消费者的知情权,应当明示用户注销的方式和程序,竞价排名的商品或者服务,应当显著标明"广告"。电子商务平台不得利用服务协议和交易规则等手段,对平台内经营者的交易、交易价格等进行不合理限制或者附加不合理交易条件,或者收取不合理费用。完善电子商务争议处理规范,经营者应当提供原始合同和交易记录,丢失、伪造、篡改、隐匿或拒绝提供的,应当承担相应责任。

(4)三次审议。2018年6月19日,第十三届全国人民代表大会常务委员会第三次会议分组审议了《中华人民共和国电子商务法(草案)》三审稿。与会人员认为,为顺应电子商务的快速发展、促进经济转型升级,建议尽快修改完善该法,进一步加强消费者权益保护。面对我国快速发展的电子商务领域,不少委员指出了尽快推进电子商务法出台的必要性和紧迫性。

(5)四次审议。2018年8月28日,第十三届全国人民代表大会常务委员会第五次会议就《中华人民共和国电子商务法(草案)》四审稿进行了分组审议。会上,委员和代表们就平台押金收取问题、平台推送服务授权、消费者权益保护等问题的讨论较为集中，但总体意见认为《中华人民共和国电子商务法（草案）》已经较为成熟。

（6）审议通过。2018年8月31日，第十三届全国人民代表大会常务委员会第五次会议审议《中华人民共和国电子商务法（草案五次审议稿）》并通过。以中华人民共和国主席令第七号公布：《中华人民共和国电子商务法》（以下简称《电子商务法》）已由中华人民共和国第十三届全国人民代表大会常务委员会第五次会议于2018年8月31日通过并公布，自2019年1月1日起施行。

2. 电子商务的相关法律法规

1)《中华人民共和国民法典》中关于电子商务的相关内容

《中华人民共和国民法典》（以下简称《民法典》）中关于电子商务的主要内容如下。

第一，规定书面形式包括数据电文。《民法典》第四百六十九条第二款规定，书面形式是合同书、信件、电报、电传、传真等可以有形地表现所载内容的形式。这就承认了数据电文的法律地位，即数据电文属于书面形式，与其他书面形式具有法律上的"同等功能"。

第二，明确数据电文合同的到达时间。《民法典》第一百三十七条规定，以非对话方式作出的采用数据电文形式的意思表示，相对人指定特定系统接收数据电文的，在该数据电文进入该特定系统时生效；未指定特定系统的，相对人知道或者应当知道该数据电文进入其系统时生效。当事人对采用数据电文形式的意思表示的生效时间另有约定的，按照其约定。

第三，明确数据电文合同的成立地点。《民法典》第四百九十二条第二款规定，采用数据电文形式订立合同的，收件人的主营业地为合同成立的地点；没有主营业地的，其住所地为合同成立的地点。当事人另有约定的，按照其约定。如此规定，把数据电文合同成立的地点确定了下来，便于解决相关的法律问题。

2)《中华人民共和国电子签名法》中关于电子商务的相关内容

《中华人民共和国电子签名法》（以下简称《电子签名法》），是我国电子商务方面的第一部立法，是我国第一部通过正式立法的电子商务实体法。

3)《中华人民共和国刑法》关于电子商务的相关内容

我国自1997年10月1日起实行的刑法，第一次增加了计算机犯罪的罪名，包括非法侵入计算机系统罪，破坏计算机系统功能罪，破坏计算机系统数据、程序罪，制作、传播计算机破坏程序罪，等等。这表明我国计算机法制管理正在步入一个新阶段，并开始和世界接轨。

3. 其他电子商务的相关法律法规

1)关于计算机与网络安全的行政法规

我国的计算机立法工作开始于20世纪80年代。1981年，公安部开始成立计算机安全监察机构，并着手制定有关计算机安全方面的法律法规和规章制度。1986年4月开始草拟《中华人民共和国计算机信息系统安全保护条例》。2000年12月28日，第九届全国人民代表大会常务委员会第十九次会议通过了《全国人民代表大会常务委员会关于维护互联网安全的决定》。国务院行政法规主要有《中华人民共和国计算机信息网络国际联网管理暂行规定》《中华人民共和国计算机信息网络国际联网管理暂行规定实施办法》《互联网信息服务管理办法》《中华人民共和国计算机信息系统安全保护条例》等。2016年11月7

日,第十二届全国人民代表大会常务委员会第二十四次会议通过《中华人民共和国网络安全法》,自 2017 年 6 月 1 日起施行。国务院制定公布施行的还有《互联网信息服务管理办法》《中华人民共和国电信条例》《中华人民共和国认证认可条例》《关于促进跨境电子商务健康快速发展的指导意见》《中华人民共和国著作权法实施条例》《计算机软件保护条例》等。

2)涉及电子商务的部门规章

涉及电子商务的部门规章包括《电子认证服务管理办法》《电子认证业务规则规范(试行)》《电子银行业务管理办法》《非金融机构支付服务管理办法》《非银行支付机构网络支付业务管理办法》《电子银行安全评估指引》《关于跨境电子商务零售出口税收政策的通知》《互联网广告管理暂行办法》《网上证券委托暂行管理办法》《证券账户非现场开户实施暂行办法》《互联网域名管理办法》《网络购买商品七日无理由退货暂行办法》《侵害消费者权益行为处罚办法》等。

3)涉及电子商务的司法解释

涉及电子商务的司法解释包括《最高人民法院关于审理扰乱电信市场管理秩序案件具体应用法律若干问题的解释》《最高人民法院关于审理买卖合同纠纷案件适用法律问题的解释》《最高人民法院关于审理涉及计算机网络域名民事纠纷案件适用法律若干问题的解释》《最高人民法院关于人民法院网络司法拍卖若干问题的规定》等。

4. 地方电子商务的法律法规

1)北京市

北京市工商行政管理局于 2000 年 4 月发布了《北京市工商行政管理局网上经营行为备案的通告》,网络经济组织可通过互联网向北京市工商行政管理局设立的红盾 315 网站申请登记备案。2000 年 5 月,北京市工商行政管理局又发布了《关于对网络广告经营资格进行规范的通告》,同时出台了《关于对利用电子邮件发送商业信息的行为进行规范的通告》。2001 年出台了《北京市网络广告管理暂行办法》,2002 年出台了《北京市电子商务监督管理暂行办法》《北京市互联网上网服务营业场所管理办法》等。北京市工商行政管理局颁布了《网站名称注册管理暂行办法》《网站名称注册管理暂行办法实施细则》《经营性网站备案登记管理暂行办法》《经营性网站备案登记管理暂行办法实施细则》等。

2021 年,北京市商务局和北京市财政局联合印发了《北京市外经贸发展资金支持北京市跨境电子商务发展实施方案》。2022 年,北京市商务局印发了《关于进一步推进跨境电子商务创新发展的若干措施》。

2)上海市

为了促进上海经济、贸易的快速发展,为电子商务的健康、快速发展创造一个良好的法律环境,弥补现有法律的缺陷和不足,鼓励利用现代信息技术促进交易活动,《上海市电子商务管理办法》已经开始起草。目前已对电子商务认证办法提出了初步的管理意见——《上海市国际经贸电子数据交换管理规定》。

3)其他省市县

广东省颁布的《电子交易条例》、广东省市场监督管理局颁布的《广东省市场监督管理局关于网络食品监督的管理办法》、浙江省颁布的《实施〈中华人民共和国消费者权益保护法〉办法》、山东省颁布的《山东省消费者权益保护条例》、福建省泉州市安溪县人民政府颁布的《安溪县电子商务监督管理暂行办法》等。

5. 我国电子商务立法的原则

1)技术中立原则

电子商务立法的技术中立原则,是指政府或立法机构对于各种有关电子商务的技术、软件、媒体等采取中立的态度,由实际从事电子商务者和信息服务中介商自己根据技术发展选择采取新的或与国际社会接轨的技术,政府应当不偏不倚,鼓励新技术的采用和推广。

(1)对不同贸易形式中立。对传统贸易和电子商务贸易,或者其他贸易的形式,电子商务法对其应该是一视同仁的,不应该限制这种贸易,而厚对那种贸易。贸易形式或手段不能成为电子商务立法的差别标准。

(2)对不同当事人中立。参与电子商务的国内外当事人、商家、消费者和中间人,电子商务法对国籍、地点、形式都应该是同等对待的,不能厚此薄彼。法律的歧视,将会阻止电子商务的发展。

(3)对不同技术中立。电子商务交易所使用的不同技术是实现电子商务交易的基础,对电子商务交易的实质没有影响。对于注册技术、安全技术、加密技术、支付技术、结算技术和配送技术等,不能有任何歧视。

(4)对不同通信和交易形式中立。不同的通信和交易形式,只是电子商务交易的手段,电子商务法不应有差别。多种通信和交易形式的发展和应用,正是电子商务竞争的表现,也是促进其进一步发展的途径之一。另外,通信和交易形式的发展有利于资源的配置和社会的进步。

(5)对不同形式的法律中立。电子商务法应在传统法律的基础上产生和实施,不应该出现法律地位和效力的不平等现象。不能将传统的法律规范的效力放置于电子商务法之上,也不能因其是电子商务法的立法而高于传统的法律规范。正确的做法是保持中立。

2)尊重当事人意思自治及市场导向原则

电子商务立法的尊重当事人意思自治及市场导向原则,是指电子商务法应当尊重当事人意思自治原则以及市场导向原则,消费者可在政府介入程度最低的情况下,在网络上自由买卖商品或服务。该原则可以从以下两个角度来理解。

(1)从政策的角度。国家应当采取适当的鼓励措施,促进电子商务交易形式的普及和运用,电子商务需要法律规制,也需要政府管制,但是,所有这些强制性规制只是为了给电子商务创造一个良好的法律环境和制度保障。尤其是电子商务还是一种新生事物,许多规范尚需要探索和实践,国家应当鼓励和尊重市场导向。在市场准入方面,政府应当降低市场准入门槛;在税收方面应鼓励企业采取电子商务,同时积极寻找课税的新途径和新方法。

(2)从法律规范的角度。电子商务法应尽可能地为当事人意思自治和行业自治原则留有余地,对于调整交易行为的法律规范仍然强调引导性、任意性,为当事人全面表达与实现自己的意愿预留充分的空间;在法律实施领域坚持私法自治原则,只要现行法律没有禁止的,就是允许的或者不视为违法的,只要法律没有强制规定,那么当事人之间的安排就是合法的。这种态度有利于商家不断地探索电子商务运行的经验和习惯,有利于形成成熟的行为规范。

3)体系化和必要性原则

(1)体系化原则。电子商务立法的体系化原则,是指任何一个国家的法律要得到较好的实施,一个很关键的要求就是法律之间应当衔接妥当、互相兼容,形成一个完善的法律体系。电子商务法也必须和其他法律互相兼容、互相协调。否则,如果现行法律对电子商务的发展造成障碍,就需要对现行法律做出修改和完善。从这个角度来看,一个国家电子商务方面的立法,既是新法的建立,同时也是对旧法的改革和完善。

(2)必要性原则。电子商务立法的必要性原则,是指国家对电子商务方面立法应该是必要的。电子商务的发展,对于基于传统商务的立法,可能存在很多不适应、不合理的地方,因此,对电子商务方面的立法应当是必要的。

4)功能等同原则

电子商务立法的功能等同原则,是指根据针对纸质文件的不同法律要求的作用,使数据通信与相应的具有同等作用的纸质文件一样,享受同等的法律地位和待遇。现行的法律都是以纸质文件为基础而订立的,而电子商务中的各种信息都是存储在磁介质上的,一旦电子商务出现法律问题,在适用现行的法律时,因为磁介质信息不同于纸质文件,难以产生与纸质文件同等的法律效力,这就会为司法实践带来困难和困惑,因此在电子商务法中应实行功能等同原则。这一原则的出现为电子商务适用现行法律扫清了障碍,为电子商务的发展提供了坚强的法律支持,如各国电子商务法都规定电子证据与传统书面证据享有同样的法律地位等。

5)国际协调原则

电子商务立法的国际协调原则,是指各国在立法过程中尽量采纳一套国际上可接受的规则,以便排除传统法律中的障碍,为电子商务创造更加安全的法律环境。电子商务是无地域界限或超国界的商业方式,因此,它比传统商业活动更需要采取统一规则。在这方面,联合国国际贸易法委员会《电子商务示范法》率先确立了一些基本原则,为电子商务立法基本原则的统一奠定了基础。事实上,之后许多国家立法均采纳了《电子商务示范法》的基本原则。因此,我国电子商务立法也应当尽量与《电子商务示范法》保持一致,这样有利于我国电子商务规范与世界接轨。与此同时,吸收其他国际组织和发达国家成熟的立法经验,既可以避免走弯路,同时也可以减少摩擦和规则冲突,使我国立法一开始就融入全球电子商务大环境中。

6)保护消费者权益原则

电子商务立法的保护消费者权益原则,是指网络上对于消费者的保护力度不能小于其他环境下对于消费者的保护力度。国家应提供清楚、一致且可预测的法律架构,以促进对网络交易当事人的保护。从各国电子商务立法来看,美国的电子商务立法侧重于具体技术问题的解决,而忽略了消费者权益的保护,实际上,由于美国是判例法国家,消费者权益的保护可以得到很好的解决。而欧洲国家在电子商务立法时则侧重于消费者权益的保护,由于欧洲国家大部分是大陆法系,其在电子商务立法时对消费者权益的保护加以规定是必要的。我国在电子商务立法时,不仅要解决电子商务技术问题,也应当对消费者权益的保护加以规定。

7)安全原则

电子商务立法的安全原则,是指确立保障电子商务交易的安全规范,使电子商务在安全和公平的法律环境下运行。电子商务是在虚拟的环境中运行的,在线交易给人们带来效率的同时,也会带来不安全因素。因为在线交易是全球性的、非面对面的,是以电子信息或数据电文为手段的,所以不仅有传统法律环境下的不安全因素,如对方丧失履约能力等,而且存在特有的风险问题,例如交易当事人是否真实存在、资信如何等。安全是电子商务的前提,也是电子商务的重要保障,因此电子商务立法必须遵循安全原则。该原则体现在对数据电文、电子合同、电子签名、电子认证、电子支付、配送等法律中。

6. 我国电子商务立法存在的问题和对策

1) 我国电子商务立法存在的主要问题

我国现行的电子商务法律基本上还处于法规规章的层次上,在法律层面上的电子商务立法还比较少,且不够完善。法律结构比较单一,层次较低,难以适应信息网络技术发展的需要。我国现行的电子商务法律基本上是一些保护条例、管理办法之类的,缺少系统规范电子商务行为的基本法律。

2) 我国电子商务立法问题的解决对策

(1) 建立电子商务法律体系。第一,制定新的立法,这方面的立法主要是涉及电子商务交易形式的狭义电子商务法,最典型的是关于数据电文效力、电子签名法、电子认证等方面的立法。第二,对传统法律进行修改、补充,例如对法律适用和管辖规则加以修改,以适应对网络案件的管辖和审理。我国应当系统地清理阻碍电子商务法律的现行法律法规,使电子商务法形成一个比较完整的体系。

(2) 遵循国际规则。在制定我国电子商务相关法律法规时,应充分考虑电子商务活动的国际性和影响,参照联合 EDI 标准、《电子商务示范法》和《电子签名示范法》等规范性电子商务法规,遵循国际规则。

(3) 考虑国情。从我国实际情况出发,是我国电子商务立法成功的关键。必须综合分析和充分考虑我国电子商务发展的情况、问题和我国电子商务立法的条件。

1.3.2 国外电子商务立法概况

1. 联合国的电子商务立法

1)《电子商务示范法》

联合国国际贸易法委员会于 1996 年 12 月通过了《电子商务示范法》。该法是世界范围内第一个电子商务的统一法律,旨在向各国提供一套国际公认的电子商务法律范本,以供各国制定本国电子商务法律法规时参考,促进使用电子数据、电子签名、电子邮件、传真等现代信息技术和手段。

《电子商务示范法》对电子商务形式及其法律承认、书面形式、签名、原件的要求、数据电文的可接受性和证据力、数据电文的留存、电子合同的订立和效力、当事人对数据电文的承认、数据电文的归属、确认收讫、发出与收到时间、当事人协议优先适用等重要问题等,均有明确的规定。

《电子商务示范法》为各国或地区电子商务的立法提供了一套国际规则,推动了世界电子商务立法协调发展。

2)《电子签名示范法》

联合国国际贸易法委员会于 2000 年 7 月通过了《电子签名示范法》,于 2001 年 3 月审定,《电子签名示范法》是联合国国际贸易法委员会在颁布《电子商务示范法》之后,在国际电子商务立法方面的又一成果,为各国和地区制定电子签名法提供了范本。

《电子签名示范法》是《电子商务示范法》的具体化和发展,《电子签名示范法》在《电子商务示范法》中有关电子签名条款的基础上,对电子签名相关的内容做了明确的规定。例如,对电子签名的定义、电子签名的要求、签名人和认证服务提供者及签名信赖方的行为和义务等制定了相应的规范。《电子商务示范法》属于"基本法"性质,而《电子签名示范法》属于"实体法"性质,其内容更加具体和具有可操作性。

《电子签名示范法》的颁布推动了世界各国和地区电子签名立法和其他实体法的立法工作。

2. 美国的电子商务立法

1)美国犹他州颁布《数字签名法》

美国犹他州于1995年颁布了《数字签名法》(*Utah Digital Signature Act*)。这是世界上最早的关于电子签名的立法。犹他州的《数字签名法》以"技术特定化"为基础,即规定采用某种电子技术的数字签名才能具有法律效力。

2)美国发布《全球电子商务纲要》

1997年7月1日,美国总统克林顿发布《全球电子商务纲要》(*A Framework For Global Electronic Commerce*)。《全球电子商务纲要》是世界上第一份官方正式发表的关于电子商务立场的文件。纲要中提出了关于电子商务发展的一系列原则,系统阐述了一系列政策。其目的是为电子商务的国际讨论与签订国际协议建立框架,美国政府积极地通过WTO(世界贸易组织)、OECD(经济合作与发展组织)、APEC(亚太经济合作组织)等国际组织,实践纲要中提出的原则和政策。美国政府的《全球电子商务纲要》目前已成为主导全球电子商务发展的宪章性文件。

> **知识链接**
>
> **美国《全球电子商务纲要》**
>
> 1997年7月1日,美国总统克林顿发布《全球电子商务纲要》,其基本内容包括五大基本原则和九大议题。
>
> 五大基本原则包括:① 私营企业应居于主导地位;② 政府应避免对电子商务做不必要的限制;③ 政府必须支持商务法制环境的建设;④ 政府应当认识到互联网的独特性质;⑤ 电子商务应在国际化基础上被推进。
>
> 九大议题包括:① 海关与税务;② 电子支付系统;③ 针对电子商务修订《统一商法典》;④ 知识产权的保护;⑤ 隐私权保护;⑥ 网络安全;⑦ 电信基础设施与信息技术;⑧ 网络内容;⑨ 技术标准。

3)美国参议院商业委员会通过《互联网免税法案》

美国参议院商业委员会于1998年5月通过《互联网免税法案》。美国自发布《全球电子商务纲要》之后,在其国内已通过《互联网免税法案》(*Internet Tax Freedom Act of 1997*,ITFA)、《政府文书作业简化法案》(*Government Paperwork Elimination Act*)、《数字千禧年著作权法案》(*Digital Millennium Copyright Act*)、《1998年儿童网上隐私权保护法案》(*Children's Online Privacy Protection Act of 1998*)四个法案。

1998年5月14日，美国参议院商业委员会通过《互联网免税法案》。法案中规定：在未来6年内，对在互联网上从事各种电子商务的企业和各种IAP（互联网接入提供商）、ISP（互联网服务提供商）和IIP（互联网信息提供商），禁止联邦政府和各州政府征税，并且取消现行的不合理税收。

4）美国颁布《美国统一电子交易法案（修订稿）》

美国统一州法全国委员会于1999年8月4日颁布了《美国统一电子交易法案（修订稿）》，并建议各州在立法中采纳。其目的在于为美国各州建立一个统一的电子商务交易规范体系，从操作规程上保障电子商务的顺利开展。2000年9月29日，美国统一州法全国委员会颁布了《统一计算机信息交易法》。

5）美国颁布《国际与国内商务电子签名法》

美国众议院法制委员会于1999年10月13日通过了《国际与国内商务电子签名法（草案）》（Electronic Signature in Global and National Commerce，ESIGN Act），作为在全美实施统一的电子签名法案。克林顿政府于2000年6月30日正式签署通过该草案，使之成为正式法案。因为美国在颁布《国际与国内商务电子签名法（草案）》之前，各州关于电子签名的法律各有不同，所以在依据《美国统一电子交易法案（修订稿）》所规范的标准制定州级电子签名法案之前，要求各州必须遵守此法案的电子签名规则，不得另行制定法规。

《国际与国内商务电子签名法》遵循"技术中立"的原则，认定只要符合标准的电子签名即具有法律效力。

3. 欧盟和欧洲国家的电子商务立法

1）欧盟的电子商务立法

（1）欧盟的《电子签名指令》。欧盟委员会于1997年提出的《欧洲电子商务行动方案》，为规范欧洲电子商务活动制定了框架。

1998年颁布了《关于信息社会服务的透明度机制的指令》。1999年通过了《关于建立有关电子签名共同法律框架的指令》，简称《电子签名指令》。

《电子签名指令》构建了欧盟电子签名的基本框架，成为各成员国电子签名的立法基础，具有深广的社会意义。《电子签名指令》的立法旨在促进电子签名在欧盟成员国间的使用和法律承认，规范电子签名技术在成员国的使用，规定电子签名服务提供者的义务，保护电子签名在电子商务活动中的使用。该指令明确规定了电子签名服务提供者承担确保其所签发证书内容准确性的义务。《电子签名指令》遵循技术中立的原则。

知识链接

欧盟的《电子签名指令》

欧盟于1999年通过了《关于建立有关电子签名共同法律框架的指令》，其内容有15个条款和4个附件，主要包括：第一条范围、第二条定义、第三条市场准入、第四条内部市场原则、第五条电子签名的法律效力、第六条责任、第七条国际问题、第八条数据保护、第九条委员会、第十条委员会的责任、第十一条通告、第十二条检查、第十三条执行、第十四条开始执行、第十五条受众。

《电子签名指令》旨在推动电子签名和促进其法律效力和认同性。本法案建立了电子签名的框架和一些相关的证书服务来保证内部市场的正常运行。本法案不包括全部有关合同或其他欧盟国家法律规定的法律义务的结论和有效性，也不影响有关文档使用的欧盟国家的规定和限制。

（2）欧盟的《电子商务指令》。2000年，欧盟颁布了《关于内部市场中与信息社会的服务，特别是与电子商务有关的若干法律问题的指令》，简称《电子商务指令》。该指令构建了欧盟电子商务的框架，成为各成员国电子商务活动的立法基础，具有深远的社会意义。《电子商务指令》旨在全面规范电子商务市场、电子合同、电子交易、信息社会服务、电子商务服务提供者的责任等电子商务相关活动。

知识链接

欧盟的《电子商务指令》

欧盟于2000年颁布了《关于内部市场中与信息社会的服务，特别是与电子商务有关的若干法律问题的指令》，其基本内容包括：第一章一般性条款；第二章原则，第一节设立机构与信息要求、第二节商业通信、第三节通过电子手段缔结的合同、第四节中间服务提供者的责任；第三章实施。

《电子商务指令》旨在建立一个法律框架，以确保成员国之间的信息社会服务的自由流动，但不对刑法领域本身进行上述协调。在全球化的环境下，市场通过电子方式运作，欧盟与主要的非欧盟地区则有必要互相协商，以使各国的法律与程序相一致。

（3）欧盟电子商务增值税新指令。2003年7月1日起，欧盟成员国开始实施电子商务增值税的新指令（Directive2002/38/EC），欧盟成为世界上第一个对电子商务征收增值税的区域，从此开始电子商务征税的历史。欧盟电子商务增值税新指令旨在平衡增值税体系在欧盟成员国企业的影响。欧盟电子商务增值税新指令规定，在欧盟取得电子商务收入的非欧盟居民企业，按在欧盟取得的电子商务收入（通过互联网、广播、电视所取得的商品销售收入和劳务收入）缴纳增值税。

具体征税范围如下：第一，网站及网站维护服务，程序及设备的远程维护；第二，软件销售及更新（下载）；第三，网上提供图片、文本、信息以及提供数据库服务；第四，网上提供音乐、电影及游戏下载服务；第五，网络远程教育。

2）英国的电子商务立法

2000年，英国制定了《电子通信法案》，对密码服务提供商、电子商务的促进与数据储存、电信执照、法律修改、主管机关等规定具体规范。2002年推行《电子商务（欧盟指令）条例》和《电子签名（欧盟指令）条例》，使英国的电子商务和电子签名由英国的2002年《电子通信法》过渡到欧盟指令。2020年1月31日，英国正式脱离欧盟。

3）欧洲其他国家的电子商务立法

（1）意大利。1997年意大利制定了《数字签名法》。1998年、1999年颁布了总统令，制定了《数字签名技术规则》。意大利的《数字签名法》，原则上承认了电子文件的法律效力，总统令将其具体化，其中规定数字签名与手书签名有相同的效力，并对认证机构的要求做了具体规定。数字签名技术规则具体规定数字签名所使用的数字算法，是一部技术性规范。

（2）法国。1997年8月制定了《信息与通信服务法》，其对电子商务的活动做了详细规定，包括《通信服务使用法》《通信服务中个人信息的保护法》《电子签名法》《刑法典修正案》《行政违法修正案》《禁止对未成年人传播不道德出版物修正案》《版权法修正案》《价格标示法修正案》等。

（3）俄罗斯。1995年1月颁布了《俄罗斯联邦信息法》。这是在世界上较早的一部关于电子商务方面的法律。

该法调整所有电子信息的生成、存储、处理与访问活动，规定电子签名的认证权必须经过许可。联邦市场安全委员会于1997年发布了《信息存储标准暂行要求》，具体规定了交易的安全标准。2002年颁布了《电子数字签名法》。该法规定加密技术为生成电子签名的唯一方法，排除了其他技术。

4. 亚洲和其他国家的电子商务立法

1）新加坡的电子商务立法

1998年4月，新加坡政府颁布了《电子商务政策框架》，并设立了"新加坡一号"示范项目。

1998年6月29日新加坡政府颁布了《新加坡电子交易法》（以下简称《电子交易法》），全面规范电子商务的活动；1999年颁布了新加坡《电子交易（认证机构）规则》和《认证机构安全方针》，作为《电子交易法》的配套法律。《电子交易法》规定了电子商务的基本内容和电子签名的相关问题。具体包括：电子记录和电子签名的一般效力与规则，电子合同的成立、效力、归属，电子记录与电子签名的安全性要求，数字签名的效力与责任，认证机构的设立、义务及其行为规则等内容。新加坡的《电子交易法》，遵循技术中立与技术特定化相结合的原则，在对认证机构管理方面，采取政府监管和市场自由相结合的方式。

2）马来西亚的电子商务立法

1997年马来西亚颁布了《数字签名法》，是亚洲最早的电子商务方面的立法。《数字签名法》的主要功能在于解决电子商务中的签名问题。其主要内容是：遵循技术特定化原则；只有经数字签名的数据电文方可认定为书面文件，具有书面形式文件的效力，并可执行；只有经数字签名的数据电文方可视为原件，并可执行；认证机构必须符合资格要求，并依法经过政府特许，方可执行认证业务。认证机构须接受主管机关的严密监管。

3）日本

日本于2000年6月发布了《数字化日本之启动——行动纲领》，提出实现"数字化日本"的目标；关于电子商务提出建立高度可信的网络商务平台，构筑电子认证系统，明确网络服务提供者的责任，并推进跨国界电子商务活动；2000年，颁布了《电子签名与认证服务法》，自2001年起施行。

日本在法律上承认电子记录中的电子签名，推定附有电子签名的电子记录的真实性，认证服务规范等。

4）韩国

韩国于1999年2月颁布了《电子商务基本法》，1999年7月正式生效。该法分为总则、电子通信信息、电子商务安全、电子商务的促进、消费者保护、附则共六章，内容全面。为了具体实施《电子商务基本法》，韩国还制定了《电子签名法》。

5）印度

印度于1998年颁布了《电子商务法》，在法律上承认电子记录和电子签名；同年颁布了《电子商务支持法》，对合同法、证据法等进行了修订，以适应电子商务发展的需要；1999年颁布了《信息技术法》，对电子记录和数字签名的应用做了进一步的规范。

6）澳大利亚

澳大利亚于1998年颁布了《私权利保护法》，确立了信息私权保护原则和个人信息采集方式及目的；1998年颁布了《计算机和证据法》；1998年3月颁布了《电子商务：法律框架的构造》。《电子商务：法律框架的构造》是澳大利亚在电子商务立法中的一份很重要的文件。1999年6月总检察长向联邦议会提出了《电子交易法案》，该法案在1999年6月和1999年10月分别在下议院及上议院发表，并在2000年3月15日正式公布。该法案是由电子商务专家组依据联合国国际贸易法委员会的《电子商务示范法》起草的，在电子认证方法方面采取了市场导向与技术中立的原则。

拓展实训

【实训目标】

通过实训使学生初步了解电子商务法的相关知识，了解国内外电子商务法立法状况。

【实训内容】

了解电子商务的模式以及电子商务法的基本原则、调整对象和范围。

【实训步骤】

（1）以2~3人为单位组成一个团队，设负责人一名，负责整个团队的分工协作。

（2）团队成员通过分工协作，多渠道搜集相关资料。

（3）团队成员对搜集的材料进行整理，总结并分析电子商务法的调整对象和范围，了解国内外电子商务的立法状况。

（4）各团队将总结制作成表格，派出一人作为代表上台演讲，阐述自己团队的成果。

（5）教师对各团队的成果进行总结评价，指出不足与改进措施。

【实训要求】

（1）考虑到课堂时间有限，实训可采取"课外+课内"的方式进行，即团队组成、分工、讨论和方案形成在课外完成，成果展示安排在课内。

（2）每个团队方案展示时间为10分钟左右，教师和学生提问时间为5分钟左右。

复习思考题

1. 电子商务的特点有哪些？
2. 电子商务的模式有哪些？
3. 电子商务法的特点有哪些？
4. 电子商务法的作用有哪些？
5. 电子商务法的基本原则有哪些？

第 2 章
电子商务主体法律法规

知识目标

- ☑ 了解电子商务法律关系，包括电子商务法律关系的概念、主体和客体；
- ☑ 掌握电子商务经营与交易者的法律法规，包括电子商务经营者的基本义务和法律规范、电子商务交易主体的分类和认定、电子商务市场准入与退出以及电子商务市场监管体系；
- ☑ 了解电子商务平台的法律法规，包括企业自建自营的电子商务法律法规和第三方电子商务交易平台的法律法规；
- ☑ 了解网络服务提供商的法律法规，包括网站的法律规制、网络服务提供商的法律义务与法律责任。

思维导图

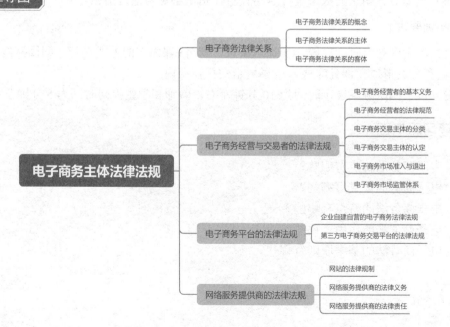

引导案例

全国"刷单入刑"第一案宣判

"90后"刷单组织者李某某因犯非法经营罪被一审判决五年六个月,连同原判有期徒刑九个月并罚,决定执行有期徒刑五年九个月。这也是阿里巴巴运用大数据主动发现并向警方输送刷单线索,进入刑事宣判的第一案。

2013年2月,被告人李某某通过创建"零距网商联盟"网站和利用YY语音聊天工具建立刷单炒信平台,吸纳淘宝卖家注册账户成为会员,并收取300~500元不等的会员费和40元的平台管理维护费。李某某通过制定刷单炒信规则与流程,组织及协助会员通过平台发布或接受刷单炒信任务,在淘宝网上进行虚假交易并给予虚假好评,进而提升淘宝店铺的销量和信誉,欺骗淘宝买家。截至2014年6月,李某某非法获利90余万元。

"刷单在淘宝网上是违规行为,但我从来没想过这是犯法的。"法庭上,李某某辩称:"商户刷单是他们自己的事情,并不是因为我组织的。"李某某承认:"我的行为对淘宝和电子商务是有害的,我后来就不打算做了。"中国交通广播的记者了解到,在取保候审期间,李某某又在江西犯案,因侵犯公民个人信息被判有期徒刑九个月。

李某某在炒信过程中非法获利的途径主要有几个方面:一是会员费和培训费,每名会员需交540元;二是卖任务点的收入,以每个点5元的价格出售获利;三是帮助别人炒信获利;四是销售空包获利,通过代售空包的差价获取利益。

据悉,2014年年初,阿里巴巴运用大数据手段发现"零距网商联盟"网站在淘宝网上存在刷单行为。同年5月,阿里巴巴向杭州市经侦支队报案,李某后被传唤到案。2016年6月,李某某被公诉机关以涉嫌非法经营罪起诉至余杭区法院。

余杭区法院一审审理认为,被告人李某某违反国家规定,以营利为目的,明知是虚假的信息仍通过网络有偿提供发布信息等服务,扰乱市场秩序,且属情节特别严重。法院当庭宣判,李某某因犯非法经营罪判处有期徒刑五年六个月,并处罚金90万元,连同原判有期徒刑九个月,并处罚金2万元,予以并罚,决定执行有期徒刑五年九个月,并处罚金92万元。

过去打击刷单主要依靠行政手段——工商部门对刷单行为做出行政处罚,但判罚的上限仅是20万元,远不能震慑违法行为。此案备受关注,一方面是因此案是全国首例个人通过创建平台、组织会员刷单炒信并从中牟利而获罪的案件,另一方面是该案向社会昭示了炒信刷单的行为完全可以被追究刑责,给公众以警示。

庭后,主审法官俞溢在接受媒体采访时表示,网购环境需要净化,互相刷信的行为不仅影响消费者购买时的判断,也容易带来交易风险。"如果不建立一个正常的网络交易秩序,不仅对消费者个人,甚至对整个网络经济的发展都会有影响。"

目前,随着网购的流行,刷单、炒信已经成为一条巨大的灰色产业链,很多参与其中的人在短时间内篡取了大量利益。据《2016年阿里巴巴平台治理年报》披露:2016年阿里巴巴识别信用炒作相关网站179个,发现微信、QQ、YY等社交软件专门从事信用炒作的群组5060个。其中,"90后"群体比例高达43%。刷单、炒信行为不仅给消费者、网购市场带来极坏的影响,也抹黑了社会诚信体系建设。

资料来源:全国"刷单入刑"第一案宣判[EB/OL].(2017-06-22). http://news.youth.cn/jsxw/201706/t20170622_10140987.htm.

2.1 电子商务法律关系

2.1.1 电子商务法律关系的概念

法律关系是法律调整主体的行为形成的一种法律上的权利、义务关系。电子商务法律关系就是由法律法规调整的、在电子商务活动中形成的以权利与义务为内容的社会关系。

> **思政小课堂：**
> 在电子商务主体法律法规的学习过程中，引导学生加强对电子商务主体法律法规的学习，坚信中国特色社会主义法治体系优越性，引导学生自觉遵守法律法规，维护司法公平正义。

2.1.2 电子商务法律关系的主体

微课：电子商务法律关系的主体

电子商务主体，是指以营利为目的，借助计算机技术、互联网技术与信息技术实施商事行为，并因此而享有权利和承担义务的法人、自然人和其他组织。广义的电子商务主体，既包括商事主体，也包括消费者、政府等非商事主体。狭义的电子商务主体，则仅指电子商务中的商事主体，即电子商务企业。电子商务企业有两种类型：一类是采取电子商务交易手段的传统企业；另一类是为电子商务交易提供基础设施服务和辅助服务的现代互联网服务企业（ISP），如互联网联结商（IAP）与互联网内容提供商（ICP）等。其中，ICP 通过互联网为用户提供各种信息服务，如刊播网上广告、代制作网页、出租服务器内存空间、主机托管、有偿提供特定信息内容和电子商务等网上应用服务等。IAP 则在计算机网络传输中提供基础的通信服务，提供客户机与服务器之间的连接，以支持用户访问网上信息。

知识链接

电子商务法律关系的分类

作为电子商务活动过程中电子商务的参与者，如企业、消费者、金融机构和网络服务商等相互之间依法产生的商务法律关系可以分为两类，即企业与企业之间的电子商务法律关系（即 B2B 法律关系）和企业与消费者之间的电子商务法律关系（即 B2C 法律关系）。从 B2B 法律规范方面看，电子商务法律关系主要包括电子合同法律关系、电子认证法律关系、网上支付法律关系、网上知识产权保护法律关系、电子商务税收法律关系、电子商务监管法律关系等。从 B2C 法律规范方面看，电子商务法律关系主要是电子商务活动中的消费者权益保护法律关系。

1. 电子商务交易者

电子商务主体与传统商务主体相比有两个特点：一是数量、种类多于传统交易活动。一般情况下，传统贸易有买卖双方两个主体即可进行，而任何一笔以网络为平台和交易手段的电子商务的完成都涉及多重法律关系，每一次商事活动至少要有三个以上的主体参与才能完成。二是网上商务主体的具体形态也呈多样化趋势。网站、主页和在线商店等虚拟主体的存在，不仅对传统的法人、合伙人、个人三种商务主体形态提出了挑战，也使电子商务交易安全性受到严重威胁。

2．电子商务认证机构

在开放性网络环境下开展贸易，交易双方由于互不见面，对对方身份的疑虑是必须解决的问题之一。为增进双方之间的信任，防止交易欺诈，就需要有交易各方都信任的第三方出面证明签名人的身份及其资信状况，担任这一角色的就是通过签发数字证书提供网上安全电子交易认证服务的认证机构（certificate authority，CA）。认证机构扮演着一个买卖双方签约、履约的监督管理的角色，买卖双方有义务接受认证中心的监督管理。在整个电子商务交易过程中，包括电子支付，认证机构都有着不可替代的地位和作用。

在网络交易的撮合过程中，认证机构是提供身份验证的第三方机构，由一个或多个用户信任的、具有权威性质的组织实体。它不仅要对进行网络交易的买卖双方负责，还要对整个电子商务的交易秩序负责。因此，这是一个十分重要的机构，往往带有半官方的性质。

安全认证机构在电子签名制度中占据重要地位。从世界范围看，安全认证机构的设置主要有两种模式：一种是由政府组建或者授权的机构担任，以政府信用作为担保；另一种则是通过市场方式建立，在市场竞争中建立信用。安全认证机构的主要职责是，受理数字凭证的申请、管理数字凭证。安全认证机构在履行自己的职责过程中，负有一定的法律责任。对由于自身的过错而导致交易人损失的行为应承担损害赔偿责任。对于损害赔偿的数额，有的学者认为，应以认证书中载明的金额为限，笔者认为这种对认证机构特别保护的做法不利于电子商务的发展，过度的纵容往往会走向善良愿望的反面，对于认证机构的损害赔偿完全应当适用民法中合同和侵权制度的相关原则。在我国电子商务刚刚起步的历史条件下，加强安全认证机构的责任，会增强整个电子商务交易市场的安全性、有序性与诚信度，也会强化消费者和经营者的信心，从而推动整个电子商务市场稳步健康发展。

国家电子商务认证机构的功能主要有：接收个人或法人的登记请求，审查、批准或拒绝请求，保存登记者登记档案信息和公开密钥，颁发电子证书等。

3．网络服务商

网络服务商是一个与在线企业相交叉的概念，它主要指提供网络技术服务、提供内容信息服务和其他在线服务的依赖网络生存发展的在线企业。上述在线超市、在线商城、在线交易中心、在线网络技术服务公司和信息服务公司均可称为网络服务商。原则上，凡是以举办网站并以此为基础从事经营活动的企业均可称为网络服务商。

4．网络交易中心

网络交易中心在电子商务中介交易中扮演着介绍、促成和组织者的角色。这一角色决定了交易中心既不是买方的卖方，也不是卖方的买方，而是交易的居间人。它是按照法律的规定、买卖双方委托业务的范围和具体要求进行业务活动的。

网络交易中心的设立，根据《中华人民共和国计算机信息网络国际联网管理暂行规定》第九条的规定，必须具备以下四个条件：是依法设立的企业法人或者事业法人；具有相应的计算机信息网络、装备以及相应的技术人员和管理人员；具有健全的安全保密管理制度和技术保护措施；符合法律和国务院规定的其他条件。

> 知识链接

《中华人民共和国计算机信息网络国际联网管理暂行规定》

《中华人民共和国计算机信息网络国际联网管理暂行规定》，是为了加强对计算机信息网络国际联网的管理，保障国际计算机信息交流的健康发展而制定的法规。该规定于1996年2月1日由国务院发布并施行，根据1997年5月20日《国务院关于修改〈中华人民共和国计算机信息网络国际联网管理暂行规定〉的决定》修正。

拓展阅读：《中华人民共和国计算机信息网络国际联网管理暂行规定》全文内容

网络交易中心应当认真负责地执行买卖双方委托的任务，并积极协助双方当事人成交。

网络交易中心在进行介绍、联系活动时要诚实、公正、守信用，不得弄虚作假、招摇撞骗，否则须承担赔偿损失等法律责任。

网络交易中心必须在法律许可的范围内进行活动。网络交易中心经营的业务范围、物品的价格、收费标准等都应严格遵守国家的规定。法律规定禁止流通物不得作为合同标的物。对显然无支付能力的当事人或尚不确知具有合法地位的法人，不得为其进行居间活动。

在国际互联网上从事居间活动的网络交易中心还有一个对口管理的问题。按照《中华人民共和国计算机信息系统安全保护条例》规定，进行国际联网的计算机信息系统，由计算机信息系统的使用单位报省级以上的人民政府公安机关备案。拟建立接入网络的单位，应当报经互联单位的主管单位或者主管单位审批；办理审批手续时，应当提供其计算机信息网络的性质、应用范围和所需主机地址等资料。联网机构必须申请到经过国务院批准的互联网络的接入许可证，并且持有邮电部门核发的放开电信许可证，才可以面向社会提供网络接入服务。

由于网络交易中心提供的服务性质上属于电信增值网络业，其所提供的服务不是单纯的交易撮合，而是同时提供许多经过特殊处理的信息于网络之上，故而增加了单纯网络传输的价值。所以，在业务上，网络交易中心还应接受各级网络管理中心的归口管理。

买卖双方之间各自因违约而产生的违约责任风险应由违约方承担，而不应由网络交易中心承担。因买卖双方的责任而产生的对社会第三人（包括广大消费者）的产品质量责任和其他民事、行政、刑事责任也一概不应由网络交易中心承担。

拓展阅读：《中华人民共和国计算机信息系统安全保护条例》全文内容

5. 金融机构

现代经济活动离不开金融服务，同样，完整的网络经济的运行离不开网上金融机构的服务，代表未来金融业发展方向的网上银行随网上商务活动的发展而兴起，网上银行创造出的电子货币也将改变传统的货币流通形式，成为未来资金流转的主要渠道。因此，网上银行及电子货币的发行许可和监管、电子支付系统的安全保障等法律制度，也是电子商务主体法律制度的重要内容之一。在电子商务中，银行以虚拟银行的形式出现。网络交易客户与虚拟银行的关系变得十分密切。大多数交易要通过虚拟银行的电子资金划拨来完成。电子资金划拨依据的是虚拟银行与网络交易客户所订立的协议。这种协议属于标准合同，通常是由虚拟银行起草并作为开立账户的条件递交给网络交易客户的。所以，网络交易客户与虚拟银行之间的关系仍然是以合同为基础的。

6．物流企业

20世纪80年代初"物流"的概念被引入我国，在此之前，我国就有传统的储运业。许多大大小小的储运公司实际上进行着运输、保管、包装、装卸、流通加工等与物流有关的各种活动。所谓储运主要是指存储和运输。储运业在我国是一个十分古老和传统的行业。而物流相对于储运而言却是一个新的概念，国内外对于物流尚没有统一的定义，通常认为：物流是指物质实体从供应者向需求者的物理移动，它由一系列创造时间价值和空间价值的经济活动组成，包括运输、保管、配送、包装、装卸、流通加工及物流信息处理等多项基本活动。

物流的发展已经有了几十年的历史，人们对物流的研究和应用已经从早期以商品销售为主的"传统物流"阶段，进入了将原材料的采购、商品的生产、传统物流和商品销售的全过程予以综合考虑的"综合物流"阶段。随着生产和社会的发展以及科学技术的进步，新的管理思想、技术和工具在物流的各个环节将得到应用，因此，"现代物流"阶段正在到来。

物流企业追求的目标是以尽可能低的成本给顾客以尽可能好的物流服务，具体包括：准确地按预定期将商品送交顾客；尽可能减少对顾客商品供应的断档；适当安排物流据点，提高配送效率，保持适当库存；在运输、保管、搬运、包装、流通加工方面，实现省力化、合理化；尽可能使从接受商品的订货到发货、配送等过程的信息通畅；尽可能使物流的成本最小。

社会生产和科学技术的发展使物流进入了"现代物流"的发展阶段，其标志是物流活动领域中各环节的技术水平得到不断的提高。

"现代物流"的高新技术表现为：将各个环节的物流技术进行综合、复合化而形成的最优系统技术；以运输设备高速化、大型化、专用化为中心的集装箱系统机械的开发；保管和装卸结合为一体的高层自动货架系统的开发；以计算机和通信网络为中心的情报处理和物流信息技术；与运输、保管、配送中心的物流技术在软技术方面的结合；运输与保管技术相结合的生鲜食品保鲜输送技术；商品条形码、电子数据交换（EDI）、射频技术、全球卫星定位系统（GPS）；等等。这些高新技术在物流中的发展和应用，使得物流的作用领域更广泛，功能和作用更强。由此可见，发展物流业和加强企业的物流管理，必然会给社会和企业带来更大的社会效益和经济利益，因此，物流的重要性也就不言而喻了。

7．电子商务监管者

政府职能部门与电子商务主体不是"猫"与"老鼠"的关系。政府职能部门要通过尊重型干预、保护型干预、宏观调控型干预、促成型干预与给付型干预，努力为电子商务主体营造良好的生存环境。所谓尊重型干预，就是要尊重电子商务主体自主自愿的行为，大刀阔斧地削减不必要的政府审批项目，避免通过不必要的审批、办证和收费等行政行为干扰或者限制电子商务主体，其实质是不干预、少干预，尽量发挥市场和法律这些"无形的手"在引导电子商务主体的基础作用。在大多数情况下，应当允许电子商务主体自主选择其活动内容和行为模式。多数成熟的电子商务主体在多数情况下清楚哪些行为合法、合理。

所谓保护型干预，就是指要保护电子商务主体与相关电子商务主体间的公平竞争秩序。所谓宏观调控型干预，是指对电子商务主体的行为进行宏观调控，包括政策引导、杠杆引导、信息引导、行政指导和法律监督。所谓促成型干预（或称服务性干预），是指促成和帮助电子商务主体享受法定权利和利益，取得最佳的社会公共利益。政府进行促成型干预要注意度的把握，力求帮忙而不添乱、热情而不专断，力戒喧宾夺主、包办代替，更不得助纣为虐。所谓给付型干预，是指经济行政机关为了鼓励电子商务主体承担更多的社会责任，而向电子商务主体提供政府补贴、政府奖励等经济利益。例如，可以考虑设立若干专项基金，用于支持电子商务主体的技术创新活动，支持电子商务主体开展社会公益培训和信息咨询等活动。政府干预要遵守法定、效率、公平、透明、司法审查和人权尊重等原则。

工商行政管理机关是国家主管市场监督管理和行政执法的职能部门，监管电子商务市场是工商行政管理机关的神圣职责。工商行政管理机关监管的电子商务主体既包括法人企业，也包括非法人企业；既包括内资企业，也包括外资企业；既包括采取电子商务交易手段的传统企业，也包括现代互联网服务企业（ISP），如互联网联结商（IAP）与互联网内容提供商（ICP）、网吧等。工商行政管理机关监管的电子商务行为囊括了买卖、租赁、教育、医疗、旅游、金融、咨询、中介等各种商事行为。虽然其他行政部门也按照法律和行政法规赋予的行政管理职责对电子商务主体和市场准入享有监管权限，但发挥主导协调作用的应当是工商行政管理机关。工商行政管理机关与其他行政部门之间既严格分工，又密切配合。

工商行政管理机关应当及时运用法定的行政登记权限、行政调查权限、行政处罚权限、行政调解权限，提高电子商务主体的合法性与可信度，确认合法商事行为的效力，坚决制止和反对损害消费者和竞争者利益的不法、不正当行为，为广大电子商务主体创造良好的公平竞争与公正交易秩序，努力培育和维持一个成熟、开放、诚实、公平、统一的电子商务市场。

在我国加入 WTO 之后，随着审批范围的萎缩，登记范围则会逐渐扩张。工商行政管理机关应当强化登记机关的职责，为提高电子商务行为的公信力和透明度、保护善意第三人、降低电子商务的交易成本、推动我国电子商务信用制度的建立等发挥积极作用。

当前，国家工商行政管理机关要抓紧建立电子营业制度、企业网站名称和网址备案制度、电子签名和安全认证制度，确保交易主体和交易关系的真实性、可靠性与安全性。

8. 电子商务企业

我国现行立法允许设立的企业，既有法人企业，也有非法人企业。因此，各类电子商务企业要么依《中华人民共和国公司法》登记注册为公司制企业，要么依《中华人民共和国合伙企业法》和《中华人民共和国个人独资企业法》登记注册为非法人企业（如合伙企业、个人独资企业）。由于我国长期以来对于外商投资企业实行分套立法的思路，《中华人民共和国全民所有制工业企业法》等按照投资者所有制性质分别制定的立法文件依然有效，有些电子商务企业的登记注册还要适用这些按照投资者身份和所有制性质分别制定的法律和行政法规。从长远看，随着我国市场经济体制改革步伐的加快，国内市场主体平等原则的强化，以及外国公司及外国人根据世界贸易组织规则享有的国民待遇原则的落实，立法者应当抛弃区分投资者身份和所有制性质而分套立法的思路，最终按照投资者责任形式和企业组织形态分别立法。无论是现代企业制度，还是传统企业制度，只要是有效的法律制度，都一律适用于各类电子商务企业。工商行政管理机关应当一如既往地按照企业立法规定的条件与程序做好电子商务企业的登记管理工作,建立与完善对各类电子商务企业的"经济户口"监管体系。

对于采取电子商务交易手段的传统企业而言,传统企业虽然采取了电子商务的交易平台,但仍然是在其核定的经营范围之内开展经营活动,无论是经营的商品或者服务的内容、种类,还是经营的方式(批发或者零售),都未发生变化。因此,不必前往工商行政管理机关办理变更经营范围的登记程序,只需履行域名登记等有关程序。

对于互联网服务商而言,现行立法和政策要求互联网服务商在办理设立登记程序之前,必先前往有关部门(如信息产业部门、文化部门等)履行前置审批程序,然后才能前往工商行政管理机关办理企业设立登记程序或者企业变更登记程序。

根据《中华人民共和国电信条例》第九条规定,经营基础电信业务,须经国务院信息产业主管部门审查批准,取得《基础电信业务经营许可证》。经营增值电信业务,业务覆盖范围在两个以上省、自治区、直辖市的,须经国务院信息产业主管部门审查批准,取得《跨地区增值电信业务经营许可证》;业务覆盖范围在一个省、自治区、直辖市行政区域内的,须经省、自治区、直辖市电信管理机构审查批准,取得《增值电信业务经营许可证》。运用新技术试办《电信业务分类目录》未列出的新型电信业务的,应当向省、自治区、直辖市电信管理机构备案。

《中华人民共和国电信条例》第十一条规定,申请经营基础电信业务,应当向国务院信息产业主管部门提出申请,并提交本条例第十条规定的相关文件。国务院信息产业主管部门应当自受理申请之日起 180 日内审查完毕,作出批准或者不予批准的决定。予以批准的,颁发《基础电信业务经营许可证》;不予批准的,应当书面通知申请人并说明理由。

申请人申领经营许可证,必须满足《中华人民共和国电信条例》第十三条规定的条件:经营者为依法设立的公司;有与开展经营活动相适应的资金和专业人员;有为用户提供长期服务的信誉或者能力;国家规定的其他条件。

从事经营性互联网信息服务,还应当具备《中华人民共和国电信条例》第十条规定的条件。经营基础电信业务,应当具备下列条件:①经营者为依法设立的专门从事基础电信业务的公司,且公司中国有股权或者股份不少于 51%;②有可行性研究报告和组网技术方案;③有与从事经营活动相适应的资金和专业人员;④有从事经营活动的场地及相应的资源;⑤有为用户提供长期服务的信誉或者能力;⑥国家规定的其他条件。

申请人取得经营许可证后,即可前往工商行政管理机关办理企业设立登记或者变更登记。

工商行政管理机关办理企业登记时,应当严格审查申请设立的企业是否具备企业立法和行业特别立法规定的企业设立条件,尤其是《中华人民共和国公司法》规定的各项设立条件,如最低注册资本要求、经营场所要求、经营管理人员要求等,预防注册资本不实的"皮包公司"滋生蔓延,危害电子商务中的应有秩序。根据行业特别立法,需要申请人取得电信管理机构之外的行业主管部门许可的,工商行政管理机关还应要求申请人提交行业主管部门的许可文件。

知识链接

《中华人民共和国电信条例》

2000 年 9 月 25 日,中华人民共和国国务院令第 291 号公布了《中华人民共和国电信条例》。

根据 2014 年 7 月 29 日《国务院关于修改部分行政法规的决定》（国务院令第 653 号）第一次修订。

根据 2016 年 2 月 6 日《国务院关于修改部分行政法规的决定》（国务院令第 666 号）第二次修订。

微课：电子商务法律关系的客体

拓展阅读：《中华人民共和国电信条例》全文内容

2.1.3 电子商务法律关系的客体

法律关系的客体是法律关系的三要素之一，是主体之间权利、义务得以形成的基础。从法律关系客体的概念出发，分析其与权利客体、权利标的、法律关系标的等相关概念的区别和联系，可看出上述概念是等同的。客体的范围应依传统理论划分为不同类型，以发挥区分法律关系及权利的功能。

民事法律关系的客体是指民事权利和民事义务所指向的对象。民事权利和民事义务如果没有具体的对象，就将成为无法落实、毫无意义的东西。

1．物

世界上所有货物都可以通过网络进行交易，即使是不动产，如房屋，也可以在网上缔结合同，在网下履行必要的手续。因此，凡是可以转让的商品均可以通过网络缔结买卖合同进行交易。不过，有形商品的买卖还要依赖传统的手段完成配送或交付，如数码产品、体育用品、图书、服装、化妆品等。

2．行为

行为是通过网络向消费者提供某种信息或其他服务，如房屋租赁信息、法律咨询、财经咨询、健康咨询、远程医疗、旅游服务、位置服务、人才招聘、留学手续、远程教育等。

3．智力成果

智力成果在法律性质上为著作权、专利权、商标权等的许可使用，知识产权中是权利人对于自己独创性的脑力劳动成果所享有的权利。

4．信息产品与信息权利

数字化商品是以二进制数字形成存在的无形商品，这种无形商品的使用是以电子许可合同的方式进行的。消费者在经许可后，可通过网络直接下载信息化商品或信息，如电子书刊、影音资料、计算机软件、游戏等，不再需要邮寄或专人配送。

知识链接

你知道信息产权怎么理解吗

信息产权是信息化社会中各种信息产品的法律化表现，是信息所有者对于自己独创性的脑力劳动成果所享有的权利，如域名、数据库、软件、虚拟财产及其他信息产权等。数据资料分为注册数据资料和游戏数据资料两部分。注册数据资料是指用户在游戏中的与注册相关的数据，主要包括账号以及发展变化的等级，它不等同于用户注册的个人资料。注册的个人资料指的是用户所注册的个人在现实生活中与自身相关的信息。游戏数据资料则是指用户在游戏中所体现的如"武器""装备""货币"等的数据。有时用户的游戏数据资料可以与注册数据资料中的ID账号相分离。以上数据资料就是信息产权,还包括相关的信息权利以及其他非知识性的信息权利。

2.2 电子商务经营与交易者的法律法规

2.2.1 电子商务经营者的基本义务

微课:电子商务经营者的基本义务

1. 销售的商品或者提供的服务应当符合法律规定

《电子商务法》第十二条规定,电子商务经营者从事经营活动,依法需要取得相关行政许可的,应当依法取得行政许可。

这里的行政许可主要针对药品、危险品、易制毒化学品、种子等商品的销售。

2. 配合相关部门的监管

电子商务经营者应当配合相关部门的监管,依法提供与监管事项相关的必要信息和统计数据。但政府部门必须依法行政,不能随意对企业提出要求。

3. 信息公开

传统市场有民事主体公示原则,网络市场是一个新兴市场,其法律规范还没有成熟,根据联合国《电子商务示范法》(1996年)的功能等同原则,网络市场的管理也应与传统市场相匹配。

《电子商务法》第十五条规定,电子商务经营者应当在其首页显著位置,持续公示营业执照信息、与其经营业务有关的行政许可信息、属于依照本法第十条规定的不需要办理市场主体登记情形等信息,或者上述信息的链接标识。前款规定的信息发生变更的,电子商务经营者应当及时更新公示信息。

《电子商务法》第十六条规定,电子商务经营者自行终止从事电子商务的,应当提前30日在首页显著位置持续公示有关信息。

《电子商务法》第三十三条规定,电子商务平台经营者应当在其首页显著位置持续公示平台服务协议和交易规则信息或者上述信息的链接标识,并保证经营者和消费者能够便利、完整地阅览和下载。

4. 依法纳税

《电子商务法》第十一条规定,电子商务经营者应当依法履行纳税义务,并依法享受税收优惠。依照前条规定不需要办理市场主体登记的电子商务经营者在首次纳税义务发生后,应当依照税收征收管理法律、行政法规的规定申请办理税务登记,并如实申报纳税。

根据本条的规定,所有电子商务经营者,包括不需要办理市场主体登记的微商、自然人等均被纳入纳税范畴。其方法是在首次纳税后办理税务登记。怎样确定"首次"是本条的关键。

根据2018年8月31日第十三届全国人大常务委员会第五次会议《关于修改〈中华人

民共和国个人所得税法》的决定》，修改后的《中华人民共和国个人所得税法》第六条的规定，应纳税所得额的计算以经营所得为基础，每一纳税年度的收入总额减除成本、费用以及损失后的余额，为应纳税所得额。

据匡算，年销售收入在150万元以上的电子商务经营者需要缴税，同时要办理税务登记。鉴于电子商务平台统计的准确性，电子商务的纳税工作将进入一个新的阶段。

5. 使用电子发票

《电子商务法》第十四条规定，电子商务经营者销售商品或者提供服务应当依法出具纸质发票或者电子发票等购货凭证或者服务单据。电子发票与纸质发票具有同等法律效力。

这一条明确了电子发票的法律效力。也就是说，电子发票也成为报销的凭证，从而为电子发票的大规模推广铺平了道路。

2.2.2 电子商务经营者的法律规范

对平台经营者的规范是电子商务法中非常重要的内容。《电子商务法》中共有13条内容直接涉及电子商务平台经营者。

1. 电子商务平台的交易管理制度建设

交易规则是电子商务交易平台运行的基本规定。平台经营者应当建立交易规则，明确与平台内经营者共同遵循的守则，并建立交易安全保障、消费者权益保护、知识产权保护、不良信息处理、纠纷解决等管理制度。

根据商务部《第三方电子商务交易平台服务规范》5.6条的规定，平台经营者应提供规范化的网上交易服务，建立和完善各项规章制度，包括但不限于下列制度：①用户注册制度；②平台交易规则；③信息披露与审核制度；④隐私权与商业秘密保护制度；⑤消费者权益保护制度；⑥广告发布审核制度；⑦交易安全保障与数据备份制度；⑧争议解决机制；⑨不良信息及垃圾邮件举报处理机制；⑩法律法规规定的其他制度。

平台经营者应定期在本平台内组织检查网上交易管理制度的实施情况，并根据检查结果及时采取改善措施。

知识链接

《第三方电子商务交易平台服务规范》

为倡导诚信规范的经营服务理念，完善电子商务发展环境，促进电子商务健康发展，2011年4月12日，商务部与北京市共同主办"诚信经营、规范服务——2011第三方电子商务交易平台高峰论坛"，发布《第三方电子商务交易平台服务规范》。

2. 平台经营者对平台内经营者的身份的查验

实名登记是针对第三方电子商务平台内经营者鱼龙混杂情况严重，且相关行政监管部门难以取证执法所提出的。

平台经营者应当监督平台内经营者进行合法经营，对于违反法律、行政法规的经营行为，平台经营者有权要求商户改正或依法采取必要的处置措施，并向有关主管部门报告。

管理部门发现平台内经营者有违反法律法规行为，依法要求平台经营者采取措施制止的，平台经营者应当予以配合。

> **知识链接**

《电子商务法》

《电子商务法》是政府调整企业和个人以数据电文为交易手段，通过信息网络所产生的，因交易形式所引起的各种商事交易关系，以及与这种商事交易关系密切相关的社会关系、政府管理关系的法律规范的总称。

2013年12月27日，中国全国人大常委会正式启动了《电子商务法》的立法进程。

2018年8月31日，十三届全国人大常委会第五次会议表决通过《电子商务法》，自2019年1月1日起施行。

拓展阅读：《电子商务法》全文

3. 平台经营者对平台内经营者商品或服务的查验

《电子商务法》第三十八条规定，电子商务平台经营者知道或者应当知道平台内经营者销售的商品或者提供的服务不符合保障人身、财产安全的要求，或者有其他侵害消费者合法权益行为，未采取必要措施的，依法与该平台内经营者承担连带责任。

对关系消费者生命健康的商品或者服务，电子商务平台经营者对平台内经营者的资质资格未尽到审核义务，或者对消费者未尽到安全保障义务，造成消费者损害的，依法承担相应的责任。

同时，根据有的常委会委员的意见，增加《电子商务法》第八十三条的处罚规定：电子商务平台经营者违反本法第三十八条规定，对平台内经营者侵害消费者合法权益行为未采取必要措施，或者对平台内经营者未尽到资质资格审核义务，或者对消费者未尽到安全保障义务的，由市场监督管理部门责令限期改正，可以处5万元以上50万元以下的罚款；情节严重的，责令停业整顿，并处50万元以上200万元以下的罚款。

4. 平台经营规则修改与平台内经营者退出

《电子商务法》第三十四条规定，电子商务平台经营者修改平台服务协议和交易规则，应当在其首页显著位置公开征求意见，采取合理措施确保有关各方能够及时充分表达意见。修改内容应当至少在实施前7日予以公示。

平台内经营者不接受修改内容，要求退出平台的，电子商务平台经营者不得阻止，并按照修改前的服务协议和交易规则承担相关责任。

平台经营者与申请进入平台销售商品或者提供服务的平台内经营者订立的协议，应当按照国家市场监督管理总局《网络交易监督管理办法》的有关规定，明确双方在平台进入和退出、商品和服务质量安全保障、消费者权益保护等方面的权利、义务和责任。

5. 平台经营者自营业务与他营业务的区分

《电子商务法》第三十七条规定，电子商务平台经营者在其平台上开展自营业务的，应当以显著方式区分标记自营业务和平台内经营者开展的业务，不得误导消费者。

电子商务平台经营者对其标记为自营的业务依法承担商品销售者或者服务提供者的民事责任。

在电子商务纠纷调解中，投诉案例来自自营平台中非自营业务的比重较高，许多消费者常常混淆平台经营者自己销售的商品和平台内经营者销售的商品。因此，有必要明确平台经营者在自有平台上开展商品或服务自营业务的，应当以显著方式对自营部分和平台内其他经营者经营部分进行区分和标识，避免购买者或用户产生误解。

6. 平台经营者的服务终止

不同于传统商业机构的影响仅仅在一个城市或一个地区，受电子商务交易平台波及的人数和社会面要大得多。因此，电子商务交易平台服务的终止也必须有较高的要求。

因此，《电子商务法》第十六条规定，电子商务经营者自行终止从事电子商务的，应当提前30日在首页显著位置持续公示有关信息。

平台经营者擅自关闭平台服务，造成用户权益受到侵害的，应当承担相应的民事赔偿责任。

7. 电子商务其他有关服务经营者的特别规定

其他有关服务经营者的特别规定如下。

（1）为网络商品交易提供网络接入、服务器托管、虚拟空间租用、网站网页设计制作等服务的有关服务经营者，应当要求申请者提供经营资格证明和个人真实身份信息，签订服务合同，依法记录其上网信息。申请者营业执照或者个人真实身份信息等信息记录备份保存时间自服务合同终止或者履行完毕之日起不少于两年。

（2）为网络商品交易提供信用评价服务的有关服务经营者，应当通过合法途径采集信用信息，坚持中立、公正、客观原则，不得任意调整用户的信用级别或者相关信息，不得将收集的信用信息用于任何非法用途。

（3）为网络商品交易提供宣传推广服务应当符合相关法律、法规、规章的规定。通过博客、微博、微信等网络社交载体提供宣传推广服务、评论商品或者服务并因此取得酬劳的，应当如实披露其性质，避免消费者产生误解。

（4）为网络商品交易提供网络接入、支付结算、物流、快递等服务的有关服务经营者，应当积极协助工商行政管理部门查处网络商品交易的相关违法行为，提供涉嫌违法经营的网络商品经营者的登记信息、联系方式、地址等相关数据资料，不得隐瞒真实情况。

2.2.3 电子商务交易主体的分类

1. 电子商务市场的法律构成

在实体市场上，狭义的"市场"概念是指买卖双方进行交易的场所。广义的"市场"概念也包含交易行为，即"市场"一词不仅指交易场所，还包括了所有的交易行为。无论是狭义的"市场"概念，还是广义的"市场"概念，市场上发生的交易都发生了产权转移。

电子商务市场是互联网技术所构造的实现商品（或服务）交易的虚拟场所。电子商务市场是一个虚拟市场，但与实体市场类似，它也是由交易客体和交易主体构成的。

电子商务交易客体是指电子商务市场中被交易的对象，包括商品或服务。

电子商务交易主体包括电子商务经营者和电子商务买受人。

电子商务买受人是指电子商务市场中商品或服务的买方，包括企事业单位、政府机构、消费者。

2. 电子商务交易客体

电子商务交易客体主要分两类，即实物商品（服务）和信息商品（服务）。

1）实物商品（服务）

从理论上讲，现实中所有的货物都可以通过网络进行交易，这几乎不存在任何障碍。例如，网上书店可以像现实中的书店一样卖书，网上超市可以将所有的日用消费品陈列于网上供消费者选购。即使是不动产，也可以在网上缔结合同，在线下履行必要的手续。因此，凡是可以转让或交易的商品（服务）均可以通过网络进行交易。不过，实物商品（服务）的贸易还要依赖传统的手段完成配送或交付。

2）信息商品（服务）

信息商品（服务）是在电子信息环境中以 0 或 1 构成的二进制数字形式存在的无形商品（服务）。其网上交易往往以许可（license）方式进行，在法律性质上为著作权、专利权、商标权等权利的许可使用。消费者在经许可后，可通过网络直接下载或以流媒体的方式获得这类商品或信息，如电子书刊、影音资料、计算机软件、游戏等，不再需要邮寄或专人配送。

在网络环境下，信息商品常常通过服务的形式表现出来。例如，通过网络向消费者提供某种信息（房屋租赁信息、财经信息），代客户订购旅馆或机票，提供远程教育以及法律咨询、健康咨询等。

3. 电子商务经营者

根据《电子商务法》的规定，电子商务经营者是指通过互联网等信息网络从事销售商品或者提供服务的经营活动的自然人、法人和非法人组织，包括电子商务平台经营者、平台内经营者，以及通过自建网站、其他网络服务销售商品或者提供服务的电子商务经营者。

电子商务平台经营者是指在电子商务中为交易双方或者多方提供网络经营场所、交易撮合、信息发布等服务，供交易双方或者多方独立开展交易活动的法人或者非法人组织。

平台内经营者是指通过电子商务平台销售商品或者提供服务的电子商务经营者。

"有关服务"是指为网络商品交易提供第三方交易平台、宣传推广、信用评价、支付结算、物流、快递、网络接入、服务器托管、虚拟空间租用、网站网页设计制作等营利性服务。从事上述服务的经营者即为有关服务经营者。

2.2.4 电子商务交易主体的认定

电子商务经营者可以呈现为现实主体，如实体社会中存在的企业，仅仅把网络作为一种交易手段；也可以呈现为虚拟主体，在虚拟市场中设立独立的"摊位"或"门面"，但在现实社会中没有相应的实体"摊位"或"门面"，仅仅可以通过对服务器的访问找到它们。这种虚拟主体应当视为现实主体在网络市场中的延伸。

为了保证电子商务交易的安全性，即使现实社会中没有对应的实体"摊位"或"门面"，电子商务交易的参与主体也必须是真实存在的。因此，电子商务法的首要任务便是确立电子商务交易主体真实存在的判定规则，保证电子商务交易主体的真实性。

1. 在线（虚拟）企业

人们已经习惯将互联网称为虚拟世界，将仅在互联网上开展商务活动的企业称为虚拟企业。但虚拟并不表示不存在，只是为了将它区别于实体社会中存在的从事传统商务活动的企业，因此本书更愿意将虚拟企业称为在线企业。

在线企业可以是现实企业在网上的延伸，这类在线企业并不能完全独立于现实中的企业，它仅仅是现实企业经营手段的一种扩展，是现实企业在网上宣传和销售商品的窗口。对于制造商或生产商而言，它可以直接撇开营销的中间商，直接在网上建立自己的销售网络；对于批发商和零售商而言，它可以开设电子商务交易市场或在线超市，销售其经销的商品；对于从事管理咨询、法律、中介等服务的企业而言，它既可以在网上招揽生意，也可以通过互联网提供有偿或无偿服务。因此，互联网为所有企业开辟了另外一个空间，现实中从事经营活动的企业可以在这里寻找一席之地，在这个虚拟世界中开辟竞争的"第二战场"。

在线企业也可以是一个在物理世界中只有虚拟主机或服务器的企业。这类在线企业通过网站或移动客户端 App 上的页面展现自己的形象。它没有物理形态的生产和经营设施，只有图片、文字和大量的企业商品和服务信息，但不能认为这类企业是撇开现实而在网上单纯存在的虚拟企业。它们需要在工商部门登记，需要根据电信主管部门的要求通过备案手续公布自己的主体信息及虚拟主机或服务器的位置。所以，并不是所有出现网络图文的网站都可以成为在线企业，也不是所有从事电子商务交易的当事人都是在线企业。

2. 在线企业的登记管理

在线企业虽然是现实企业设立的电子商务交易窗口，但它毕竟是通过页面反映其存在的，至于其是否真实存在并不能给人以直观的认识。因此，如何确保在线企业的真实性就成为保障电子商务交易安全的一个重要问题。这就面临两种选择：一种是让企业自由设立在线企业，不进行任何备案，依靠市场监督机制和企业自身信用保证交易安全；另一种是对在线企业实行登记注册备案制度，以确保在线企业的真实存在。

《电子商务法》第十条规定，电子商务经营者应当依法办理市场主体登记。但是，个人销售自产农副产品、家庭手工业产品，个人利用自己的技能从事依法无须取得许可的便民劳务活动和零星小额交易活动，以及依照法律、行政法规不需要进行登记的除外。

从《电子商务法》第十条的规定可以看出，以下几类活动开展电子商务是不用登记的。

（1）个人销售自产农副产品、家庭手工业产品。

（2）个人利用自己的技能从事依法无须取得许可的便民劳务活动。

（3）零星小额交易活动。

（4）依照法律、行政法规不需要进行登记的。

这里对"小额"的界定可以参照小微企业免征增值税的标准，即月销售额不超过 10 万元。而这里的"零星"与"小额"应该是"或"的关系。

2015 年 12 月，国家质检总局发布的《跨境电子商务经营主体和商品备案管理工作规范》规定，"跨境电子商务经营主体开展跨境电子商务业务的，应当向检验检疫机构提供经营主体备案信息"，包括企业基本信息（统一社会信用代码、企业名称、法定代表人、注册地址、联系人、联系方式、企业类型）、主要商品类型、平台名称及网址和质量诚信经营责任书。

3. 电子商务交易主体认定的基本原则

电子商务交易是一种非面对面的交易，即使有了在线企业登记制度，对电子商务交易主体的判断也是比较困难的。在经营性网站提供电子商务交易平台的情况下，对电子商务交易主体的认定更有一定的难度。第三方交易平台类似于一个交易中心，里面聚集了许多商户，这些商户共同构成了一个市场，而且这个市场与交易平台存在着密切的利害关系。在这种情形下，如何认定交易主体是一个非常复杂的问题。这里，我们结合实例提出电子商务交易主体认定的一般法律原则。

1) 民事主体真实原则

民事主体真实原则，即民事法律关系的主体必须是真实存在的，而不应当是"虚拟"的或不存在的。对于法律而言，不存在虚拟主体，所以在线企业（主体）必须真实存在。真实存在可以有两种存在形式：一种是现实中存在对应的企业主体，即在现实中具备住所或办公场所、注册资本、组织机构等要素，经登记而成为合法的营业主体；网上主体仅仅是将现实企业"搬到网上"。网上直销模式基本上就属于这种情况。在中介模式下，也有这样的可能。例如，某百货店或连锁店可以在某网站的交易平台上寻找一家网络交易市场，开设自己的主页面或网店。

另一种是现实中原本不存在对应的企业，只是为设立在线企业而成立的新企业，纯粹从事网上交易。这种情况在 B2C 交易中比较多。一般来讲，除了生产信息商品的企业，纯粹从事网上交易的企业只能是商业企业。这类企业具有普通企业资格，它开设有账户、存在经营人员、存在配货中心等，只是它没有商品展示的柜台，只有在线虚拟超市。很明显，虚拟的在线企业只是相对于传统企业而言的，网上虚拟主体在现实社会中也可以找到真实存在的依据。但是，并不是所有网上虚拟主体都是民事主体，这里涉及第二个原则，即民事主体资格法定原则。

2) 民事主体资格法定原则

民事主体资格法定是民法的一个基本原则，即哪些主体具有参与民事法律关系的主体资格，这些主体享有的民事权利、承担的民事义务完全由法律规定。民事主体资格法定突出地表现在商事主体法定上。在我国，凡以商事主体身份从事交易或其他营业，必须获得企业登记；不具有法人资格的合伙组织或其他营业主体（如分支机构），只要取得营业执照或进行营业登记，也可以具有从事商事交易的主体资格。从民法的角度看，只要获得营业执照，即可认定为具有参与民事法律关系的主体资格（即权利能力）。所以，《电子商务法》第十条明确规定，电子商务经营者应当依法办理市场主体登记。

需要讨论的问题是，企业是否可以在网上设立与企业名称或商号不一致的在线商店或窗口。例如，现实中的企业称为"家乐福"，在网上是否可以设立"乐家福"网店？依我们的观点，在网络环境中不可能完全禁止人们设立不同于其现实企业商号的企业，硬性规定禁止是不现实的或不可行的，但法律必须要求在线商店标明其设立人或现实中真实的对应主体，并按照规定将现实企业的营业登记证号或电子营业执照号码标识于网店网页上。上述情况的存在，给在线企业主体的判断增加了一些难度。为此，我们提出认定电子商务交易主体的第三个原则——主体公示原则。

在国际上，网上交易主体会因不同国家对商事主体的法律规制不一样而存在差别。某些国家在在线企业的设立中采取自由原则，允许任何人或企业在网上设立企业或从事交易活动，而忽略现实中存在真实企业的可能性，但在我国普遍认为应结合身份认证制度逐步对网上交易主体进行登记，发放电子营业执照，以确保网上交易主体的真实性和合法性。

3）主体公示原则

商事主体的名称或商号最主要的功能是区别不同的交易主体，不同的名称就视为不同的主体，以谁的名义缔结合同，谁就是合同的当事人。这是民事主体公示原则和民事主体特定原则推出的一个基本规则。但是，在中介模式中，许多企业集中在一个市场，在网站交易平台的统一管理和经营下，以谁的名义进行交易就显得非常重要。在这一点上，中介模式下的交易可以适用代理法上的显名规则（尽管本书并不认同把中介网站与企业之间的关系界定为代理或居间关系），即在交易过程中应当向交易相对人显示网店的设立人或真实的交易主体，所显示的是谁，谁就成为交易主体。如果中介网站不能向客户提供真实的现实存在的交易主体的姓名或名称，那么即可推定该网站为合同的主体。所以，主体公示原则要求在线企业必须在网上显示其真实主体，这一点特别适用于在第三方交易平台上开设虚拟网店的情形。

在线企业或商店在现实中至少存在两种做法：一种是直接以原有企业名称（以营业执照上的名称为准）设立网上销售窗口；另一种是以新名称设立销售窗口或网店。直接以现实企业名义设立的在线商店，网上显示的名称与现实企业一致，符合显名原则，判断当事人是谁不成问题。而在网店名称与现实企业名称不一致的情况下，消费者无法从网店名称本身判断它是由哪个企业设立的，因而无从判断交易主体是谁，谁将最终对所销售的商品负责。除非网店依法进行登记，取得电子营业执照（在实行此种制度时），否则网店不具备商事主体资格。因此，在交易相对人访问该网店并寻求订约时，了解在与谁缔结合同就显得特别重要。

所以，网店主页上应当有专门的链接页面显示其设立人（平台内经营者）或现实中符合法定条件的民事主体名称。

第三方交易平台有责任让交易相对人（消费者）知道他在与谁订立合同，谁将承担履行合同的责任。如果一个网店未将自己的真实姓名告诉交易相对人，中介平台也未能提醒消费者，那么中介平台可以被认为是合同的当事人或卖方，至少中介平台应承担合同履行的保证责任。因此，中介平台负有向当事人披露真实交易主体存在或名称的义务，不尽这一义务，即可推定中介平台为当事人，或承担连带责任。

通常来讲，凡在线企业或商店没有普通营业执照（包括法人营业执照和非法人营业执照）者，均可视为设立人的分支机构或在线企业，尽管可以以网店名义从事网上交易（在法律尚未做出必须实行强制登记规定的前提下），但其不能独立承担民事责任。如果网店没有显示真实姓名，则第三方交易平台应承担责任。这主要是从保护交易安全的角度设计出的一种规则。因为正是第三方交易平台为这些企业提供了"虚拟市场"，所以，在网店不具备独立民事主体资格或不能独立承担民事责任时，应当由提供"交易场所和手段"的第三方交易平台承担民事责任。

2.2.5 电子商务市场准入与退出

1. 最小干预原则

电子商务市场准入与退出是政府对电子商务监管的重要环节。在这一环节的监管中，政府应始终贯彻"最小干预原则"，即凡公民、法人或者其他组织能够自主决定，电子商务市场竞争机制能够有效调节，行业组织或者中介机构能够自律管理的事项，应当避免政府对市场的不当干预。在这一方面，美国政府的做法值得借鉴。

1997年，美国政府发布《全球电子商务政策框架》，提出了著名的电子商务发展五项基本原则。

（1）企业应在电子商务发展中发挥主导作用。

（2）政府应避免对电子商务的不当干预。

（3）如果一定需要政府干预的话，政府应当以最低标准来建立和推行与电子商务相协调的、简化的法律体系。

（4）政府必须充分接受互联网的特殊性。

（5）应当在全球范围内促进电子商务的发展。

为实施电子商务政策框架，美国政府又提出了在电子商务立法中应当注意的事项，具体如下。

（1）当事人可以自由选择适合自己的方式调整相互之间的契约关系。

（2）规范必须在技术上是中立的，并且具有超前性。

（3）只要是支持电子技术应用所需要的，就应考虑修订现行的法律或颁布新的法律。

（4）立法中既要考虑到应用网络技术的高科技企业，也要考虑到没有应用互联网的企业。

2. 电子商务市场准入与退出制度的内涵

电子商务市场准入与退出是关于电子商务市场主体资格确立、审核、确认、丧失的有关法律制度。

广义的电子商务主体既包括商事主体，也包括消费者、政府等非商事主体。而准入与退出机制适用的电子商务主体主要是从事电子商务的商事主体，即狭义的电子商务主体。

电子商务主体有虚拟性、身份不确定性、跨地域性和数量种类繁多的特点。准入与退出制度所涉及的对象也相当复杂：既包括通过电子商务形式直接提供各种商品和服务的商事主体，也包括提供虚拟集中交易场所的平台提供者，还包括提供物流、支付等相关服务的服务提供者；既包括公司，也包括合伙企业、个体工商户、自然人等主体；既包括内资企业，也包括外商投资企业；既包括境内主体，也包括境外主体。

传统市场准入与退出制度的设计在传统行业中非常完备，在金融行业、外贸行业、房地产行业、民航行业中尤为突出。但在电子商务领域，除了网上银行领域，有关制度的设计还是空白，也具有较大的难度。

电子商务市场准入与退出制度的设计离不开对电子商务本身特点及其与传统商务活动区别的把握。

电子商务的特点及其与传统商务活动的区别在于：一是经营空间具有虚拟性，这既带来更多的市场机遇，也催生更多的市场风险、道德风险、违约诱惑与欺诈陷阱；二是市场范围较少受地域限制，可以跨越路途、通信、国界等多方面的障碍；三是进入市场的门槛较低，只要有一定的通信技术条件即可对接全球范围的网上市场；四是经营方式更为高效，交易快速便捷；五是更注重信用保证，由于没有面对面的接触，建立信任更难，更依赖真实的信用记录和合理的交易规则。适用于电子商务的准入和退出规则应符合电子商务的发展规律和特点，避免造成对电子商务创新的阻碍。

从本质上看，电子商务仍然是商事活动，与传统商事主体一样，电子商务主体的商事行为也具有营利性，也必须恪守法律和伦理规范。电子商务作为现代商务形态，与传统商务行为的区别更多地体现在技术手段层面。所以，传统商务的一般规则，包括准入与退出的规则应同样适用于电子商务。电子商务法需要做的是对电子商务的特殊行为进行专门的规制。

3．我国电子商务市场准入与退出规则设计的预期目标

1）促进电子商务在各行各业的应用

市场准入与退出规则是国家市场管理的基本方式之一。建立新型的适应电子商务市场发展的市场准入与退出制度，对于规范电子商务发展环境、加快企业发展方式的转变都具有非常重要的作用。完善和推广市场准入负面清单，使电子商务除了明确列出禁止和限制投资经营的行业、领域、业务，都可依法平等进入，充分发挥电子商务在技术上和经营上的优势。

2）建立诚信的电子商务市场环境

电子商务的虚拟特性使得部分假冒伪劣商品泛滥，给一些投机取巧的人提供了非法牟利的机会。长期持续的结果是，电子商务市场中优质商户和消费者将会被排挤出市场，严重阻碍电子商务的发展。通过电子商务立法规范虚拟市场准入与退出的行为，建立网络交易的诚信体系，提高违法代价，可有效控制电子商务市场中因信息不对称引起的商品质量问题、无序竞争问题和道德风险问题，达到净化市场的目的。

3）维护充分竞争的电子商务生态

市场主体进入电子商务市场的成本和难易与制度的严格程度和进入壁垒的高低直接相关，也对整个虚拟市场运作效率和活跃程度产生间接影响。政府对进入部分行业市场（如金融行业、电信行业、认证行业）的电子商务企业实行市场准入限制，设定恰当的门槛，保持一定数量级的经营者在市场中同时开展经营活动，这既能保证市场维持优胜劣汰的竞争机制，防止少数企业垄断市场，防止一些企业弄虚作假，又能防止某些企业因盲目扩大规模而造成无谓损失，从而造就一个充分竞争的电子商务生态环境，引导行业有序健康发展。

4）保护电子商务交易各方的合法权益

电子商务市场准入制度的推行，能够加强电子商务中网店经营者和电子商务网站经营者的资格认证，改变目前电子商务参与者管理混乱的局面，从源头上降低对侵害消费者权益行为的发生风险。对于违法经营或因各种原因放弃经营的经营者，市场退出制度的建立可以起到净化市场并有效地维护交易中的受侵害一方的合法权益的作用。

4．电子商务市场准入

1）电子商务市场准入的基本要求

电子商务市场准入与传统线下市场准入是不同的概念，但是电子商务主体并不是一个新设的、独立于传统商事主体的存在，它只是一种身份的标志。因此，电子商务市场准入

程序也不需要像公司设立程序一样有许多创设性的内容，更多的应是对已有规定稍加修改后的合理运用。电子商务市场准入程序的设立应当坚持降低交易成本、提高交易安全的基本原则，确保准入条件合理实现，同时保证程序高效。

2）电子商务市场准入的程序

关于具体登记办法，国家市场监督管理总局发布的《关于做好电子商务经营者登记工作的意见》（以下简称《意见》）规定，"电子商务经营者申请登记为个体工商户的，允许其将网络经营场所作为经营场所进行登记。对于在一个以上电子商务平台从事经营活动的，需要将其从事经营活动的多个网络经营场所向登记机关进行登记。允许将经常居住地登记为住所，个人住所所在地的县、自治县、不设区的市、市辖区市场监督管理部门为其登记机关。""以网络经营场所作为经营场所登记的个体工商户，仅可通过互联网开展经营活动，不得擅自改变其住宅房屋用途用于从事线下生产经营活动并应作出相关承诺。登记机关要在其营业执照'经营范围'后标注'（仅限于通过互联网从事经营活动）'。"

此前，网络个人卖家无须进行工商登记，一直处于监管的外围。《电子商务法》提高了电子商务平台的入驻门槛。但该《意见》针对电子商务中小卖家的实际情况适时提出了新登记的宽松条件。

受国家市场监督管理总局委托，北京市工商局与北京奇虎科技公司合作，建设了"全国网络交易平台监管服务系统"。该系统的一期工程——"网络商品交易平台监管服务子系统"，已于2016年7月正式上线运行。该系统有两大优势：一是汇集三方关联大数据，即汇集市场监管部门掌握的企业注册信息、网络交易平台上报的网店主体信息，以及网络科技企业通过浏览器获取的网店相关数据；二是实施智能化数据校验，即借助网络安全企业的云计算、智能聚类等先进技术，对汇集的三方数据进行智能化处理，从而自动得出"主体信息匹配""主体信息不匹配""主体信息存疑"等初步分析结果。该系统的建设对获取、校验网店主体信息的技术进行了有益的探索，并为电子商务市场主体准入和监管奠定了基础。

在电子商务市场准入程序中，是应"先证后照"，还是应"先照后证"？中华人民共和国全国人民代表大会通过的《国务院机构改革和职能转变方案》（2013年）在"关于国务院机构职能转变"一节的第六条中规定，除涉及国家安全、公民生命财产安全等外，不再实行先主管部门审批，再工商登记的制度，商事主体向工商部门申请登记，取得营业执照后即可从事一般生产经营活动。所以，除涉及国家安全、公民生命财产安全外，商事主体可以先通过电子商务市场准入程序获得电子商务主体资格后再向有关部门申请许可，这不违背现行市场准入制度。"先照后证"允许取得电子商务主体资格后再申请行政许可，降低了电子商务市场准入的门槛。

5. 电子商务市场退出

1）电子商务市场退出的方式

（1）自行退出。自营交易网站、第三方平台企业和平台内经营者，因为经营期满、战略调整、投资人死亡等原因，构成企业自行解散条件的，应允许其停止营业。

（2）强制退出。电子商务经营者，因为违反《中华人民共和国产品质量法》《中华人民共和国消费者权益保护法》（以下简称《消费者权益保护法》）、《中华人民共和国反不正当竞争法》（以下简称《反不正当竞争法》）等法律，扰乱电子商务市场的正常秩序，构成强制解散条件的，应强制其退出电子商务市场，吊销相关营业许可和执照。

（3）网站、网店转让。自营交易网站和第三方交易平台的转让，可以通过评估、选择受让方、签订转让合同等程序完成。电子商务经营者在第三方交易平台上的网络经营资源，可依法并遵循交易平台合法的规则向其他经营者转让或由其他经营者承继。

2）电子商务市场退出的公告

（1）自营交易网站、第三方交易平台退出电子商务市场，或暂停经营，应当在其网站醒目处发布公告，明确告知买受人和平台内经营者的相关事宜。

（2）平台内经营者、个人网店退出第三方交易平台，或暂停经营，第三方交易平台应发布相关公告。

（3）因各种原因不能自行发布公告的，由监管部门协助发布公告。

3）电子商务市场退出的程序

（1）自营交易网站、第三方交易平台、平台内经营者退出电子商务市场，应当注销相关经营许可。

（2）参照《中华人民共和国公司法》第十章启动企业清算程序，客观评估虚拟财产的价值，做好善后工作。

（3）需要办理工商注销登记的，应依法注销。

（4）已宣布退出电子商务市场的经营者，应在限期内停止网上营业，在规定期限内未停止，视为违法经营。电子商务监管部门应给予行政处罚，互联网接入服务商应关停其网络端口。

（5）退出市场的电子商务经营者，应当按照电子商务信息安全管理规定封存与销毁数据。

2.2.6 电子商务市场监管体系

《电子商务法》第六条规定，国务院有关部门按照职责分工负责电子商务发展促进、监督管理等工作。县级以上地方各级人民政府可以根据本行政区域的实际情况，确定本行政区域内电子商务的部门职责划分。

商务主管部门主要负责电子商务市场准入的总体规范，而工商行政管理部门将对网络交易活动进行具体管理。目前来看，两个部门之间的监管范围尚不清晰，国家应根据电子商务活动的特点创新监管方式，明确监管职责，维护电子商务交易的正常秩序。

工业和信息化部负责涉及增值电信业务的互联网服务审批。

对于特殊商品和服务，应当取得相关主管部门的许可。

对于涉及外资特殊准入的经营活动，应当取得商务主管部门的许可。

2.3 电子商务平台的法律法规

2.3.1 企业自建自营的电子商务法律法规

1. 电子商务网站设立的法律法规

企业自建自营电子商务网站是一种电子商务经营行为，企业属于电子商务经营者。根据国务院《互联网信息服务管理办法》的规定，互联网信息服务分为经营性和非经营性两类。国家对经营性互联网信息服务实行许可制度，对非经营性互联网信息服务实行备案制度。未取得许可或者未履行备案手续的，不得从事互联网信息服务。从事新闻、出版、教育、医疗保健、药品和医疗器械等互联网信息服务的，依照法律、行政法规以及国家有关规定，须经有关主管部门审核同意，在申请经营许可或者履行备案手续前，应当依法经有关主管部门审核同意。

知识链接

《互联网信息服务管理办法》

2000年9月20日，中华人民共和国国务院第31次常务会议通过《互联网信息服务管理办法》，于2000年9月25日公布施行。

根据2011年1月8日《国务院关于废止和修改部分行政法规的决定》修订：

2021年1月8日，国家网信办就《互联网信息服务管理办法（修订草案征求意见稿）》公开征求意见，意见反馈截止日期为2021年2月7日。

1）经营性信息服务网站设立的法律法规

经营性互联网信息服务，是指通过互联网向上网用户有偿提供信息或者网页制作等服务活动。

根据《互联网信息服务管理办法》的规定，国家对经营性互联网信息服务实行许可制度。根据《互联网信息服务管理办法》第六条的规定，从事经营性互联网信息服务，除应当符合《中华人民共和国电信条例》规定的要求外，还应当具备下列条件。

（1）有业务发展计划及相关技术方案。

（2）有健全的网络与信息安全保障措施，包括网站安全保障措施、信息安全保密管理制度、用户信息安全管理制度。

（3）服务项目属于本办法第五条规定范围的，已取得有关主管部门同意的文件。

2）非经营性信息服务网站设立的法律法规

非经营性互联网信息服务，是指通过互联网向上网用户无偿提供具有公开性、共享性信息的服务活动。根据《互联网信息服务管理办法》的规定，国家对非经营性互联网信息服务实行备案制度。

根据《互联网信息服务管理办法》的规定，从事非经营性互联网信息服务，应当向省、自治区、直辖市电信管理机构或者国务院信息产业主管部门办理备案手续。办理备案时，应当提交下列材料：第一，主办单位和网站负责人的基本情况；第二，网站网址和服务项目；第三，服务项目属于《互联网信息服务管理办法》第五条规定范围的，已取得有关主管部门的同意文件。省、自治区、直辖市电信管理机构对备案材料齐全的，应当予以备案并编号。

3）特种行业信息服务审批制度

平台经营者与申请进入平台销售商品或者提供服务的平台内经营者订立的协议，应当按照国家市场监督管理总局《网络交易监督管理办法》第十五条的规定，网络商品经营者、有关服务经营者销售商品或者提供服务，应当遵守《商标法》《企业名称登记管理规定》等法律、法规、规章的规定，不得侵犯他人的注册商标专用权、企业名称权等权利。

4）从事特殊信息服务专项备案制度

根据《互联网信息服务管理办法》的规定，从事互联网信息服务，拟开办电子公告服务的，应当在申请经营性互联网信息服务许可或者办理非经营性互联网信息服务备案时，按照国家有关规定提出专项申请或者专项备案。

2. 电子商务网站提供服务的法律法规

1）严格按照规定范围提供服务

《互联网信息服务管理办法》规定，互联网信息服务提供者应当按照经许可或者备案的项目提供服务，不得超出经许可或者备案的项目提供服务。非经营性互联网信息服务提供者不得从事有偿服务。互联网信息服务提供者变更服务项目、网站网址等事项的，应当提前3日向原审核、发证或者备案机关办理变更手续。

《互联网信息服务管理办法》规定，未取得经营许可证，擅自从事经营性互联网信息服务，或者超出许可的项目提供服务的，由省、自治区、直辖市电信管理机构责令限期改正，有违法所得的，没收违法所得，处违法所得3倍以上5倍以下的罚款；没有违法所得或者违法所得不足5万元的，处10万元以上100万元以下的罚款；情节严重的，责令关闭网站。违反《互联网信息服务管理办法》的规定，未履行备案手续，擅自从事非经营性互联网信息服务，或者超出备案的项目提供服务的，由省、自治区、直辖市电信管理机构责令限期改正；拒不改正的，责令关闭网站。

2）亮证经营或服务

《互联网信息服务管理办法》规定，互联网信息服务提供者应当在其网站主页的显著位置标明其经营许可证编号或者备案编号。违反规定，未在其网站主页上标明其经营许可证编号或者备案编号的，由省、自治区、直辖市电信管理机构责令改正，处5000元以上5万元以下的罚款。根据《中华人民共和国电信条例》第十五条的规定，电信业务经营者在经营过程中，变更经营主体、业务范围或者停止经营的，应当提前90日向原颁发许可证的机关提出申请，并办理相应手续；停止经营的，还应当按照国家有关规定做好善后工作。

3）互联网信息服务的内容合法

《互联网信息服务管理办法》规定，互联网信息服务提供者应当向上网用户提供良好的服务，并保证所提供的信息内容合法。从事新闻、出版以及电子公告等服务项目的互联网信息服务提供者，应当记录提供的信息内容及其发布时间、互联网地址或者域名；互联网接入服务提供者应当记录上网用户的上网时间、用户账号、互联网地址或者域名、主叫电话号码等信息。互联网信息服务提供者和互联网接入服务提供者的记录备份应当保存60日，并在国家有关机关依法查询时予以提供。未履行以上规定的义务的，由省、自治区、直辖市电信管理机构责令改正；情节严重的，责令停业整顿或者暂时关闭网站。

2.3.2 第三方电子商务交易平台的法律法规

第三方交易平台是一种比较常见的电子商务经营者，又称为电子商务平台经营者。

《电子商务法》第九条第二款规定，本法所称电子商务平台经营者，是指在电子商务中为交易双方或者多方提供网络经营场所、交易撮合、信息发布等服务，供交易双方或者多方独立开展交易活动的法人或者非法人组织。

1. 审查管理申请进入（入驻）第三方电子商务平台者

《电子商务法》第二十七条规定，电子商务平台经营者应当要求申请进入平台销售商品或者提供服务的经营者提交其身份、地址、联系方式、行政许可等真实信息，进行核验、登记，建立登记档案，并定期核验更新。电子商务平台经营者为进入平台销售商品或者提供服务的非经营用户提供服务，应当遵守本节有关规定。《电子商务法》第二十八条第一款规定，电子商务平台经营者应当按照规定向市场监督管理部门报送平台内经营者的身份信息，提示未办理市场主体登记的经营者依法办理登记，并配合市场监督管理部门，针对电子商务的特点，为应当办理市场主体登记的经营者办理登记提供便利。《电子商务法》第三十八条规定，电子商务平台经营者知道或者应当知道平台内经营者销售的商品或者提供的服务不符合保障人身、财产安全的要求，或者有其他侵害消费者合法权益行为，未采取必要措施的，依法与该平台内经营者承担连带责任。对关系消费者生命健康的商品或者服务，电子商务平台经营者对平台内经营者的资质资格未尽到审核义务，或者对消费者未尽到安全保障义务，造成消费者损害的，依法承担相应的责任。

2. 与申请进入（入驻）第三方电子商务平台者订立协议

第三方电子商务平台，在电子商务活动中为交易双方或者多方提供网页空间、虚拟经营场所、交易撮合、信息发布等服务，必须按照国家法律法规的规定订立协议。这是明确电子商务参与各方权利和义务，保障电子商务交易秩序的重要保证。根据《网络交易监督管理办法》的有关规定，第三方交易平台经营者应当与申请进入平台销售商品或者提供服务的经营者订立协议，明确双方在平台进入和退出、商品和服务质量安全保障、消费者权益保护等方面的权利、义务和责任。第三方交易平台经营者修改其与平台内经营者的协议、交易规则，应当遵循公开、连续、合理的原则，修改内容应当至少提前 7 日予以公示并通知相关经营者。平台内经营者不接受协议或者规则修改内容、申请退出平台的，第三方交易平台经营者应当允许其退出，并根据原协议或者交易规则承担相关责任。

3. 建立第三方电子商务平台规则和制度

《电子商务法》第三十二条规定，电子商务平台经营者应当遵循公开、公平、公正的原则，制定平台服务协议和交易规则，明确进入和退出平台、商品和服务质量保障、消费者权益保护、个人信息保护等方面的权利和义务。

4. 记录保持和检查监控第三方电子商务平台交易信息

《电子商务法》第三十一条规定，电子商务平台经营者应当记录、保存平台上发布的商品和服务信息、交易信息，并确保信息的完整性、保密性、可用性。商品和服务信息、交易信息保存时间自交易完成之日起不少于 3 年；法律、行政法规另有规定的，依照其规定。《电子商务法》第二十八条第二款规定，电子商务平台经营者应当依照税收征收管理法律、行政法规的规定，向税务部门报送平台内经营者的身份信息和与纳税有关的信息，并应当提示依照本法第十条规定不需要办理市场主体登记的电子商务经营者依照本法第十一条第二款的规定办理税务登记。同时，作为在电子商务活动中为交易双方或者多方提供网页空间、虚拟经营场所、交易撮合、信息发布等服务的第三方电子商务平台，有义务对在第三方电子商务平台上的电子商务活动的信息进行检查监控，发现有违反工商行政管理法律、法规、规章的行为时，并向电子商务平台经营者所在地工商行政管理部门报告，且及时采取措施制止违法行为，在必要时，可停止对违法经营者提供第三方交易平台服务。当地工商行政管理部门发现平台内有违反工商行政管理法律、法规、规章的行为，要求电子商务平台采取措施制止时，电子商务平台应该配合。工商行政管理部门发现平台内有违反工商行政管理法律、法规、规章的行为，依法要求第三方交易平台经营者采取措施制止的，第三方交易平台经营者应当予以配合。

电子商务平台违反规定不予配合的，予以警告，责令改正，拒不改正的，处以1万元以上3万元以下的罚款。

5. 保护商标等知识产权

《电子商务法》第四十一条规定，电子商务平台经营者应当建立知识产权保护规则，与知识产权权利人加强合作，依法保护知识产权。《电子商务法》第四十二条规定，知识产权权利人认为其知识产权受到侵害的，有权通知电子商务平台经营者采取删除、屏蔽、断开链接、终止交易和服务等必要措施。通知应当包括构成侵权的初步证据。电子商务平台经营者接到通知后，应当及时采取必要措施，并将该通知转送平台内经营者；未及时采取必要措施的，对损害的扩大部分与平台内经营者承担连带责任。因通知错误造成平台内经营者损害的，依法承担民事责任。恶意发出错误通知，造成平台内经营者损失的，加倍承担赔偿责任。《电子商务法》第四十五条规定，电子商务平台经营者知道或者应当知道平台内经营者侵犯知识产权的，应当采取删除、屏蔽、断开链接、终止交易和服务等必要措施；未采取必要措施的，与侵权人承担连带责任。《电子商务法》第八十四条规定，电子商务平台经营者违反本法第四十二条、第四十五条规定，对平台内经营者实施侵犯知识产权行为未依法采取必要措施的，由有关知识产权行政部门责令限期改正；逾期不改正的，处5万元以上50万元以下的罚款；情节严重的，处50万元以上200万元以下的罚款。

6. 建立消费纠纷和解及消费维权自律制度

《电子商务法》第五十八条规定，国家鼓励电子商务平台经营者建立有利于电子商务发展和消费者权益保护的商品、服务质量担保机制。电子商务平台经营者与平台内经营者协议设立消费者权益保证金的，双方应当就消费者权益保证金的提取数额、管理、使用和退还办法等作出明确约定。消费者要求电子商务平台经营者承担先行赔偿责任以及电子商务平台经营者赔偿后向平台内经营者的追偿，适用《中华人民共和国消费者权益保护法》的有关规定。《电子商务法》第五十九条规定，电子商务经营者应当建立便捷、有效的投诉、举报机制，公开投诉、举报方式等信息，及时受理并处理投诉、举报。

《电子商务法》第六十一条规定，消费者在电子商务平台购买商品或者接受服务，与平台内经营者发生争议时，电子商务平台经营者应当积极协助消费者维护合法权益。

7. 押金收取和退还的规定

电子商务经营者收取押金是一种较为普遍的行为，为了保护电子商务消费者的合法权益，《电子商务法》对押金收取和退还做了相关规定。

《电子商务法》第二十一条规定，电子商务经营者按照约定向消费者收取押金的，应当明示押金退还的方式、程序，不得对押金退还设置不合理条件。消费者申请退还押金，符合押金退还条件的,电子商务经营者应当及时退还。《电子商务法》第七十八条规定,电子商务经营者违反本法第二十一条规定,未向消费者明示押金退还的方式、程序,对押金退还设置不合理条件,或者不及时退还押金的,由有关主管部门责令限期改正,可以处5万元以上20万元以下的罚款;情节严重的,处20万元以上50万元以下的罚款。

2.4 网络服务提供商的法律法规

2.4.1 网站的法律规制

网站是网络中的一个站点,其主要功能是提供信息处理、传输、存储服务。我国现行法律对网站设立的规范主要涉及管理机构、接入互联网、域名和管制等方面。

1. 我国网络管理和经营机构

1)国家的宏观管理

2008年3月,根据国务院机构改革方案组建的工业和信息化部(以下简称工信部),其职责包括但不限于:统筹推进国家信息化工作,规划公用通信网、互联网、专用通信网,依法监督管理电信与信息服务市场;负责通信资源的分配及国际协调,承担通信网络安全及相关信息安全管理的责任;负责协调维护国家信息安全和国家信息安全保障体系建设,协调处理网络与信息安全的重大事件。1997年6月,中国互联网络信息中心(CNNIC)经国家主管部门批准成立。CNNIC的主要任务:为我国境内的互联网用户提供域名注册、IP地址分配、自治系统号分配等服务;提供技术资料,使用网络的政策、法规,用户入网的办法,用户培训资料等信息服务;提供网络通信目录、网上各种信息库的目录等;对我国互联网络的发展、方针、政策及管理提出具体建议。

2)连接国际互联网络的各级管理与主要经营机构

目前,我国计算机信息网络的管理体系仍然不够健全。从国际联网的角度讲,根据《中华人民共和国计算机信息网络国际联网管理暂行规定》(以下简称《国际联网管理暂行规定》),国家对国际联网实行分级管理的原则,国务院原信息化工作领导小组负责协调、解决有关国际联网工作中的重大问题;明确国际出入口信道提供单位、互联单位、接入单位和用户的权利、义务及责任,对国际联网工作的检查监督等具体工作由工信部承担。

我国网络管理与经营机构可以分为以下几个层次。

(1)物理信道的管理机构。物理信道是指构成计算机信息网络的计算机、通信设备、网络终端以及连接这些设备的电缆和光缆,也包括卫星信道。我国的国家公用电信网的物理信道,以及它为全国所有的物理信道提供的国际出入口信道都由工信部内设机构直接管理。其他一些政府部门或行业建立的专用物理信道由该部门或行业自行管理。

(2)互联网络的管理机构。互联网络是指直接进行国际联网的计算机信息网络。它可能有自己的专用物理信道,但多数是使用国家公用电信网物理信道的业务网。其管理机构称为互联单位,是指负责互联网络运行的单位。我国现有的中国公用计算机互联网(China NET)和其余的几个互联网络(China Golden Bridge Network,China GBN;China Education and Research Network,CERNET;China Science and Technology Network,CSTNET)分别由国家相应网信部门负责协调与管理，并根据需要分级建立下属通信有限责任公司，承担互联网络的建设、运营。

（3）接入网络的管理机构。接入网络是指通过接入互联网络进行国际联网的计算机信息网络，如企业网、校园网和一些商业性服务网络。接入单位是指负责接入网络运行的单位，它们必须具备下列条件：第一，是依法设立的企业法人或者事业法人；第二，具有相应的计算机信息网络、装备以及相应的技术人员和管理人员；第三，具有健全的安全保密管理制度和技术保护措施；第四，符合法律和国务院规定的其他条件。

（4）从事国际联网经营活动的机构。从事国际联网经营活动的机构是指利用国际互联网络资源经营网络服务的机构。它们一般是接入单位，但要向有权受理从事国际联网经营活动申请的互联单位主管部门或者主管单位申报，并领取国际联网经营许可证。此外，我国各行业部门的信息中心大多建立了存储本行业信息资源的数据库，有一些已经与国际互联网连接，并向广大用户提供服务。

2．接入互联网

设立网站首先必须接入互联网。我国关于互联网接入的现行法规主要有国务院1997年修订的《国际联网管理暂行规定》以及当时的邮电部根据该规定制定的《中国公用计算机互联网国际联网管理办法》等。根据这些法规和规章，计算机信息网络直接进入国际联网，必须使用国家公用电信网提供的国际出入口信道，任何单位和个人不得自行建立或者使用其他信道进行国际联网。

接入网络必须通过互联网络进行国际联网，从事国际联网经营活动和从事非经营活动的接入单位必须具备下列条件：是依法设立的企业法人或者事业法人；具备相应的计算机信息网络、装备以及相应的技术人员和管理人员；具有健全的安全保密管理制度和技术保护措施；符合法律和国务院规定的其他条件。

3．网站的法律管制

我国对提供互联网信息服务实行管制制度，2011年国务院施行的《互联网信息服务管理办法》根据网站服务行为将其划分为经营性网站和非经营性网站两类，分别进行管制。我国对网络信息服务行为的管制大致分为以下几种情形。

1）许可与备案制度

《互联网信息服务管理办法》第四条明确规定："国家对经营性互联网信息服务实行许可制度；对非经营性互联网信息服务实行备案制度。未取得许可或未履行备案手续的，不得从事互联网信息服务。"这就是说，从事非经营性的网络服务的网站只需要到主管部门进行备案，即可以开展运营。根据《互联网信息服务管理办法》第八条的规定，从事非经营性互联网信息服务，应当向省、自治区、直辖市电信管理机构或者国务院信息产业主管部门办理备案手续。

经营性互联网站设立的条件包括：经营者为依法设立的公司；有与开展经营活动相适应的资金和专业人员；有为用户提供长期服务的信誉或者能力；有业务发展计划及相关技术方案；有健全的网络与信息安全保障措施，包括网站安全保障措施、信息安全保密管理制度、用户信息安全管理制度；服务项目属于《互联网信息服务管理办法》第五条所规定的范围且有已取得有关主管部门同意的文件；法律、法规规定的其他条件。

根据《互联网信息服务管理办法》第七条规定，包含经营性互联网信息服务内容的网站必须办理互联网信息服务增值电信业务经营许可证和办理工商登记两项手续。

2）特种行业信息服务审批制度

《互联网信息服务管理办法》第五条规定："从事新闻、出版、医疗保健、药品和医疗器械等互联网信息服务，依照法律、行政法规以及国家有关规定须经有关主管部门审核同意的，在申请经营许可或者履行备案手续前，应当依法经有关主管部门审核同意。"

3）从事特殊信息服务专项备案制度

《互联网信息服务管理办法》第九条规定："从事互联网信息服务，拟开办电子公告服务的，应当在申请经营性互联网信息服务许可或者办理非经营性互联网信息服务备案时，按照国家有关规定提出专项申请或者专项备案。"

2.4.2 网络服务提供商的法律义务

1. 网络服务提供商的分类

从网站经营者在信息传输中的作用或者网站经营者对信息内容的控制角度来看，网络服务提供商大致可以分为网络内容服务提供商和网络中介服务提供商两类。前者直接向消费者（接受者）发布信息，后者为信息发布提供中介服务。

1）网络内容服务提供商

从一定程度上讲，任何人都能成为网络内容提供者，只要提供信息向网络发布就属于网络内容提供者。通常，网络内容服务商专指提供内容服务的网络服务公司。所谓内容服务，即向网络上传、发布、传递有价值信息，供人阅读、浏览、下载等。在提供内容服务的情形下，网站经营者在信息传播中充当了发布者的角色。

2）网络中介服务提供商

网络中介服务提供商是指为网络提供信息传输中介服务的主体，它又可以分为接入服务提供商和主机服务提供商。

（1）接入服务提供商。接入服务提供商是指为信息传播提供光缆、路由器、交换机等基础设施，或为上网提供接入服务，或为用户提供电子邮件服务的主体。接入服务提供商对网上信息所起的作用仅仅相当于一个传输管道，无论是信息提供者发送信息，还是信息获取者访问信息，均通过接入服务提供商提供的设施或计算机系统，经过自动的技术处理过程实现信息内容的传输。在技术上，接入服务提供商无法编辑信息，也不能对特定信息进行控制。

（2）主机服务提供商。主机服务提供商是指为用户提供服务器空间，为用户提供阅读他人上载的信息或自己发送的信息，甚至进行实时信息交流，或使用超文本链接等方式的搜索引擎，为用户提供在网络上搜索信息的主体。虽然主机服务提供商一般是按照用户的选择传输或接收信息，本身并不组织所传播的信息，但其对网上的信息所担当的角色已不仅限于"传输管道"。在技术上，主机服务提供商可以对信息进行编辑控制。

2. 网络内容服务提供商的义务

从一般意义上讲，网络内容服务提供商应对网络信息内容负有合法性义务。《互联网信息服务管理办法》规定了网站的基本义务大致可分为服务行为合法义务和保证信息内容合法义务两个方面。

《互联网信息服务管理办法》第十一条第一款规定:"互联网信息服务提供者应当按照经许可或者备案的项目提供服务,不得超出经许可或者备案的项目提供服务。"《互联网信息服务管理办法》第十二条明确规定:"互联网信息服务提供者应当在其网站主页的显著位置标明其经营许可证编号或者备案编号。"另外,《互联网信息服务管理办法》第十四条第一款规定:"从事新闻、出版以及电子公告等服务项目的互联网信息服务提供者,应当记录提供的信息内容及其发布时间、互联网地址或者域名;互联网接入服务提供者应当记录上网用户的上网时间、用户账号、互联网地址或者域名、主叫电话号码等信息。"

《互联网信息服务管理办法》第十三条规定:"互联网信息服务提供者应当向上网用户提供良好的服务,并保证所提供的信息内容合法。"按照《互联网信息服务管理办法》第十五条的规定,互联网信息服务提供者不得制作、复制、发布、传播含有下列内容的信息:反对宪法所确定的基本原则的;危害国家安全,泄露国家秘密,颠覆国家政权,破坏国家统一的;损害国家荣誉和利益的;煽动民族仇恨、民族歧视,破坏民族团结的;破坏国家宗教政策,宣扬邪教和封建迷信的;散布谣言,扰乱社会秩序,破坏社会稳定的;散布淫秽、色情、赌博、暴力、凶杀、恐怖或者教唆犯罪的;侮辱或者诽谤他人,侵害他人合法权益的;含有法律、行政法规禁止的其他内容的。

《互联网信息服务管理办法》第十六条还规定,互联网信息服务提供者发现其网站传输的信息明显属于本办法第十五条所列内容之一的,应当立即停止传输,保存有关记录,并向国家有关机关报告。

3. 网络中介服务提供商的义务

从国外主要国家和国际组织的立法内容看,网络中介服务提供商的义务主要有监控、保密和协助调查义务。其中,协助调查是辅助性的,而监控和保密是主要义务。中介服务提供商是否承担责任主要看它是否履行了这些应尽的义务。

1) 网络中介服务提供商的监控义务

网络中介服务提供商的监控义务应当包括两个方面:其一,事前审查义务,即在被明确告知侵权信息存在之前,主动对其系统或网络中信息的合法性进行审查;其二,事后控制义务,即在知道侵权信息的存在后及时采取删节、移除等措施阻止侵权信息继续传播。由于接入服务提供商与主机服务提供商对网络信息的编辑能力和对特定信息的控制能力有很大不同,因此,其监控义务也有很大区别。

接入服务提供商只是为信息在网络上传播提供"传输管道",不能对信息进行编辑,因此要求接入服务提供商履行事前审查义务在技术上是不可能的,故法律不应向其施加事前审查义务。同时,由于接入服务提供商对网络信息传播的控制能力也是有限的,一般只能采取封锁网络上某个特定站点或特定用户,甚至关闭整个系统的方法来达到停止侵权信息传播的目的,不能就某一特定信息采取控制措施。因此,接入服务提供商事后控制能力也有限,即使要求承担事后控制义务,也只是在负有技术可能、经济许可的范围内采取阻止违法、侵权信息继续传播的义务。

主机服务提供者在用户信息发布(上传)之前,主机服务者在技术上无法获悉该信息的内容,无法行使编辑控制权,故主机服务商不负有任何事先监控的义务。在用户信息发布(上传)之后,主机服务提供商在技术上具备了编辑控制能力,因此,主机服务商负有两项监控义务：一项是主动审查义务，另一项是请求终止传播义务。

2）网络中介服务提供商的协助调查义务

网络中介服务提供商的协助调查义务是指网络中介服务者负有协助权利人或有关机关收集侵权行为证据的义务。网络中介服务提供商协助提供的证据一般应当包括被控侵权人身份情况的证明材料，以及上载、下载情况记录等有关侵权行为的证明材料。

网络中介服务提供商的协助调查义务具体表现为：在用户信息发表后的任何时间，网络中介服务提供商明知某信息为侵权信息或经权利人发出了确有证据的通知后，或者经法院等权威机构发出调查令，网络中介服务提供商在技术可能、经济许可的范围内负有向权利人或有关机关提供上述证据的义务。

3）网络中介服务提供商的保密义务

计算机和网络技术为人们获取、传递、复制信息提供了方便，但网络的开放性和互动性又给个人隐私保护带来了麻烦。在线消费（购物或接受信息服务）需要将个人资料传送给银行和商家，而对这些信息的再利用成为网络时代的普遍现象，这些信息的不当使用均可能侵犯消费者利益。因此，对消费者信息的保密自然就成为网络中介服务提供商的主要义务之一。

2.4.3 网络服务提供商的法律责任

在 2000 年 12 月 28 日全国人大通过的《全国人大常委会关于维护互联网安全的决定》第六条的第二款中，首次明确了网上侵权责任。

该决定 2009 年经修正，第六条规定："利用互联网实施违法行为，违反社会治安管理，尚不构成犯罪的，由公安机关依照《治安管理处罚法》予以处罚；违反其他法律、行政法规，尚不构成犯罪的，由有关行政部门依法给予行政处罚；对直接负责的主管人员和其他直接责任人员，依法给予行政处分或者纪律处分。利用互联网侵犯他人合法权益，构成民事侵权的，依法承担民事责任。"

利用互联网侵犯他人权利自然包括网站经营者和其他人两种，其侵权责任仍然适用传统法律中谁侵权、谁承担责任的基本原则。

1. 《民法典》对网络服务提供商的责任认定

以下为《民法典》关于网络服务提供商的责任认定。

《民法典》第一千一百九十五条规定了网络服务提供者侵权补救措施与责任，承担网络用户利用网络服务实施侵权行为的，权利人有权通知网络服务提供者采取删除、屏蔽、断开链接等必要措施。通知应当包括构成侵权的初步证据及权利人的真实身份信息。

网络服务提供者接到通知后，应当及时将该通知转送相关网络用户，并根据构成侵权的初步证据和服务类型采取必要措施；未及时采取必要措施的，对损害的扩大部分与该网络用户承担连带责任。

权利人因错误通知造成网络用户或者网络服务提供者损害的，应当承担侵权责任。法律另有规定的，依照其规定。

《民法典》第一千一百九十六条规定了不侵权声明，网络用户接到转送的通知后，可以向网络服务提供者提交不存在侵权行为的声明。声明应当包括不存在侵权行为的初步证据及网络用户的真实身份信息。

网络服务提供者接到声明后，应当将该声明转送发出通知的权利人，并告知其可以向有关部门投诉或者向人民法院提起诉讼。网络服务提供者在转送声明到达权利人后的合理期限内，未收到权利人已经投诉或者提起诉讼通知的，应当及时终止所采取的措施。

2.《民法典》关于网络服务提供商的责任认定

以下为《民法典》中关于网络提供者的连带责任的描述。

1）通知规则

网络服务提供者在接到该提示之后，应当审查，及时采取必要措施。如果网络服务提供者未及时采取必要措施，构成对网络用户实施的侵权行为的放任，具有间接故意，视为与侵权人构成共同侵权行为，与侵权的网络用户承担连带责任。如果网络服务提供者未经提示，或者经过提示之后即采取必要措施，网络服务提供者就不必承担责任。

2）明知规则

《民法典》第一千一百九十七条规定："网络服务提供者知道或者应当知道网络用户利用其网络服务侵害他人民事权益，未采取必要措施的，与该网络用户承担连带责任。"

网络服务提供者明知网络用户利用其网络实施侵权行为，而未采取任何必要措施，放任不管或置之不理，任凭侵权行为的继续发生，对被侵权人造成精神或名誉损害，对于该网络用户实施的侵权行为具有放任的间接故意，应当承担连带责任。

当人们浏览网站时发现他人对自己的侵权行为，应当按以下几步进行处理。

（1）确认侵权行为存在。确定是否为自己的作品，或者被侮辱诽谤的人是否是自己。

（2）联系承载该侵权行为的平台。如果是网站就联系网站的经营者，如果是公众号就联系公众号的使用者，告知其行为侵权，要求做出妥善处理。

（3）与网络服务提供者协商。

（4）向人民法院起诉。起诉对象可以是直接侵权人，也可以是网络服务提供者，例如某网站。可要求其立即停止侵权，恢复名誉，或是给予赔偿。

拓展实训

【实训目标】

通过实训使学生初步了解电子商务主体法律法规的相关知识，包括电子商务法律关系、电子商务经营与交易者的法律法规、电子商务平台的法律法规以及网络服务提供商的法律法规。

【实训内容】

了解并掌握电子商务的主体法律法规，对电子商务主体法律法规的知识轮廓有基本认知。

【实训步骤】

（1）以2~3人为单位组成一个团队，设负责人一名，负责整个团队的分工协作。

（2）团队成员通过分工协作，多渠道搜集相关资料。

（3）团队成员对搜集的材料进行整理，总结并分析电子商务法律关系的主体和客体，以及电子商务交易主体的分类。

（4）各团队将总结制作成表格，派出一人作为代表上台演讲，阐述自己团队的成果。

（5）教师对各团队的成果进行总结评价，指出不足与改进措施。

【实训要求】

（1）考虑到课堂时间有限，实训可采取"课外+课内"的方式进行，即团队组成、分工、讨论和方案形成在课外完成，成果展示安排在课内。

（2）每个团队方案展示时间为10分钟左右，教师和学生提问时间为5分钟左右。

复习思考题

1. 电子商务法律关系的主体有哪些？
2. 电子商务法律关系的客体有哪些？
3. 电子商务经营者的法律规范包括哪些内容？
4. 我国电子商务市场准入及退出规则设计的预期目标是什么？
5. 第三方电子商务交易平台的法律法规包括哪些内容？

第 3 章

电子合同法

知识目标

- ☑ 了解电子合同,包括电子合同的特点与分类;
- ☑ 掌握电子合同的订立,包括电子合同订立的书面形式、电子合同的法律承认以及电子合同订立的程序、电子合同订立的特殊问题;
- ☑ 掌握电子合同的效力与履行的相关知识,包括电子合同的法律效力概述、电子合同履行的概念与原则、电子合同履行的方式、电子合同的条款、电子合同的标的、电子合同履行的法律法规、电子合同的违约救济等。

思维导图

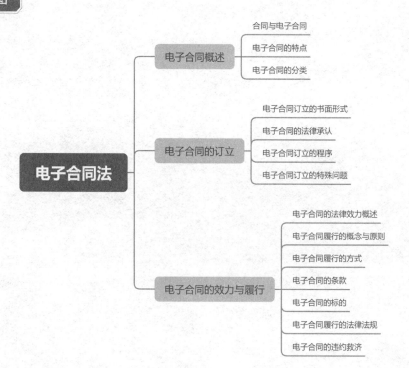

> 引导案例

> **《民法典》之电子合同的法律效力**
>
> 袁某在京东网的黄金商家店铺内下单了 132 根金条,但是商家称因京东官网当日系统原因导致基础金价错误,袁某以 45 920 元的价格拍下 97 692 元的金条差额为 51 772 元。商家在袁某下单后立即通过电话等途径通知袁某,告知其价格错误,要求其申请退款。商家也在第一时间内通知京东报备了价格错误和紧急延迟发货。袁某拒绝了商家要求其退货的请求,坚持要求商家按照订单的内容发货。商家称客户在京东商城上下单后,合同生成,但是货品未确认出库,所以合同还未生效。
>
> 法院认为,根据《电子商务法》和《民法典》的相关规定,商品详情页面符合要约条件,袁某已提交订单并支付货款,案涉合同依法成立并且自成立时生效,因而黄金公司认为合同尚未生效的主张法院不予支持。
>
> 提示:对于网购来说,在《民法典》和《电子商务法》的双重保护下,已经明确了提交订单成功时合同成立。当然也要擦亮眼睛,注意商家是否在提交订单之前明确提示了某些情况下订单不成立的情形。
>
> 《民法典》第四百九十一条规定,当事人采用信件、数据电文等形式订立合同要求签订确认书的,签订确认书时合同成立。当事人一方通过互联网等信息网络发布的商品或者服务信息符合要约条件的,对方选择该商品或者服务并提交订单成功时合同成立,但是当事人另有约定的除外。
>
> 资料来源:《民法典》之电子合同的法律效力[EB/OL].(2021-06-30). https://new.qq.com/rain/a/20210630A02YQF00.

3.1 电子合同概述

3.1.1 合同与电子合同

1. 合同的定义

根据《民法典》第三编合同第四百六十四条第一款的规定,合同是民事主体之间设立、变更、终止民事法律关系的协议。

> **思政小课堂:**
>
> 在电子商务合同法的学习过程中,引导学生遵循电子商务合同法的相关法律法规,使学生深刻认识国家坚持依法治国的决心,培养学生成为复合型的店招商务人才。

2. 电子合同的定义

微课:电子合同的定义

目前对电子合同没有统一的定义,一般认为,以数据电文的形式订立的合同称为电子合同。例如,联合国国际贸易法委员会发布的《电子签名示范法》通过界定"数据电文"并赋予其书面效力来定义电子合同。结合相关规定,我国商务部在《电子合同在线订立流程规范》中对电子合同进行了界定:电子合同（electronic contract）是平等主体的自然人、法人、其他组织之间以数据电文为载体，并利用电子信息技术手段设立、变更、终止民事权利义务关系的协议。关于电子合同，学界有不同的论述，对电子合同定义进行简单分析如下。

（1）从订立形式看，电子合同使用的是电子信息技术手段，这与传统合同存在很大差别。电子信息技术手段包括电子信息手段（如传真、电子邮件等）、数字通信技术（如电子数据交换、电子邮件等）和计算机网络（如内部网络、互联网等）。

（2）从记录的载体来看，电子合同的载体是数据电文。电子合同的生成以及存储、发送、接收，其载体都是数据电文。

（3）从广义角度看，只要以电子信息技术手段在网络环境下订立的合同，都应该属于电子合同。

（4）从合同本质上看，电子合同没有改变合同的实质，改变的只是形式。在实质上，电子合同仍然是一种确立权利义务关系的协议。

知识链接

你知道电子合同与传统合同的区别吗

1. 签订的方式不同

传统合同发生在现实世界里，交易双方可以面对面地协商，而电子合同发生在虚拟空间中，交易双方一般互不见面，在电子自动交易中，甚至不能确定交易的对方，签订合同有时是自动进行的，身份要靠密码的辨认或认证机构的认证。在电子商务合同中，要约与承诺的发出和收到的时间较传统合同复杂，其合同成立和生效的构成条件也有所不同。

2. 记载形式不同

电子合同的内容是通过数据电文形式表现出来的，不存在原件与复印件的区分，而传统合同是纸介质的，通过传统纸张表现合同的文字内容。

3. 签名方式不同

电子合同是用数据电文形式表现的，所以，其签名方式是数字认证、电子签名，而传统合同是纸介质的，其签名方式采用签字、盖章的形式。

4. 生效时间、地点不同

与传统合同相比，电子合同的形式发生了变化。通过计算机系统的网络形成的电子合同，其生效的时间、地点与传统合同产生了很大的区别，同时对合同的履行产生了影响，主要采用电子支付方式。

5. 当事人的权利和义务不同

在电子合同中，既存在由合同内容决定的传统合同的实体权利义务关系，又存在由特殊合同形式产生的形式上的权利义务关系，例如数字签名、电子认证等法律关系。在传统合同中重视实体权利义务的法律关系，而在电子合同中，一些权利义务关系显得十分重要，例如信息披露义务、保护隐私权义务等。

3.1.2 电子合同的特点

电子合同的特点如表3-1所示。

表 3-1　电子合同的特点

订立者互不见面	电子合同通过网络利用现代信息技术手段订立，订立者不是坐在一起协商、讨论合同内容后当面所签订的，而通常是在互相不见面的情况下，以网络作为联结工具而签订的
小额交易不需订立合同	小额的网络交易，不需要订立正式的合同
使用电子签名	对于电子合同，我们无法采用传统的签名和盖章形式，而需要采用电子签名的确认和证实手段。这是由电子合同的磁介质特征决定的，也是保证电子合同合法有效的必要手段
合同生效地为收件人的主营业地	电子合同的当事人如果没有特殊约定，合同的生效地为收件人的主营业地。采用数据电文形式订立合同的，收件人的主营业地为合同成立的地点；没有主营业地的，其住所地为合同成立的地点。当事人另有约定的，按照其约定
采用电子数据形式	电子合同载体发生了质的改变，其载体形式是数据电文，即通常所说的电子数据形式

3.1.3 电子合同的分类

1. 按电子合同的标的划分

按电子合同的标的不同，电子合同可分为一般电子合同和计算机信息电子合同。一般电子合同是指合同标的是一般物的电子合同。计算机信息电子合同是指合同标的是计算机信息的电子合同。

2. 按电子合同的订立形式划分

按电子合同的订立形式不同，电子合同可分为格式电子合同和非格式电子合同。

格式电子合同是指电子合同的全部或主要条款为格式条款的合同。格式条款是当事人为了重复使用而预先拟定，并在订立合同的同时未与对方协商的条款。非格式电子合同是指电子合同的全部或主要条款为当事人协商而订立的合同。

因为格式电子合同的全部或主要条款是事先拟定的，所以，合同通常由当事人的一方事先拟定备好。格式电子合同是电子商务中常用的一种合同订立的形式。

3. 按电子合同的范围划分

按电子合同的范围划分，电子合同分为广义的电子合同和狭义的电子合同。

广义的电子合同，是指所有在网络环境下，平等主体的自然人、法人、其他组织之间利用现代信息技术手段，设立、变更、终止民事权利义务关系的协议。狭义的电子合同，是指只通过互联网订立的电子合同。

4. 按在交易中电子合同适用的程度划分

按在交易中电子合同适用的程度划分，电子合同分为完全电子合同和不完全电子合同。完全电子合同是指业务或者交易内容全部采用订立电子合同的形式。不完全电子合同是指部分业务或交易内容采用非订立电子合同的形式。

3.2 电子合同的订立

3.2.1 电子合同订立的书面形式

订立电子合同，首先在法律上遇到的是形式上的效力问题，即电子合同是否为书面形式，它是否具有纸质文书所具有的证据功能和文书功能等。如果不承认其为书面形式，而事实上它又不是口头形式，则电子合同作为一类特殊合同的存在将没有意义。

1. 书面形式的普通含义

《现代汉语词典》对"书面"的定义是"用文字表达的（区别于'口头'）"。词典从人类书写行为所隐含的内容推论出了文字的表达形式。从用法来讲，"书面"是个修饰词，很少单独使用，常用的搭配有书面材料、书面通知、书面语言等。可见，书面是以固体物质为介质作用于人的视觉器官的；而口头则是以声波为介质作用于人的听觉器官的。这便是书面与口头二者在客观方面的区别。

人类曾在金属上铸字，在竹简上刻字，随着书写手段和材料科学的发展，书写文字的物质载体也会越来越多样化。在现代社会，纸张成为最常见的书写材料，因而书面可指作为书写文字载体的纸张。当人们提到书面时，往往是指书写于纸面。从书面中所表现的文字与纸张的关系看，该词是造纸业发达时期的产物。

2. 电子合同对传统的书面形式提出的挑战

订立电子合同，实际上是在计算机中传送电子媒介上的信息，这些信息可以通过纸张打印出来，但毕竟不同于纸张文书。电子合同以其特有的电子形态而存在，本身并不具有实在的可接触性，与传统意义上的书面形式不可同日而语。因此，电子媒介中所储存的信息虽然只能借助机器来阅读，但如果能凭借机器的辅助转化为人们可以阅读的形式，即属于书面的。

我们认为，电子合同本身并不具有有纸质的特点，电子合同的内容是储存在计算机中的，需要借助于计算机来阅读，至于输出来打印在纸上的信息尽管与储存在计算机中的信息是一致的，但严格来讲，它和计算机中的信息不能完全等同。也就是说，它与传统的书面形式仍然是有区别的，或者说这种书面形式仍然具有其固有的缺陷，一方面是现有的技术尚不能解决签字问题，这就使其作为证据使用遇到极大障碍；另一方面是这种形式并不存在原件，从计算机中下载的内容并不是真正的原件。

3.2.2 电子合同的法律承认

随着电子商务的迅速发展，电子合同得到广泛采用。虽然可以肯定电子合同的书面性，但它与传统的书面形式还是有相当大的区别。因而，在司法实践中也会使电子合同很难作为书面证据采用，这就阻碍了电子商务的发展。

许多国家和地区的合同立法以及国际公约和示范法并没有采纳允许当事人特别约定书面形式的方式，而是扩大了书面形式的概念。如 1996 年联合国国际贸易法委员会通过的《电子商务示范法》第 6 条规定，如法律要求信息须采用书面形式，则假若一项数据电文所含信息可以调取以备日后查用，即满足了该项要求。无论该项要求是否采取一项义务的形式，或者无论法律是否规定了信息不采用书面形式的后果，该规则均将适用。

我国《民法典》第四百六十九条规定，当事人订立合同，可以采用书面形式、口头形式或者其他形式。书面形式是合同书、信件、电报、电传、传真等可以有形地表现所载内容的形式。以电子数据交换、电子邮件等方式能够有形地表现所载内容，并可以随时调取查用的数据电文，视为书面形式。

《中华人民共和国电子签名法》（以下简称《电子签名法》）规定，能够有形地表现所载内容，并可以随时调取查用的数据电文，视为符合法律、法规要求的书面形式；数据电文不得仅因为其是以电子、光学、磁或者类似手段生成、发送、接收或者储存的而被拒绝作为证据使用。

我国《民法典》《电子签名法》做出这一规定，正是借鉴国际上合同立法经验的结果，将电子合同纳入书面形式范畴，符合世界各国商业发展与立法的趋势，也是和国际电子商务的立法与实务相衔接的。

知识链接

《中华人民共和国电子签名法》

《中华人民共和国电子签名法》是为了规范电子签名行为，确立电子签名的法律效力，维护有关各方的合法权益而制定的法律。

《中华人民共和国电子签名法》由中华人民共和国第十届全国人民代表大会常务委员会第十一次会议于 2004 年 8 月 28 日通过，自 2005 年 4 月 1 日起施行。

根据 2015 年 4 月 24 日第十二届全国人民代表大会常务委员会第十四次会议《关于修改〈中华人民共和国电力法〉等六部法律的决定》第一次修正。

根据 2019 年 4 月 23 日第十三届全国人民代表大会常务委员会第十次会议《关于修改〈中华人民共和国建筑法〉等八部法律的决定》第二次修正。

拓展阅读：《中华人民共和国电子签名法》全文

3.2.3 电子合同订立的程序

电子合同是合同的一种特殊形式，因此，电子合同的订立仍然遵循合同订立的基本程序——要约和承诺。

1. 要约

《民法典》第四百七十一条规定，当事人订立合同，可以采取要约、承诺方式或者其他方式。

《民法典》第四百七十二条规定，要约是希望与他人订立合同的意思表示，该意思表示应当符合下列条件：①内容具体确定；②表明经受要约人承诺，要约人即受该意思表示约束。

在要约关系中，发出要约的人称为要约人；接受要约的人称为受要约人。

1）要约的条件

根据这一规定，我们认为要约的条件包括以下几项。

（1）要约应当是以订立合同为目的的意思表示。要约人发出要约的目的在于订立合同。所以，只有以订立合同为目的的意思表示才能构成要约。如果一方向他方发出提议，但该提议并不欲发生订立合同的法律后果，则该提议就不是要约。

（2）要约应当是特定人的意思表示。要约的目的在于订立合同，而合同的订立必须有双方当事人参加。所以，尽管要约人可以是未来合同的任何一方当事人，但要约人必须是特定的，即必须在客观上是可以确定的。只有这样，受要约人才能对其承诺并成立合同。如果要约人不特定，则受要约人就无法对要约做出承诺，合同也就无法订立。

（3）要约应当是向受要约人发出的意思表示。要约人订立合同的目的只有通过受要约人对要约表示承诺才能实现。因此，要约人只有向受要约人发出要约时，才能成立。要约人向谁发出要约，也就是希望与谁订立合同。受要约人是否也必须是特定人，理论上有不同的看法。我国学者大都认为，受要约人可以是特定人，也可以是不特定人。我们认为，受要约人原则上应为特定人，在特殊情况下，也可以是不特定人。因为只有受要约人为特定人，才能说明要约人选择了将来与之订立合同的相对人。

如果受要约人不特定，则要约人就无法确定真正的相对人，合同也就不能订立。但是，在某些特殊情况下，受要约人也可以是不特定人。不特定人能否成为受要约人，应当根据法律的规定或者交易习惯加以确定。

（4）要约的内容应当具体确定。要约的内容具体确定包括两个方面的内容：一是要约的内容必须具体，即要约必须包括能够决定合同成立的主要内容。由于要约具有一经受要约人承诺，合同即告成立的效力，而合同的成立必须具备得以履行的主要内容，也即通常所称的主要条款，因此，要约内容应当具体，包括能够决定合同成立的主要内容。如果要约不能包括合同的主要条款，那么，受要约人就无法承诺，即使其做了承诺，也会因合同不具备主要条款而不能成立。二是要约的内容应当确定，即要约所包括的合同的主要条款必须是明确的。否则，受要约人也无法对其做出承诺。

2）要约的法律效力

要约的法律效力是要约生效后所发生的法律后果。要约自何时起生效，理论上有两种不同的观点：一是发信主义，认为要约人发出要约后，只要要约已处于要约人控制范围之外，如要约函件的付邮、要约电报的发出等，要约即发生效力；二是受信主义，认为要约只有在到达受要约人之时才能发生效力，故又称为到达主义。大陆法系国家，如德国、日本、瑞士等采纳受信主义。

《民法典》第四百七十四条规定，要约生效的时间适用本法第一百三十七条的规定。《民法典》第一百三十七条规定，以对话方式作出的意思表示，相对人知道其内容时生效。以非对话方式作出的意思表示，到达相对人时生效。以非对话方式作出的采用数据电文形式的意思表示，相对人指定特定系统接收数据电文的，该数据电文进入该特定系统时生效；未指定特定系统的，相对人知道或者应当知道该数据电文进入其系统时生效。当事人对采用数据电文形式的意思表示的生效时间另有约定的，按照其约定。

《民法典》第四百八十二条规定，要约以信件或者电报作出的，承诺期限自信件载明的日期或者电报交发之日开始计算。信件未载明日期的，自投寄该信件的邮戳日期开始计算。要约以电话、传真、电子邮件等快速通讯方式作出的，承诺期限自要约到达受要约人时开始计算。

要约对于要约人和受要约人均具有拘束力。《民法典》第四百八十六条规定,受要约人超过承诺期限发出承诺,或者在承诺期限内发出承诺,按照通常情形不能及时到达要约人的,为新要约;但是,要约人及时通知受要约人该承诺有效的除外。

《民法典》第四百八十七条规定,受要约人在承诺期限内发出承诺,按照通常情形能够及时到达要约人,但是因其他原因致使承诺到达要约人时超过承诺期限的,除要约人及时通知受要约人因承诺超过期限不接受该承诺外,该承诺有效。

3)要约的撤回和撤销

在要约的撤回和撤销方面,我国《民法典》第四百七十五条规定,要约可以撤回。要约的撤回适用本法第一百四十一条的规定。《民法典》第四百七十六条规定,要约可以撤销,但是有下列情形之一的除外:①要约人以确定承诺期限或者其他形式明示要约不可撤销;②受要约人有理由认为要约是不可撤销的,并已经为履行合同做了合理准备工作。《民法典》第四百七十七条规定,撤销要约的意思表示以对话方式作出的,该意思表示的内容应当在受要约人作出承诺之前为受要约人所知道;撤销要约的意思表示以非对话方式作出的,应当在受要约人作出承诺之前到达受要约人。

在一般情况下,要约人可在到达受要约人之前撤回其要约。但是,要约人采用快速通信的方法发送信息,就很难撤回了。如要约人向受要约人发传真,在发出的同时,受要约人也就收到了,此时,不存在撤回余地。在线交易中,由于信息传输的高速性,要约一旦发出,受要约人即刻就可收到,几乎不存在撤回的可能。同样,在线交易中,要约能否撤销则取决于交易的具体方式。

从《民法典》的规定来分析,受要约人在收到要约后有一个考虑期,此期限的长短由要约人决定或由交易习惯确定,在考虑期满前,即受要约人承诺前,要约人可以撤销要约。因此,考虑期的期限长短和受要约人的回应速度是要约人能否撤销要约的关键。但是,如果通过电子邮件方式订立合同,在一般情形下,要约是可以撤销的。因为要约人通过以电子邮件方式发出要约后,受要约人并不一定立即承诺,因而在发出要约与最终做出承诺之间可能会有一定时间间隔,在此间隔期内,要约人可以撤销要约。

4)要约的消灭

要约的消灭是指要约丧失其法律效力,要约人和受要约人均不再受其约束。《民法典》第四百七十八条规定,有下列情形之一的,要约失效:①要约被拒绝;②要约被依法撤销;③承诺期限届满,受要约人未作出承诺;④受要约人对要约的内容作出实质性变更。

2. 承诺

《民法典》第四百七十九条规定,承诺是受要约人同意要约的意思表示。《民法典》第四百八十条规定,承诺应当以通知的方式作出;但是,根据交易习惯或者要约表明可以通过行为作出承诺的除外。《民法典》第四百八十一条规定,承诺应当在要约确定的期限内到达要约人。要约没有确定承诺期限的,承诺应当依照下列规定到达:①要约以对话方式作出的,应当即时作出承诺;②要约以非对话方式作出的,承诺应当在合理期限内到达。

关于承诺,必须具备下列几个条件。

1)承诺应当由受要约人向要约人做出

受要约人是由要约人所选定的,是要约人准备订立合同的对方当事人。同时,要约也仅使受要约人取得承诺的资格。因此，只有受要约人才有权做出承诺，无论受要约人是特定人，还是不特定人。受要约人之外的第三人不具有承诺资格，不能对要约做出承诺。即使第三人向要约人做出同意要约的意思表示，也不是承诺，而是一种要约。受要约人做出的承诺，可以由其本人进行，也可以授权其代理人进行。

受要约人做出的承诺必须向要约人为之。如果受要约人向要约人以外的其他人做出同意要约的表示，则不是承诺，不产生承诺的效力，而只能视为一种新的要约。

2）承诺的内容应当与要约的内容相一致

承诺是对要约的同意，非对要约的同意不构成承诺。承诺人对要约表示同意，即意味着受要约人具有与要约人订立合同的目的。但承诺人对要约的同意必须是完全同意，即承诺的内容必须与要约的内容相一致。承诺的内容与要约的内容相一致，英美法称为"镜像原则"，就是要求承诺必须像照镜子一样照出要约的内容。如果受要约人对要约的内容并非完全同意，而是对要约的内容有所变更，如扩张或限制要约的内容，则这种意思表示不构成承诺，而应视为一种新的要约，或称为反要约。

一般认为，承诺的内容与要约的内容相一致，只要求实质内容相一致即可，并非所有的内容都相一致。也就是说，承诺只要在实质内容上与要约的内容相一致，即可成立，而对于要约的非实质内容的变更，并不影响承诺的成立。这种处理方法已经被《联合国国际货物买卖合同公约》和《国际商事合同通则》所接受。

我国《民法典》对有所变更的承诺也采取了相同的态度。《民法典》第四百八十三条规定，承诺生效时合同成立，但是法律另有规定或者当事人另有约定的除外。《民法典》第四百八十四条规定，以通知方式作出的承诺，生效的时间适用本法第一百三十七条的规定。承诺不需要通知的，根据交易习惯或者要约的要求作出承诺的行为时生效。《民法典》第四百八十五条规定，承诺可以撤回。承诺的撤回适用本法第一百四十一条的规定。

知识链接

《民法典》第一百四十一条

第一百四十一条 行为人可以撤回意思表示。撤回意思表示的通知应当在意思表示到达相对人前或者与意思表示同时到达相对人。

3）承诺应当在要约的有效期限内做出

要约的有效期限是要约效力的存续期间，也就是承诺的期限。超过了要约的有效期限，要约即失去效力，要约人不再受要约的拘束。因此，承诺必须在要约的有效期限内做出，才能产生承诺的效力。如果要约规定了承诺的期限，则承诺必须在规定的期限内做出；如果要约没有规定承诺的期限，则承诺应当在合理的期限内做出。受要约人在要约的有效期限届满后所做出的对要约同意的意思表示，不成立承诺，而只是一种新要约。

《民法典》第四百八十八条规定，承诺的内容应当与要约的内容一致。受要约人对要约的内容作出实质性变更的，为新要约。有关合同标的、数量、质量、价款或者报酬、履行期限、履行地点和方式、违约责任和解决争议方法等的变更，是对要约内容的实质性变更。

《民法典》第四百八十九条规定，承诺对要约的内容作出非实质性变更的，除要约人及时表示反对或者要约表明承诺不得对要约的内容作出任何变更外，该承诺有效，合同的内容以承诺的内容为准。

关于合同的成立,《民法典》第四百九十条规定,当事人采用合同书形式订立合同的,自当事人均签名、盖章或者按指印时合同成立。在签名、盖章或者按指印之前,当事人一方已经履行主要义务,对方接受时,该合同成立。法律、行政法规规定或者当事人约定合同应当采用书面形式订立,当事人未采用书面形式,但是一方已经履行主要义务,对方接受时,该合同成立。

《民法典》第四百九十一条规定,当事人采用信件、数据电文等形式订立合同要求签订确认书的,签订确认书时合同成立。当事人一方通过互联网等信息网络发布的商品或者服务信息符合要约条件的,对方选择该商品或者服务并提交订单成功时合同成立,但是当事人另有约定的除外。

《民法典》第四百九十二条规定,承诺生效的地点为合同成立的地点。采用数据电文形式订立合同的,收件人的主营业地为合同成立的地点;没有主营业地,其住所地为合同成立的地点。当事人另有约定的,按照其约定。

3.2.4 电子合同订立的特殊问题

1. 电子合同订立的特殊情形

1) 电子合同订立的一般形式

电子合同一般采取格式合同的形式订立。常用的电子商务交易使用的是格式合同,全部或者主要合同的条款都事先拟定下来了。在进行交易时合同当事人不用为每一项内容、每一个条款而进行协商,直接选择同意与否即可。因为是格式合同,所以方便快捷。但是,格式条款在运用时,当事人为了重复使用而预先拟定并在订立合同时未与对方协商,因此会显失公平,甚至出现霸王合同或霸王条款的现象。

《民法典》第四百九十三条规定,当事人采用合同书形式订立合同的,最后签名、盖章或者按指定的地点为合同成立的地点,但是当事人另有约定的除外。

《民法典》第四百九十四条规定,国家根据抢险救灾、疫情防控或者其他需要下达国家订货任务、指令性任务的,有关民事主体之间应当依照有关法律、行政法规规定的权利和义务订立合同。依照法律、行政法规的规定负有发出要约义务的当事人,应当及时发出合理的要约。依照法律、行政法规的规定负有作出承诺义务的当事人,不得拒绝对方合理的订立合同要求。

《民法典》第四百九十五条规定,当事人约定在将来一定期限内订立合同的认购书、订购书、预订书等,构成预约合同。当事人一方不履行预约合同约定的订立合同义务的,对方可以请求其承担预约合同的违约责任。

2) 点击合同

目前,网上流行一种格式合同形式,称作"点击合同"。

点击合同,是指在网络环境下,一方当事人预先拟定合同全部或主要条款,然后将其条款用计算机程序定型,相对方当事人通过"点击"的简单操作选择和设置相关内容而订立的格式电子合同。

点击合同是通过网络直接操作的,可以重复使用,而且相对人不受限,具有互动性。点击合同操作简单、订立快捷、使用方便,效率高、成本低。

《电子商务法》第四十八条规定，电子商务当事人使用自动信息系统订立或者履行合同的行为对使用该系统的当事人具有法律效力。在电子商务中推定当事人具有相应的民事行为能力。但是，有相反证据足以推翻的除外。

2．电子合同订立可能出现的问题

目前网络上使用的格式电子合同，出于多方面的原因，存在以下弊端和问题。

1）权利与义务不对等

比较典型的例子是网站上，注册用户的《会员协议》经常会出现一些条款，强调注册人应该遵守什么、只能做什么、交什么费用等，义务多，权利少，不对等，不公平。在网络上，合同的解释权通常归拟定合同的一方。

2）限制或剥夺相对人的权利

在一些电子商务交易中使用的电子合同或条款，对商品、服务等的质量、标准不公示，或公布的信息不全面、不清晰；指定商品、服务进行交易。这些属于限制购买者的知情权、选择权。

3）格式合同或条款的信息公布问题

在网络上，有些网站对格式合同或格式条款的公示方式，采用只显示部分内容，修改内容更新不及时；分页显示时，将对相对人不利的信息放在最下面，甚至是相对人不注意、容易忽视的位置条款所用文字模糊、晦涩，选用不常用、不常见的字词；条款繁杂，条目多；重点、关键权利义务内容没有提示，或者提示位置、方式不合理。

4）格式合同订立时的问题

在订立电子格式合同时，自己所能确定的内容非常有限，主要条款已经定型化，不能更新和修改；供选项中的条款、内容极度有限；查看合同条款的时间有限，对信息的考虑时间、订立前的信息确定时间不足。

3．电子合同的效力限制

关于格式合同或格式条款，我国《民法典》有相关的规定，以限制其法律效力。

《民法典》第四百九十六条规定，格式条款是当事人为了重复使用而预先拟定，并在订立合同时未与对方协商的条款。采用格式条款订立合同的，提供格式条款的一方应当遵循公平原则确定当事人之间的权利和义务，并采取合理的方式提示对方注意免除或者减轻其责任等与对方有重大利害关系的条款，按照对方的要求，对该条款予以说明。提供格式条款的一方未履行提示或者说明义务，致使对方没有注意或者理解与其有重大利害关系的条款的，对方可以主张该条款不成为合同的内容。

《民法典》第四百九十七条规定，有下列情形之一的，该格式条款无效：①具有本法第一编第六章第三节和本法第五百零六条规定的无效情形；②提供格式条款一方不合理地免除或者减轻其责任、加重对方责任、限制对方主要权利；③提供格式条款一方排除对方主要权利。

《民法典》第四百九十八条规定，对格式条款的理解发生争议的，应当按照通常理解予以解释。对格式条款有两种以上解释的，应当作出不利于提供格式条款一方的解释。格式条款和非格式条款不一致的，应当采用非格式条款。

4. 合同订立过程中的赔偿责任

关于合同订立过程中的赔偿责任，我国《民法典》有相关的规定，具体如下。

《民法典》第五百条规定，当事人在订立合同过程中有下列情形之一，造成对方损失的，应当承担赔偿责任：① 假借订立合同，恶意进行磋商；② 故意隐瞒与订立合同有关的重要事实或者提供虚假情况；③ 有其他违背诚信原则的行为。

《民法典》第五百零一条规定，当事人在订立合同过程中知悉的商业秘密或者其他应当保密的信息，无论合同是否成立，不得泄露或者不正当地使用；泄露、不正当地使用该商业秘密或者信息，造成对方损失的，应当承担赔偿责任。

3.3 电子合同的效力与履行

3.3.1 电子合同的法律效力概述

电子合同经双方确认即具有法律效力。但在一方否认或需要出具给第三方等情况下，未经电子签名等技术予以核证的电子合同，其真实性不易确定，法律效力难以得到确认。因此，电子签名应用到电子合同中以保证其真实性很有必要。在这种情况下，电子签名的法律效力决定了电子合同的法律效力。

微课：电子签名与可靠电子签名

1. 电子签名与可靠电子签名

1) 电子签名的概念

2002 年 1 月 24 日，联合国第 56 届大会正式通过《电子签字示范法》，给出了电子签字的概念：电子签字（electronic signature）是指在数据电文中，以电子形式所含、所附或在逻辑上与数据电文有联系的数据，它可用于鉴别与数据电文相关的签字人和表明签字人认可数据电文所含信息。

《中华人民共和国电子签名法》（以下简称《电子签名法》）提出：本法所称电子签名，是指数据电文中以电子形式所含、所附用于识别签名人身份并表明签名人认可其中内容的数据。

2) 电子签名的功能

以纸张为基础的传统签名主要是为了履行下述功能：① 确定一个人的身份；② 肯定是该人自己的签名；③ 使该人与文件内容发生关系。

除此之外，视所签文件的性质而定，签名还有其他多种功能，例如，签名可以证明签名人愿意受所签合同的约束；证明签名人认可其为某一案文的作者；证明签名人同意一份经由他人写出的文件的内容；证明签名人曾在某个地点的事实和时间。

3) 可靠电子签名

《电子签名法》第十三条规定，电子签名同时符合下列条件的，视为可靠的电子签名。

（1）电子签名制作数据用于电子签名时，属于电子签名人专有。

（2）签署时电子签名制作数据仅由电子签名人控制。

（3）签署后对电子签名的任何改动能够被发现。

（4）签署后对数据电文内容和形式的任何改动能够被发现。

该条文提出了认定可靠电子签名的四个基本条件，且四个基本条件需要同时满足。

第（1）项和第（2）项是归属推定。如果可以证明是在电子签名过程中使用的，将电子签名与电子签名人可靠地联系起来的字符、编码等数据，是由使用它的人或代表使用它的人专有或控制，即可满足可靠的电子签名的归属条件。

第（3）项和第（4）项是完整性推定。如果可以证明在电子签名签署后可以发现电子签名的任何改动或发现数据电文内容和形式的任何改动，即可满足可靠的电子签名的完整性条件。

电子签名包括多种形式，如视网膜鉴别、手纹鉴别等。典型的电子签名是数字签名，这是最常用的、最经济的，也是最方便的一种电子签名方法。

鉴于电子签名技术的迅速发展，《电子签名法》没有限定可靠的电子签名的具体技术，这为各种电子签名技术的发展铺平了道路。此外，当事人也可以根据自己的判断，选择使用自己认为符合其约定的可靠条件的电子签名。这样的签名同样具有法律效力。

2. 电子签名的适用前提与范围

鉴于电子签名的推广需要有一个过程，《电子签名法》没有规定在民事活动中的合同或者其他文件、单证等文书中必须使用电子签名，而是规定当事人可以约定使用或者不使用电子签名、数据电文。但明确规定当约定使用电子签名、数据电文的文书后，当事人不得仅因为其采用电子签名、数据电文的形式而否定其法律效力。

《电子签名法》设定的适用范围有一定的前瞻性和包容性，即主要适用于商务活动，但又不限于商务活动，原则上涵盖使用电子签名的所有实际场合。

借鉴一些国家的做法，《电子签名法》使用排除法确定了电子签名的使用范围，规定电子签名不适用一些特定范围内的法律文书。

（1）涉及婚姻、收养、继承等人身关系的。

（2）涉及停止供水、供热、供气、供电等公用事业服务的。

（3）法律、行政法规规定的不适用电子文书的其他情形。

在我国，婚姻、收养、继承在人们的生活中发生频率较低，而停水、停热、停气、停电等公用事业服务需要更明确的通知，所以《电子签名法》对此做出了限制。

鉴于电子签名应用范围的扩大，我国在第二次修正《电子签名法》时扩大了电子签名的应用范围，删除了原有不适用于"涉及土地、房屋等不动产权益转让的"文书的限制。

3. 电子合同使用可靠电子签名的法律效力

根据《联合国国际合同使用电子通信公约》第八条规定，对于一项通信或一项合同，不得仅以其为电子通信形式为由而否定其效力或可执行性。

《电子签名法》第三条第二款规定，当事人约定使用电子签名、数据电文的文书，不得仅因为其采用电子签名、数据电文的形式而否定其法律效力。《电子签名法》第十四条同时规定，可靠的电子签名与手写签名或者盖章具有同等的法律效力。这是《电子签名法》的核心，确立了可靠的电子签名的法律效力。当一个电子签名被认定是可靠的电子签名时，该电子签名就与手写签名或者盖章具有了同等的法律效力。

在电子合同中使用可靠电子签名，意味着在互联网上可以确定电子合同签署各方的身份和意思表达，也确认了使用可靠电子签名形成的电子合同（数据电文的文书）与手写签名或者盖章形成的纸质合同具有同等法律效力。

4. 使用自动信息系统订立的合同的法律效力

《电子商务法》第四十八条第一款规定，电子商务当事人使用自动信息系统订立或者履行合同的行为对使用该系统的当事人具有法律效力。

本款承认了由自动信息系统代表当事人做出要约或承诺的意思表示，明确了系统自动完成的电子合同的法律效力。换句话说，目前电子商务经营者普遍采用的由电子商务平台自动生成订单，消费者点击确认即代表进行签署的操作模式得到法律认可。

《电子商务法》第四十八条第二款还规定，在电子商务中推定当事人具有相应的民事行为能力。但是，有相反证据足以推翻的除外。

这样的立法实际上充分考虑到了互联网经济对于效率的看重，大大降低了交易成本，使不见面的双方所缔结的电子合同也可以获得充分的法律保障。

由自动信息系统订立的合同属于格式合同。提供自动信息系统订立合同的电子商务经营者，应当采取法律法规规定的方式或其他合理方式提请当事人注意格式条款，并对格式条款进行说明。

知识链接

《民法典》中关于合同的效力条款

第五百零二条 依法成立的合同，自成立时生效，但是法律另有规定或者当事人另有约定的除外。

依照法律、行政法规的规定，合同应当办理批准等手续的，依照其规定。未办理批准等手续影响合同生效的，不影响合同中履行报批等义务条款以及相关条款的效力。应当办理申请批准等手续的当事人未履行义务的，对方可以请求其承担违反该义务的责任。

依照法律、行政法规的规定，合同的变更、转让、解除等情形应当办理批准等手续的，适用前款规定。

第五百零三条 无权代理人以被代理人的名义订立合同，被代理人已经开始履行合同义务或者接受相对人履行的，视为对合同的追认。

第五百零四条 法人的法定代表人或者非法人组织的负责人超越权限订立的合同，除相对人知道或者应当知道其超越权限外，该代表行为有效，订立的合同对法人或者非法人组织发生效力。

第五百零五条 当事人超越经营范围订立的合同的效力，应当依照本法第一编第六章第三节和本编的有关规定确定，不得仅以超越经营范围确认合同无效。

第五百零六条 合同中的下列免责条款无效：
（一）造成对方人身损害的；
（二）因故意或者重大过失造成对方财产损失的。

第五百零七条 合同不生效、无效、被撤销或者终止的，不影响合同中有关解决争议方法的条款的效力。

第五百零八条 本编对合同的效力没有规定的，适用本法第一编第六章的有关规定。

3.3.2 电子合同履行的概念与原则

1. 电子合同履行的概念

电子合同履行是指当事人全面、适当地完成合同约定的义务,以使合同得以实现的活动。合同的履行一般分为执行合同义务的准备、具体合同义务、义务执行的善后三个阶段。当事人首先应该为完成合同中约定的义务进行相应的准备。《民法典》第五百一十条规定,合同生效后,当事人就质量、价款或者报酬、履行地点等内容没有约定或者约定不明确的,可以协议补充;不能达成补充协议的,按照合同相关条款或者交易习惯确定。具体合同义务的执行是对合同中义务的具体实施和行动,例如,买卖合同的卖方交付的标的物,买方支付的价款或者报酬等活动。具体合同义务的执行,是合同履行的核心内容,是合同履行最关键的一部分。合同义务执行完毕后的善后义务,是合同相关的一些活动,例如,合同履行之后的通知、协助、保密事项等义务。

2. 电子合同履行的原则

《民法典》第五百零九条规定,当事人应当按照约定全面履行自己的义务。当事人应当遵循诚信原则,根据合同的性质、目的和交易习惯履行通知、协助、保密等义务。虽然我国《民法典》没有明确规定合同的履行原则,但可以从相关的条款和内容中总结出我国合同履行的原则主要有适当履行原则、协助履行原则和诚实信用原则。

1)适当履行原则

适当履行原则是指当事人应当按照合同的约定或法律的规定履行合同义务的原则,又称为正确履行原则或者全面履行原则。当事人应当按照法律规定或者合同约定的标的及其质量、数量,由适当的主体在适当的履行期限、履行地点,以适当的履行方式,全面完成债务的履行。《民法典》第五百零九条第一款规定,当事人应当按照约定全面履行自己的义务。

(1)履行主体适当。履行主体适当是指当事人在履行合同义务或接受履行时,不得擅自转让合同义务或者合同权利给第三人代为履行或接受履行。

(2)履行标的物及其数量和质量适当。履行标的物及其数量和质量适当是指当事人必须按合同约定的标的物履行义务,而且应依合同约定的数量和质量来给付标的物。

(3)履行期限适当。履行期限适当是指当事人必须按照合同约定的时间来履行合同,债务人不得迟延履行,债权人不得受领迟延;如果合同未约定履行时间,则双方当事人可随时提出或要求履行,但必须给对方必要的准备时间。

(4)履行地点适当。履行地点适当是指当事人必须严格依照合同约定的地点来履行合同。

(5)履行方式适当。履行方式包括标的物的履行方式和价款或酬金的履行方式,当事人必须严格依照合同约定的方式履行合同,如果没有约定或者约定不明确,履行方式应当按照相关条款或者交易习惯确定。

2)协助履行原则

协助履行原则是指当事人既适当履行自己的合同义务,又应该协助对方当事人履行其合同义务的原则。合同是当事人双方民事法律行为,不仅是一方当事人自己的事,也是另一方当事人的事。协助履行往往是合同在履行过程中，需要对方的协助，这是一种履行合同的特殊义务，只有双方当事人在合同履行过程中相互配合、相互协作、协助共力，合同才能得到全面履行。

《民法典》第五百零九条第二款规定，当事人应当遵循诚信原则，根据合同的性质、目的和交易习惯履行通知、协助、保密等义务。协助履行原则也是诚实信用原则在合同履行方面的具体体现。协助履行原则具有几个方面的要求：第一，债务人履行合同债务时，债权人应适当受领给付；第二，债务人履行合同债务时，债权人应创造必要条件、提供方便；第三，债务人因故不能履行或不能完全履行合同义务时，债权人应积极采取措施防止损失扩大，否则，应就扩大的损失自负其责。

3）诚实信用原则

诚实信用原则是指民事主体在从事民事活动时，应诚实守信，以善意的方式履行其义务，不得滥用权力及规避法律或合同规定的义务。同时，该原则要求维持当事人之间的利益以及当事人利益与社会利益之间的平衡。诚实信用原则是合同法中的一项极为重要的原则，也是合同履行中的一项最基本的原则。该原则起源于罗马法，在罗马法中被称为善意原则，法国的民法也称之为善意原则。

确定行为规则、平衡利益的冲突、为解释法律和合同确定准则是诚实信用原则所具有的三项基本功能。诚实信用原则体现了道德伦理的观念或正义的现实要求，因而在适用中能产生确定行为规则的特殊作用，这些行为规则要求：当事人必须具有诚实、守信、善意的心理状况；当事人在从事交易活动时应当忠于事实真相，不得欺骗他人，损人利己；当事人订立合同后应恪守诺言；当事人应以善意的方式行使权利和履行义务，不得规避法律和合同规定。

在利益平衡方面，诚实信用原则要求当事人在进行民事活动时，要充分尊重他人和社会的利益，不得滥用权力，损害国家、集体和第三人的利益。

在司法审判实践中，诚实信用原则还具有解释法律和合同的作用。在法律与合同缺乏规定或规定不明确时，司法审判人员应依据诚实信用、公平的观念，准确解释法律和合同，正确使用法律处理民事纠纷。

诚实信用原则作为直接规范交易关系的法律原则，与债权债务关系，尤其是合同关系的联系最为密切，在合同的订立、履行、变更、解除的各个阶段，甚至在合同关系终止以后，当事人都应当严格依据诚实信用原则行使权利和履行义务。

3.3.3 电子合同履行的方式

微课：电子合同履行的方式

1. 在线付款，在线交货

在线支付结算，直接通过网络实现交货。这种方式环节少、履行简单、成本费用低。但是，标的物仅限于信息产品。例如网上购买的应用计算机程序，如游戏、财务软件等，可以在出卖方的网站或指定网站上直接下载安装使用。

2. 在线付款，离线交货

在线直接结算，通过物流配送环节实现交货。目前的 B2B、B2C 电子商务平台（网站），例如，淘宝网、京东商城等进行的实体商品的交易，多数是在网上支付结算的，而商品是通过物流配送到消费者手中的。

3. 离线支付，离线交货

在线交易，离线支付结算，通过物流配送环节实现交货。例如，2020年新冠肺炎疫情的暴发，一些同城的生鲜电子商务平台（微信小程序），在线上小程序上订货下单，第二天或者按照预定的时间在线下配送。

《电子商务法》第五十一条规定，合同标的为交付商品并采用快递物流方式交付的，收货人签收时间为交付时间。合同标的为提供服务的，生成的电子凭证或者实物凭证中记载的时间为交付时间；前述凭证没有载明时间或者载明时间与实际提供服务时间不一致的，实际提供服务的时间为交付时间。合同标的为采用在线传输方式交付的，合同标的进入对方当事人指定的特定系统并且能够检索识别的时间为交付时间。合同当事人对交付方式、交付时间另有约定的，从其约定。

3.3.4 电子合同的条款

1. 电子合同的一般规定

无论是合同还是电子合同在订立时，其主要条款必须明确。电子合同的主要内容经双方当事人协商一致，确定合同的权利和义务后，合同方可成立。《民法典》第四百七十条规定，合同的内容由当事人约定，一般包括下列条款。

（1）当事人的姓名或者名称和住所。
（2）标的。
（3）数量。
（4）质量。
（5）价款或者报酬。
（6）履行期限、地点和方式。
（7）违约责任。
（8）解决争议的方法。

当事人可以参照各类合同的示范文本订立合同。

2. 电子合同的格式条款

格式条款是指当事人为了重复使用而预先拟定，并在订立合同时未与对方协商的条款。由于格式合同或者格式条款是单方面提供的，未经双方平等协商，与《民法典》规定的平等、自愿相关原则有悖，但是某一方面来说格式合同或者格式条款能够大大提高订立合同的效率，所以在法律层面并没有禁止使用，只是对其法律效力做了一定的限制，以平衡合同当事人之间的利益关系。

3.3.5 电子合同的标的

1. 合同标的的概念

合同的标的是指合同的当事人权利和义务共同指向的对象。在合同法律关系中，合同的标的成为合同的客体。合同的标的必须是确定的、合法的、可能的，否则，合同不能成立。标的条款必须清楚地写明标的物的名称、标的物的标准（国际标准、国内标准或者常规标准等），以及标的特定化，从而能够界定权利和义务。由于合同的类型不同，标的有多种形式。通常见到的标的包括有形财产、无形财产、劳务和工作成果四类。

2. 电子合同标的的类别

1）传统货物

在电子合同中，其实和传统合同在标的物的特征、要求以及当事人双方或多方的权利和义务的确定上是相同的。传统合同与电子合同的差别在于订立合同的形式不同。

2）信息产品

（1）容易复制。信息产品可以很容易被复印。信息产品可以进行无限次数据的重复性制作，不仅操作简单，而且成本低廉，在开发费用和成本既定的情况下，增加的只是复制的成本。所以，信息产品的许可使用尤其重要，但知识产权保护难度大。

（2）容易篡改。信息产品容易被修改和改进。随着信息技术的发展，购买信息产品的人利用各种技术手段，对他人具有著作权的信息产品未经允许进行修改，从而会侵犯信息产品的著作权，造成产品信息所有权人的经济损失。

（3）容易交易。信息产品交易非常方便，省时省力，节约物流配送成本。当信息产品成交后，可以在出卖方规定的系统中直接下载、浏览、复制音像产品。例如现在比较常用的是百度网盘，当信息产品成交后，出卖方提供授权账号以及密码，登录后可直接下载所需的信息产品。

3.3.6 电子合同履行的法律法规

1. 电子合同履行的含义

根据《民法典》第五百一十二条规定，通过互联网等信息网络订立的电子合同的标的为交付商品并采用快递物流方式交付的，收货人的签收时间为交付时间。电子合同的标的为提供服务的，生成的电子凭证或者实物凭证中载明的时间为提供服务时间；前述凭证没有载明时间或者载明时间与实际提供服务时间不一致的，以实际提供服务的时间为准。

电子合同的标的物为采用在线传输方式交付的，合同标的物进入对方当事人指定的特定系统且能够检索识别的时间为交付时间。

电子合同当事人对交付商品或者提供服务的方式、时间另有约定的，按照其约定。

2. 电子合同违约的法律法规

1）电子合同的违约归责原则

合同的违约责任是指在当事人不履行合同义务时所应承担的违约的法律责任。我国《民法典》及其相关法律法规确定了严格责任原则和过错责任原则。

（1）严格责任原则。严格责任原则又称为无过错责任原则，是指违约发生后，确定违约当事人的责任应主要考虑违约的结果是否因违约方的行为造成的，而不考虑违约方的故意或过失。《民法典》中把归责原则确定为严格责任是因为以下四点原则：第一，严格责任的确立，《民法典》第五百七十七条规定，当事人一方不履行合同义务或者履行合同义务不符合约定的，应当承担继续履行、采取补救措施或者赔偿损失等违约责任。第二，严格责任具有方便裁判和增强合同责任感的作用。第三，严格责任原则符合违约责任的本质。第四，确立严格责任，有助于更好地同国际经贸交往的规则接轨。

（2）过错责任原则。过错责任原则是指当事人发生违约以后，确定违约当事人的责任应主要考虑违约的过错或过失。

2）电子合同违约的免责事由

（1）不可抗力。《民法典》第五百九十条规定，当事人一方因不可抗力不能履行合同的，根据不可抗力的影响，部分或者全部免除责任，但是法律另有规定的除外。因不可抗力不能履行合同的，应当及时通知对方，以减轻可能给对方造成的损失，并应当在合理期限内提供证明。当事人迟延履行后发生不可抗力的，不免除其违约责任。

（2）未采取适当措施。《民法典》第五百九十一条规定，当事人一方违约后，对方应当采取适当措施防止损失的扩大；没有采取适当措施致使损失扩大的，不得就扩大的损失请求赔偿。当事人因防止损失扩大而支出的合理费用，由违约方负担。

（3）双方违约。《民法典》第五百九十二条规定，当事人都违反合同的，应当各自承担相应的责任。当事人一方违约造成对方损失，对方对损失的发生有过错的，可以减少相应的损失赔偿额。

3）电子合同违约责任的主要方式

（1）提存。《民法典》第五百七十条规定，有下列情形之一，难以履行债务的，债务人可以将标的物提存：第一，债权人无正当理由拒绝受领；第二，债权人下落不明；第三，债权人死亡未确定继承人、遗产管理人，或者丧失民事行为能力未确定监护人；第四，法律规定的其他情形。标的物不适于提存或者提存费用过高的，债务人依法可以拍卖或者变卖标的物，提存所得的价款。

（2）违约金。合同当事人既约定违约金，又约定定金的情形，一方当事人违约时，对方可以选择适用违约金或者定金的条款。

《民法典》第五百八十五条规定，当事人可以约定一方违约时应当根据违约情况向对方支付一定数额的违约金，也可以约定因违约产生的损失赔偿额的计算方法。约定的违约金低于造成的损失的，人民法院或者仲裁机构可以根据当事人的请求予以增加；约定的违约金过分高于造成的损失的，人民法院或者仲裁机构可以根据当事人的请求予以适当减少。当事人就迟延履行约定违约金的，违约方支付违约金后，还应当履行债务。

（3）定金。《民法典》第五百八十六条第一款规定，当事人可以约定一方向对方给付定金作为债权的担保。定金合同自实际交付定金时成立。《民法典》第五百八十七条规定，债务人履行债务的，定金应当抵作价款或者收回。给付定金的一方不履行债务或者履行债务不符合约定的，致使不能实现合同目的的，无权请求返还定金；收受定金的一方不履行债务或者履行债务不符合约定，致使不能实现合同的目的的，应当双倍返还定金。

（4）继续履行。《民法典》第五百七十九条规定，当事人一方未支付价款、报酬、租金、利息，或者不履行其他金钱债务的，对方可以请求其支付。《民法典》第五百八十条规定，当事人一方不履行非金钱债务或者履行非金钱债务不符合约定的，对方可以请求履行，但是有下列情形之一的除外：第一，法律上或者事实上不能履行；第二，债务的标的不适于强制履行或者履行费用过高；第三，债权人在合理期限内未请求履行。有前款规定的除外情形之一,致使不能实现合同目的的,人民法院或者仲裁机构可以根据当事人的请求终止合同权利义务关系,但是不影响违约责任的承担。

《民法典》第五百八十四条规定,当事人一方不履行合同义务或者履行合同义务不符合约定的,造成对方损失的,损失赔偿额应相当于因违约所造成的损失,包括合同履行后可以获得的利益;但是,不得超过违约一方订立合同时预见到或者应当预见到的因违约可能造成的损失。经营者对消费者提供商品或者服务有欺诈行为的,依照《消费者权益保护法》的规定承担损害赔偿责任。

3.3.7 电子合同的违约救济

1. 违约的归责原则

所谓归责是指确定某种行为所致事实后果的归属的判断活动的过程。归责原则是指确定归责根据的原则。合同违约的归责原则有两类:一类是过错责任原则;另一类是严格责任原则。过错责任原则是指一方违反合同的义务,不履行和不适当履行合同时,应以过错作为确定责任的要件和确定责任范围的依据;严格责任原则是指在违约发生以后,确定违约当事人的责任,应主要考虑违约的结果是否因被告的行为造成,而不是被告的故意和过失。

之所以采用严格责任为合同责任的原则,主要是因为违约责任源于当事人自愿成立的合同,除了约定或法定的情况,必须受其约定的束缚,如果动辄以无过错免责,对于相对人就不公平,有损于合同的本性;又从国际立法文件和合同法归责的发展的过程看,以严格责任为合同的归责原则是符合发展趋势的。

电子合同的违约责任仍然是严格责任。严格责任意味着只要有违约行为发生就得承担违约责任,而不再以违约人是否存在过错、守约人是否因此受到损害为要件。当然,如果电子合同中没有事先约定违约金,当事人没有实际损失,违约人也无须承担损失赔偿责任。在严格责任原则下,唯有存在免责事由时,违约人才可以免于承担违约责任。

2. 免责事由

免责事由分约定免责事由和法定免责事由。约定免责事由即免责条款,是指当事人在合同中约定的免除将来可能发生的违约责任条款。只是免责条款约定不得违反法律的强制性规定和社会公共利益。另外,根据民商法的基本原理,排除合同当事人的基本义务或排除故意或重大过失责任的免责条款为无效。

法定免责事由主要是不可抗力。不可抗力是指不能预见、不能避免并且不能克服的客观情况。理论上对不可抗力有以下解释。

(1) 事件发生在合同订立之后;事件是在订立合同时双方所不能预见的。
(2) 不能预见要求当事人在尽了善意注意义务的基础上,按通常的标准去衡量。
(3) 该事件的发生是不可避免、不能克服的。
(4) 该事件不是由任何一方的过失引起的;不可抗力是一种阻碍合同履行的客观情况。

不过,并不是说一发生不可抗力就可免除履行合同责任,应根据不可抗力对合同履行造成影响的程度确定,造成部分义务不能履行的,免除部分责任(如未履行部分);造成全部不能履行的,免除全部责任。如果不可抗力只是造成合同债务人履行债务的暂时困难,则可要求债务人延迟履行,且免除延迟履行的违约责任。

这里须特别指出的是,与不可抗力相类似的另一个概念——意外事件。意外事件是指一方当事人虽无过失但却无法防止的外因。在意外事件导致不能履行合同时,不能作为免于承担违约责任的事由。也就是说,因意外事件不能履行或迟延履行构成违约行为,必须承担违约责任。

理论上,不可抗力与意外事件比较容易区分,但是在现实中有时可能也不那么容易区分,尤其在电子商务中,下述情形究竟是不可抗力还是意外事件,可能还需要根据具体情况分析。

(1)文件感染病毒。文件感染病毒的原因可能是遭到恶意攻击所致,也可能是被意外感染。但不论是何种原因,如果许可方采取了合理与必要的措施防止文件遭受攻击,例如给自己的网站安装了符合标准或业界认可的保护设备,有专人定期检查防火墙等安全设备,但是仍不能避免被攻击,由此导致该文件不能使用或无法下载,应当认定是属于不可抗力。

(2)非自己原因导致的网络中断。网络传输中断,则无法访问或下载许可方的信息。网络传输中断可由传输线路的物理损害引起,也可由病毒或攻击造成。

(3)非自己原因引起的电子错误。例如,消费者购物通过支付网关付款,由于支付网关的错误未能将价款打到商家的账户上。

为了解决上述不确定因素,在法律没有明确规定的情形下,当事人不妨以免责条款的形式合理分配风险,以弥补法律规定不足。当然,其约定是否合法要由法院根据具体情况进行评判。

《民法典》第五百三十三条规定,合同成立后,合同的基础条件发生了当事人在订立合同时无法预见的、不属于商业风险的重大变化,继续履行合同对于当事人一方明显不公平的,受不利影响的当事人可以与对方重新协商;在合理期限内协商不成的,当事人可以请求人民法院或者仲裁机构变更或者解除合同。

人民法院或者仲裁机构应当结合案件的实际情况,根据公平原则变更或者解除合同。

3. 连带责任

《民法典》第五百一十八条规定,债权人为二人以上,部分或者全部债权人均可以请求债务人履行债务的,为连带债权;债务人为二人以上,债权人可以请求部分或者全部债务人履行全部债务的,为连带债务。连带债权或者连带债务,由法律规定或者当事人约定。

《民法典》第五百一十九条规定,连带债务人之间的份额难以确定的,视为份额相同。实际承担债务超过自己份额的连带债务人,有权就超出部分在其他连带债务人未履行的份额范围内向其追偿,并相应地享有债权人的权利,但是不得损害债权人的利益。其他连带债务人对债权人的抗辩,可以向该债务人主张。被追偿的连带债务人不能履行其应分担份额的,其他连带债务人应当在相应范围内按比例分担。

《民法典》第五百二十条规定,部分连带债务人履行、抵销债务或者提存标的物的,其他债务人对债权人的债务在相应范围内消灭;该债务人可以依据前条规定向其他债务人追偿。部分连带债务人的债务被债权人免除的,在该连带债务人应当承担的份额范围内,其他债务人对债权人的债务消灭。部分连带债务人的债务与债权人的债权同归于一人的,在扣除该债务人应当承担的份额后,债权人对其他债务人的债权继续存在。债权人对部分连带债务人的给付受领迟延的,对其他连带债务人发生效力。

《民法典》第五百二十一条规定,连带债权人之间的份额难以确定的,视为份额相同。实际受领债权的连带债权人,应当按比例向其他连带债权人返还。连带债权参照适用本章连带债务的有关规定。

4. 违约责任的承担

《民法典》第五百二十二条规定,当事人约定由债务人向第三人履行债务,债务人未向第三人履行债务或者履行债务不符合约定的,应当向债权人承担违约责任。法律规定或者当事人约定第三人可以直接请求债务人向其履行债务,第三人未在合理期限内明确拒绝,债务人未向第三人履行债务或者履行债务不符合约定的,第三人可以请求债务人承担违约责任;债务人对债权人的抗辩,可以向第三人主张。

《民法典》第五百二十三条规定,当事人约定由第三人向债权人履行债务,第三人不履行债务或者履行债务不符合约定的,债务人应当向债权人承担违约责任。

《民法典》第五百二十四条规定,债务人不履行债务,第三人对履行该债务具有合法利益的,第三人有权向债权人代为履行;但是,根据债务性质、按照当事人约定或者依照法律规定只能由债务人履行的除外。

债权人接受第三人履行后,其对债务人的债权转让给第三人,但是债务人和第三人另有约定的除外。

拓展实训

【实训目标】

通过实训使学生初步了解电子合同的订立以及电子合同的效力与履行的相关知识,包括电子合同的订立程序、电子合同的条款、电子合同的标的以及电子合同履行的方式等。

【实训内容】

了解并掌握电子合同的订立、电子合同的效力与履行的相关内容。

【实训步骤】

(1)以2~3人为单位组成一个团队,设负责人一名,负责整个团队的分工协作。

(2)团队成员通过分工协作,多渠道搜集相关资料。

(3)团队成员对搜集的材料进行整理,总结并分析电子合同订立的程序、电子合同履行的方式等。

(4)各团队将总结制作成表格,派出一人作为代表上台演讲,阐述自己团队的成果。

(5)教师对各团队的成果进行总结评价,指出不足与改进措施。

【实训要求】

(1)考虑到课堂时间有限,实训可采取"课外+课内"的方式进行,即团队组成、分工、讨论和方案形成在课外完成,成果展示安排在课内。

(2)每个团队方案展示时间为10分钟左右,教师和学生提问时间为5分钟左右。

复习思考题

1. 电子合同的分类标准有哪些？
2. 合同订立过程中的赔偿责任有哪些？
3. 电子合同履行的原则有哪些？
4. 电子合同违约的免责事由有哪些？
5. 合同标的的概念是什么？

第 4 章

电子支付与结算法律法规

> 知识目标

- ☑ 了解电子支付与结算的相关知识,包括电子支付与结算的概念、方式,电子支付流程中的权利与义务,电子支付各方当事人的权利与义务,以及传统交易中支付结算的法律制度;
- ☑ 掌握电子银行的相关知识和法律法规;
- ☑ 掌握第三方支付结算的相关知识和法律法规。

> 思维导图

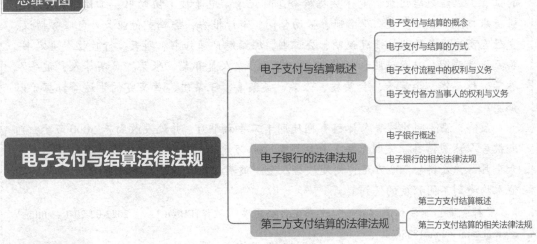

> 引导案例

非法结算 46 亿元!这家支付公司多人被抓

2018 年 1—9 月,被告人林某以杭州点擎智能科技有限公司(以下简称点擎公司)名义,在未获得支付结算业务资质的情况下,伙同被告人林某锴、张某、王某淇、金某波、黄某霞等人以支付宝、平安银行 H5 通道、微信等银行或第三方支付平台为接口，自建支付结算系统，利用向他人收买、公司员工注册、下游商户提供等方式收集的大量无实际经营业务的壳公司资料（包括工商资料、对公银行账户、法人资料、虚构的电子商务网站等）在支付宝注册数百个公司账户，再将支付接口散接至上述账户，非法从事赌博资金支付结算业务，共计非法结算资金达46.69亿余元人民币（以下币种同）。

被告人林某锴负责该公司日常事务并主管公司技术事宜；被告人金某波在林某锴不在时，负责公司日常管理事务，另还与被告人黄某霞等人负责将结算数据与下游的报账数据进行核对，并交由林某审核后，在林某的指令下，利用掌握的壳公司对应的对公账户、密码、网银向下游何某清、李某军（均另案处理）、被告人李某峰等人提供的账户结算资金；被告人张某负责对林某购买的支付结算系统进行二次开发，优化升级，并为壳公司企业支付宝账户配置对应通道资源，维护支付系统的运行；被告人王某淇主要负责处理客户投诉，对接下游，并将一些伪造的公司材料、交易材料提交给第三方支付平台，用以欺骗第三方支付平台解冻限权资金。

2018年3—7月，被告人李某峰通过在何某清公司任职时掌握的下游客户名单，在被告人吴某嘉的帮助下对接点擎公司成为下游客户，非法为赌博资金提供支付结算服务，共计结算资金达4.6亿余元。仅2018年3月底至6月底三个月内，从中非法获利334.99万余元。

案发后，公安机关从点擎公司办公场所及被告人等处查扣作案使用的计算机、手机、公章、U盾等物品，并对点擎公司所掌握的本案中用于给赌博网站走账、结算的17个壳公司对应的支付宝账户进行冻结。一审审理期间，被告人吴某嘉亲属代为退缴其违法所得6万元。

上述事实有扣押在案的手机、计算机、U盾等物证，证人罗某、刘某、许某等人的证言，远程勘验记录、电子数据检查工作记录，电子技术协助书，工商登记资料，银行账户流水、工资表、花名册、劳动合同，审计报告，条码支付业务外包服务协议、支付宝商户服务协议、情况说明、公证书、冻结财产通知书、列表、行政收缴决定书，聊天记录截图，户籍证明，抓获经过，以及涉案人员郭某、张某、焦某等人，被告人林某、林某锴、李某峰、金某波、张某、吴某嘉、王某淇、黄某霞的供述等证据予以证实。

最终，法院判处被告人林稳有期徒刑十二年六个月，并处没收财产5000万元；判处被告人林某锴有期徒刑七年，并处罚金100万元；判处被告人李某峰有期徒刑五年六个月，并处罚金700万元；判处被告人金一波有期徒刑五年，并处罚金25万元，其他人均受到不同程度的惩罚。

资料来源：非法结算46亿！这家支付公司多人被抓[EB/OL].（2022-02-20）. https://www.aisoutu.com/a/1838471.

4.1 电子支付与结算概述

4.1.1 电子支付与结算的概念

电子支付结算（electronic funds transfer，EFT），是指通过电子支付结算系统，个人、单位直接进行或授权他人发出支付结算指令,实现货币支付结算和资金转移的活动。中国人民银行《电子支付指引(第一号)》第二条第一款规定,电子支付是指单位、个人(以下简称客户)直接或授权他人通过电子终端发出支付指令,实现货币支付与资金转移的行为。

> **知识链接**
>
> 《电子支付指引(第一号)》
>
> 《电子支付指引(第一号)》对银行从事电子支付活动提出了指导性要求。《电子支付指引(第一号)》共6章49条,主要包括了界定电子支付的概念、类型和业务原则,统一了电子支付业务申请的条件和程序,规范了电子支付指令的发起和接收等。

4.1.2 电子支付与结算的方式

微课:电子支付与结算的方式

中国人民银行《电子支付指引(第一号)》第二条第二款规定,电子支付的类型按电子支付指令发起方式分为网上支付、电话支付、移动支付、销售点终端交易、自动柜员机交易和其他电子支付,具体如表4-1所示。

表4-1 电子支付与结算的方式

方式	说明
网上支付	网上支付是指通过互联网和其他网络,在浏览、选择、购买商品后,所选择的网络支付结算工具的一种支付结算方式
电话支付	电话支付是指通过电话,对购买商品所选择的支付结算工具的一种支付结算方式
移动支付	移动支付是指通过移动互联网和其他网络,在浏览、选择、购买商品后,所选择的网络支付结算工具的一种支付结算方式
销售点终端交易	销售点终端交易是指通过销售点终端,在选择、购买商品后,所选择的支付结算工具的一种支付结算方式
自动柜员机交易	自动柜员机交易是指通过自动柜员机,在浏览、选择、购买商品后,所选择的支付结算工具的一种支付结算方式
其他电子支付	其他电子支付是指除上述电子支付结算方式以外的方式

《电子商务法》第五十三条规定,电子商务当事人可以约定采用电子支付方式支付价款。电子支付服务提供者为电子商务提供电子支付服务,应当遵守国家规定,告知用户电子支付服务的功能、使用方法、注意事项、相关风险和收费标准等事项,不得附加不合理交易条件。电子支付服务提供者应当确保电子支付指令的完整性、一致性、可跟踪稽核和不可篡改。电子支付服务提供者应当向用户免费提供对账服务以及最近3年的交易记录。

> **思政小课堂:**
>
> 在电子支付与结算法律法规的学习过程中,引导学生树立正确的电子商务安全观点,增强法律意识和法律素养,坚定中国特色社会主义法治信念,积极维护电子商务活动安全。

4.1.3 电子支付流程中的权利与义务

根据电子支付流程所涉及的基本法律关系,可以相应地界定在下列主要环节中各方主体的权利与义务。

1. 支付账户开设

（1）电子商务企业或者经营机构应当在银行或者支付机构开设支付账户。

（2）银行或者支付机构应依当事人的申请，在为其开设电子支付账户时，应当核验申请人身份以及申请资料的真实性，向申请人公开支付业务规则和支付账户使用规则，告知用户其权利、义务和风险事项，并以书面或者电子方式与申请人签订协议。

（3）电子账户申请人必须提交真实的开户信息。因提交虚假的开户信息而产生的损失和后果由申请人承担。

第一款是对从事电子商务的经营机构的要求，也是说明这里的电子支付是以电子商务为基础的电子支付。

第二款包括两个要点：非经当事人的申请，不能强制或者主动给他们开设支付账户，这个在当前具有现实意义；要确认身份真实，开户时就应当履行法定的告知义务。这是收款人和付款人在电子支付法律关系中账户开设环节的基本义务。

2. 指令执行

这是对电子支付法律关系中在指令执行环节的权利与义务的设定。特别强调了对支付指令的验证，以便推动利用新技术、新方法来防范支付风险。

（1）用户授权的电子支付指令是有效指令。支付指令按业务规则发出后，用户不得要求撤回或者撤销指令，但收款人和付款人另有约定的除外。

（2）电子支付服务提供者应当完善业务规则，在受理电子支付指令时应当对指令信息进行验证。电子支付服务提供者可与用户约定，对较大数额或者特定时段的支付指令进行多因素验证；发现支付指令可疑时，应当取得用户确认后再进行安全的资金划拨。金额较小的电子支付服务，电子支付服务提供者可与用户约定便捷的核实方式。

3. 支付完成

对电子支付服务提供者设定这个义务有助于用户及时发现支付错误或者非授权交易，有利于风险防范和违法行为追查。

电子支付服务提供者完成电子支付后，应当及时准确地向用户提供支付结果信息或者符合约定方式的交易回单。

4. 电子错误

该环节设定了双方当事人在发生电子错误时的权利、义务及处置原则。

（1）电子支付发生差错时，电子支付服务提供者应当立即查找原因并采取措施纠正。因用户原因造成电子支付指令产生错误的，电子支付服务提供者应当及时通知用户改正。

（2）用户发现支付指令错误时，应当及时告知电子支付服务提供者，电子支付服务提供者在查明原因后将处理结果通知用户。电子支付服务提供者在收到用户通知后未及时采取措施导致用户损失的，应当赔偿用户的直接损失。

（3）电子支付服务提供者应当对电子错误发生的原因承担举证责任。

《电子商务法》第五十五条第二款规定，支付指令发生错误的，电子支付服务提供者应当及时查找原因，并采取相关措施予以纠正。造成用户损失的，电子支付服务提供者应当承担赔偿责任，但能够证明支付错误非自身原因造成的除外。

5．非授权交易

非授权交易是指因用户的电子支付工具被盗、丢失等原因而发生的未经用户确认的交易。在非授权交易中，电子支付账户的实际使用人不是用户本人或未得到用户的授权，且用户没有因非授权交易而获得收益。

《电子商务法》第五十七条规定，用户应当妥善保管交易密码、电子签名数据等安全工具。用户发现安全工具遗失、被盗用或者未经授权的支付的，应当及时通知电子支付服务提供者。

未经授权的支付造成的损失，由电子支付服务提供者承担；电子支付服务提供者能够证明未经授权的支付是因用户的过错造成的，不承担责任。

电子支付服务提供者发现支付指令未经授权，或者收到用户支付指令未经授权的通知时，应当立即采取措施防止损失扩大。电子支付服务提供者未及时采取措施导致损失扩大的，对损失扩大部分承担责任。

6．电子认证服务

该环节设定了电子认证服务机构在电子支付法律关系中的基本义务。

（1）为电子支付提供数字证书或者电子签名等技术服务的辅助机构应当按照其业务规则操作，保障认证技术的合法有效。

（2）用户依据认证证书进行交易而遭受损失，认证服务机构不能证明自己无过错的，应当承担相应责任。用户可以向电子支付服务提供者要求赔偿，也可以直接要求认证服务机构赔偿。

7．风险教育

电子支付服务提供者应当制定合理的教育方案，采取多种方式开展支付风险教育活动，帮助用户熟悉金融信息的概念，提高风险意识和防控能力，掌握基本金融技能。

《电子商务法》第五十五条第一款规定，用户在发出支付指令前，应当核对支付指令所包含的金额、收款人等完整信息。《电子商务法》第五十七条第一款规定，用户应当妥善保管交易密码、电子签名数据等安全工具。用户发现安全工具遗失、被盗用或者未经授权的支付的，应当及时通知电子支付服务提供者。

8．信息保护和保存

《电子商务法》第六十九条第一款规定，国家维护电子商务交易安全，保护电子商务用户信息，鼓励电子商务数据开发应用，保障电子商务数据依法有序自由流动。

（1）电子支付服务提供者和提供支付辅助服务的机构应当妥善保管用户的基本信息、支付账户信息和支付行为信息；按照法律、法规的规定和合同的约定使用信息。

（2）电子支付服务提供者应当留存完整的电子支付信息，包括用户账号、商户名称和最终收款人名称、账号、数额、商品等信息，以备核查。《电子商务法》第五十三条第三款规定，电子支付服务提供者应当向用户免费提供对账服务以及最近3年的交易记录。

《电子商务法》第七十九条规定，电子商务经营者违反法律、行政法规有关个人信息保护的规定，或者不履行本法第三十条和有关法律、行政法规规定的网络安全保障义务的，依照《中华人民共和国网络安全法》等法律、行政法规的规定处罚。

9. 防范金融犯罪

电子支付服务提供者应当针对电子支付中的各类欺诈行为，制定反欺诈预案，采取技术措施和其他必要措施，加强对电子支付账户的管理，消除支付漏洞，防范网络洗钱等金融犯罪行为；加强电子支付服务提供者相互之间以及与电子支付业务监管机构、犯罪侦查机构的合作和信息沟通。

4.1.4 电子支付各方当事人的权利与义务

1. 电子支付的有关当事人

传统票据支付当事人也称为票据法律关系主体，是指在票据法律关系中，享有票据权利、承担票据义务的主体。票据当事人可分为基本当事人和非基本当事人。基本当事人是指在票据做成和交付时业已存在的当事人，是构成票据法律关系的必要主体，包括出票人、付款人和收款人三种；非基本当事人是指在票据做成并交付后，通过一定的票据行为加入票据关系而享有一定权利、义务的当事人，包括承兑人、背书人、被背书人、保证人等。

电子支付法律关系的当事人一般有付款人、受款人和金融机构，如果是在线电子支付，当事人通常还包括认证机构。因此，广义上，电子支付涉及的当事人有以下四方。

1）付款人

电子支付中的付款人，通常为消费者或买方，其与商家、金融机构（银行）间存在两个相互独立的合同关系：一是消费者与商家订立的买卖合同关系；二是消费者与银行间的金融服务合同关系。

2）受款人

受款人即接受付款的人，通常为商家或卖方。在电子支付中，受款人也存在两个相互独立的合同关系：一是与消费者的买卖合同关系；二是与金融机构（银行）的金融服务合同关系。

3）金融机构（银行）

金融机构（银行）是电子支付中的信用中介、支付中介和结算中介，其支付的依据是基于银行与电子交易客户所订立的金融服务协议，或者是基于委托代理关系。在电子支付系统中，银行同时扮演发送银行和接受银行的角色。

4）认证机构（CA）

在在线电子支付中，认证机构为参与电子商务各方的各种认证要求提供证书服务，建立彼此的信任机制，使交易及支付各方能够确认其他各方的身份。一方面，认证机构不仅要对进行电子商务的各方负责，而且要对整个电子商务的交易秩序负责；另一方面，买卖双方又有义务接受认证机构的监督管理。

2. 商家在电子支付中的权利和义务

商家在电子支付中一般扮演受款人的角色，在电子支付中具有特别的法律地位。

在电子支付法律关系中，受款人虽然是一方当事人，但由于他与指令人、接受银行并不存在支付合同上的权利义务关系，因此受款人不能基于电子支付行为向指令人或接受银行主张权利,受款人只是基于和付款人之间的基础法律关系与付款人存在电子支付权利义务关系。这一点反映出电子支付与票据支付的法律关系类似。

商家在电子支付中享有以下两项基本的权利。

(1) 得到支付的权利,即商家根据其与消费者订立的买卖合同,享有通过电子方式得到支付的权利。

(2) 得到通知的权利,即商家根据消费者与银行间的金融服务合同,享有从金融机构处得到通知的权利。

3. 金融机构(银行)在电子支付中的权利和义务

1) 金融机构(银行)在电子支付中的权利

(1) 接受或拒绝支付指令。在电子支付中,金融机构(银行)可以接受指令人的支付指令,也可以拒绝支付指令,或者要求指令人修正其发出的无法执行的、不符合规定程序和要求的指令。例如,在银行不了解付款人,同时也未持有来自付款人的存款时,便可以拒绝付款人发出的支付指令。银行决定接受还是拒绝支付命令,在一定程度上是一种判断信用的过程。

(2) 要求付款人或指令人按时支付所指令的资金并承担因支付而发生的费用。

(3) 只要能证明由于指令人的过错而致使其他人假冒指令人通过了安全程序和认证程序,就有权要求指令人承担指令引起的后果。

2) 金融机构(银行)在电子支付中的义务

(1) 审查客户的指示是否为一项合法、有效的支付指令,支付方式是否正确。银行有义务审查客户的指示是否为一项合法、有效的支付指令,支付方式是否正确,从而决定是否接受该项指令。银行行使审查义务的目的是:① 对该指令予以认证,鉴别发出支付指令客户的身份的真实性,即证实支付命令或修改或取消支付命令的信息是客户发出的;② 检测支付命令或信息在传送过程中或在内容上是否存在错误。

(2) 按照指令人的指令完成资金支付。金融机构(银行)在得到消费者的适当指令进行电子支付,并对该指令的合法性和有效性进行审查后,如果金融机构(银行)决定接受该指令,则应根据消费者的账户条件以正确的金额和适时的方式完成资金支付。除系统故障和其他不可抗力之外,金融机构(银行)应当就未按照消费者的指令完成资金支付给消费者造成的全部直接损失,向消费者承担责任。如果金融机构(银行)能够证明未按照消费者的指令完成资金支付是由于系统故障或者金融机构(银行)所不能控制的其他情况所引起,则金融机构(银行)可以免除其责任。

(3) 信息公开和详尽告知的义务。在电子支付中,银行有义务以易于理解的词句和形式向消费者公开信息,揭示电子支付的程序、后果、操作要领以及系统风险。这些披露的信息必须是能够确保消费者在判定是否通过电子方式传输其金钱时所需要的基本信息,而且可以使消费者更好地理解其权利和义务,选择适当的支付方式,以及在发生问题时如何更好地保护自己的利益。

我国的《银行卡业务管理办法》规定得非常具体,达到了"充分公开"以保护消费者利益的要求。《银行卡业务管理办法》第五十二条规定了发卡银行的义务,具体如下。

① 发卡银行应当向银行卡申请人提供有关银行卡的使用说明资料,包括章程、使用说明及收费标准。现有持卡人亦可索取上述资料。

② 发卡银行应当设立针对银行卡服务的公平、有效的投诉制度，并公开投诉程序和投诉电话。发卡银行对持卡人关于账务情况的查询和改正要求应当在 30 天内给予答复。

③ 发卡银行应当向持卡人提供对账服务，按月向持卡人提供账户结单。

④ 发卡银行向持卡人提供的银行卡对账单应包括交易金额、账户余额等六项详细内容。

⑤ 发卡银行应当在有关卡的章程或使用说明中向持卡人说明密码的重要性及丢失的责任。

⑥ 发卡银行对持卡人的资信资料负有保密的责任。

这些规定充分体现了消费者进行"金融消费"的知情权。

知识链接

《银行卡业务管理办法》

《银行卡业务管理办法》的出台为加强银行卡业务的管理，防范银行卡业务风险，维护商业银行、持卡人、特约单位及其他当事人的合法权益起到了积极的指导意义。它共有 9 章，计 67 条组成，于 1999 年 3 月 1 日开始实施。

（4）建立并遵守电子支付的安全程序。为了防止未经授权的人向银行传送电子信息，通常的做法是银行和客户约定建立安全程序。所谓安全程序是指在客户与银行约定使用的密码或其他有效的身份认证手段，如现阶段普遍使用的 SSL 和 SET 程序。

在一般情况下，客户只对经过其授权的支付指令负责。如果银行能够证明其建立的安全程序具备商业上的合理性和其已经严格遵守了该安全程序，则客户承担未经授权的支付指令造成的损失，即使客户事实上没有发出支付指令，也要对支付指令后果承担责任。

（5）保留电子支付过程中相关的交易记录。国内外有关电子支付和电子货币的立法均将保留电子支付中相关的交易记录规定为金融机构（银行）的一项基本义务。将电子支付中相关的交易记录予以保存，可以方便金融机构（银行）修正交易错误。如果电子支付的当事人发生争议，这些记录在法律程序中能够作为证据使用。

（6）回赎其发行的电子货币。作为电子货币的发行人，金融机构（银行）有义务按照与持有者之间合约所载明的回赎条件，在有效期内以法定的或者某种可以自由兑换的铸币和纸币赎回电子货币，并且除操作中必须之外，免费将资金划入电子货币持有人账户中。

4．消费者在电子支付中的权利和义务

1）消费者在电子支付中的权利

消费者有权要求接受银行按照指令的时间及时将指定的金额支付给指定的收款人，如果接受银行没有按照指令完成义务，消费者有权要求其承担违约责任，赔偿因此造成的损失。

2）消费者在电子支付中的义务

消费者在电子支付中的义务可以归纳为以下几项。

（1）签发正确的支付指令，并按照接受金融机构（银行）的程序检查指令有无错误和歧义，且有义务发出修正指令，修改错误或有歧义的指令。

（2）支付的义务。即一旦向接受银行发出指令后，自身也受指令的约束，承担从其指定账户付款的义务。

（3）在符合商业惯例的情况下，接受认证机构的认证的义务。

(4) 不得以易于识别的方式记录其个人识别码或其他密码的义务。

(5) 挂失和通知的义务。消费者在知晓下列情况时应当立即通知发行者或发行者授权的人：电子支付工具或电子支付工具使用方式丢失或被窃；其账户上出现未经授权的交易记录或者其他异常情况。

4.2 电子银行的法律法规

4.2.1 电子银行概述

1. 电子银行的概念

电子银行（electronic banking），是指使用电子工具通过互联网向客户提供银行的商品和服务的银行。电子银行业务是指商业银行等银行业金融机构利用面向社会公众开放的通信通道或开放型公众网络，以及银行为特定自助服务设施或客户建立的专用网络，向客户提供的银行服务。

2. 电子银行的业务范围

电子银行业务包括利用计算机和互联网开展的银行业务（简称网上银行业务），利用电话等声讯设备和电信网络开展的银行业务（简称电话银行业务），利用移动电话和无线网络开展的银行业务（简称手机银行业务），以及其他利用电子服务设备和网络，由客户通过自助服务方式完成金融交易的银行业务。

微课：电子银行的业务范围

电子银行的商品和服务包括提（存）款服务、信贷服务、账户管理、理财服务、电子单据支付以及提供电子现金等电子支付工具服务。

电子银行的业务系统包括企业银行、个人银行和网上支付三个系统。

电子银行把银行的业务移植到网络环境下，代表了整个银行金融业未来的发展方向。电子银行创造出的电子现金将改变传统的货币流通形式，成为未来支付和资金流转的主要渠道。

3. 电子银行的监管

近年来，我国电子支付业务蓬勃发展。电子银行可以是全新设立的网上银行，也可以是原有的商业银行利用互联网开展网上金融业务。在前一种情形下，应当具备《中华人民共和国商业银行法》规定的设立商业银行的条件，并经中国人民银行审查批准，由中国人民银行颁发经营许可证，向工商行政管理部门办理登记，领取营业执照；在后一种情形下，整个操作应当按照《电子银行业务管理办法》的规定进行。

金融机构开办电子银行业务，应当具备下列条件。

(1) 金融机构的经营活动正常，建立了较为完善的风险管理体系和内部控制制度，在申请开办电子银行业务的前一年内，金融机构的主要信息管理系统和业务处理系统没有发生过重大事故。

(2) 制定了电子银行业务的总体发展战略、发展规划和电子银行安全策略，建立了电子银行业务风险管理的组织体系和制度体系。

（3）按照电子银行业务发展规划和安全策略，建立了电子银行业务运营的基础设施和系统，并对相关设施和系统进行了必要的安全检测和业务测试。

（4）对电子银行业务风险管理情况和业务运营设施与系统等进行了符合监管要求的安全评估。

（5）建立了明确的电子银行业务管理部门，配备了合格的管理人员和技术人员。

（6）中国银行业监管机构要求的其他条件。

金融机构开办以互联网为媒介的网上银行业务、手机银行业务等电子银行业务，包括网上银行、手机银行和利用掌上电脑等个人数据辅助设备开办的电子银行业务，适用审批制；其电子银行基础设施设备应能保障电子银行的正常运行，具备必要的业务处理能力，能够满足客户实时业务处理的需要；建立了有效的外部攻击侦测机制。

利用境内或地区性电信网络、有线网络等开办的电子银行业务，适用报告制；利用银行为特定自助服务设施或与客户建立的专用网络开办的电子银行业务，法律法规和行政规章另有规定的遵照其规定，没有规定的适用报告制。

对电子银行服务器的监管尤为重要。中资银行业金融机构的电子银行业务运营系统和业务处理服务器应设置在中华人民共和国境内；外资金融机构的电子银行业务运营系统和业务处理服务器可以设置在中华人民共和国境内或境外。设置在境外时，应在中华人民共和国境内设置可以记录和保存业务交易数据的设施设备，能够满足金融监管部门现场检查的要求，在出现法律纠纷时，能够满足中国司法机构调查取证的要求。

4．电子银行的业务管理

电子银行与客户之间属于服务法律关系，只是其服务内容与传统金融服务存在一定的差异。在电子银行业务中，通常涉及商户与电子银行之间的结算关系、用户与银行之间存取现金或电子货币的服务关系，如果有信用卡公司介入，那么法律关系就更为复杂。在这些服务关系中，银行与客户的权利、义务基本上可以遵循现行法律规范，与现实银行在存款、结算等业务中的法律关系基本相同。所不同的是，由于使用的联系方式不同，电子银行对开户、服务、结算等环节有自己的一些专门要求。

1）开户审查和签约

对电子银行客户开设条件和程序应有一定的限制和规范。首先，银行应认真审核客户申请办理电子支付业务的基本资料，并以书面或电子方式与客户签订协议。其次，开户时要核验客户的身份证件和必要的法律文件；最后，要向客户提供客户须知之类的资料，使客户了解网上支付流程、规则和安全措施。

银行应妥善保存客户申请办理电子支付业务的基本资料，保存期限至该客户撤销电子支付业务后5年。

2）建立身份认证制度

为了避免客户的密码或身份资料被盗用，防止资金的流失，电子银行必须建立身份认证制度，根据客户性质、电子支付类型、支付金额等，与客户约定适当的认证方式，如密码、密钥、数字证书、电子签名等。

3）电子支付指令的发起和接收

（1）客户应按照其与发起行的协议约定，发起电子支付指令。

（2）电子支付指令的发起行应对客户身份和电子支付指令进行确认，并形成日志文件等记录,保存至交易后5年。

(3)发起行应确保正确执行客户的电子支付指令,对电子支付指令进行确认后,应能够向客户提供纸质或电子交易回单。

(4)发起行、接收行应确保电子支付指令传递的可跟踪稽核和不可篡改。

(5)发起行和接收行之间应按照协议约定及时发送、接收和执行电子支付指令,并回复确认。

4)经营风险的防范

银行业务移至网上进行操作,不可避免地会遇到经营风险。对于银行自身而言,需要有一套风险防范措施,以降低网上银行业务的风险。

(1)建立内部安全运作的管理规章。网上银行应当管理和运用好自己的资金,防止客户透支或其他违法活动,为此必须制定相应的规章,规范网上银行资金划转的条件和程序,严格要求网上支付的工作按规章和流程操作。

(2)通过服务合同合理分配风险和责任。电子银行在提供服务前与客户签订的"电子银行服务协议"中,应对电子银行业务中可能产生的一系列权利、义务和责任事先予以明确约定,在不违反现行法律法规强制规定的前提下,合理分配风险和责任。

(3)合理设定业务限制。《电子支付指引(第一号)》第二十五条规定,银行应根据审慎性原则并针对不同客户,在电子支付类型、单笔支付金额和每日累计支付金额等方面做出合理限制。银行通过互联网为个人客户办理电子支付业务,除采用数字证书、电子签名等安全认证方式外,单笔金额不应超过 1000 元人民币,每日累计金额不应超过 5000 元人民币。银行为客户办理电子支付业务,单位客户从其银行结算账户支付给个人银行结算账户的款项,其单笔金额不得超过 5 万元人民币,但银行与客户通过协议约定,能够事先提供有效付款依据的除外。

(4)高度注意数据保护。银行应采取必要措施保护电子支付交易数据的完整性和可靠性,包括制定相应的风险控制策略,建立有效的侦测制度,有效防止电子支付交易数据在传送、处理、存储、使用和修改过程中被篡改,按照会计档案管理的要求,电子支付交易数据的保存期限为5年等。

5)差错处理

电子支付业务的差错处理应遵守据实、准确和及时的原则。对电子支付业务的差错应详细备案登记,记录内容应包括差错时间、差错内容与处理部门及人员姓名、客户资料、差错影响或损失、差错原因、处理结果等。由于银行保管、使用不当,导致客户资料信息被泄露或篡改的,银行应采取有效措施防止因此造成客户损失,并及时通知和协助客户补救。造成客户损失的,银行应按约定予以赔偿。

因不可抗力造成电子支付指令未执行、未适当执行、延迟执行的,银行应当采取积极措施防止损失的扩大。

4.2.2 电子银行的相关法律法规

1. 电子银行的条件

1)传统银行应当具备的条件

根据《中华人民共和国商业银行法》的相关规定,设立商业银行,应当经国务院银行业监督管理机构审查批准。未经国务院银行业监督管理机构审查批准，任何单位和个人不得从事吸收公众存款等商业银行业务，任何单位不得在名称中使用"银行"字样。

《中华人民共和国商业银行法》第十二条规定，设立商业银行，应当具备下列条件：第一，有符合本法和《中华人民共和国公司法》规定的章程；第二，有符合本法规定的注册资本最低限额；第三，有具备任职专业知识和业务工作经验的董事、高级管理人员；第四，有健全的组织机构和管理制度；第五，有符合要求的营业场所、安全防范措施和与业务有关的其他设施。设立商业银行，还应当符合其他审慎性条件。

《中华人民共和国商业银行法》第十三条规定，设立全国性商业银行的注册资本最低限额为10亿元人民币。设立城市商业银行的注册资本最低限额为1亿元人民币，设立农村商业银行的注册资本最低限额为5000万元人民币。注册资本应当是实缴资本。国务院银行业监督管理机构根据审慎监管的要求可以调整注册资本最低限额，但不得少于前款规定的限额。

知识链接

《中华人民共和国商业银行法》

《中华人民共和国商业银行法》是为了保护商业银行、存款人和其他客户的合法权益，规范商业银行的行为，提高信贷资产质量，加强监督管理，保障商业银行的稳健运行，维护金融秩序，促进社会主义市场经济的发展，而制定的法律。

《中华人民共和国商业银行法》由中华人民共和国第八届全国人民代表大会常务委员会第十三次会议于1995年5月10日通过，自1995年7月1日起施行。

最新修正是根据2015年8月29日第十二届全国人民代表大会常务委员会第十六次会议《关于修改〈中华人民共和国商业银行法〉的决定》第二次修正，自2015年10月1日起施行。

2）网络银行应当具备的条件

根据《电子银行业务管理办法》和相关法律法规的规定，电子银行根据其业务的不同，分别规定了相应的应当具备的条件。金融机构在中华人民共和国境内开办电子银行业务，应当依照相关办法的有关规定，向中国银行业监督管理委员会（以下简称中国银监会）申请或报告。

（1）金融机构开办电子银行业务应当具备的条件。《电子银行业务管理办法》第九条规定，金融机构开办电子银行业务，应当具备下列条件。

①金融机构的经营活动正常，建立了较为完善的风险管理体系和内部控制制度，在申请开办电子银行业务的前一年内，金融机构的主要信息管理系统和业务处理系统没有发生过重大事故。

②制定了电子银行业务的总体发展战略、发展规划和电子银行安全策略，建立了电子银行业务风险管理的组织体系和制度体系。

③按照电子银行业务发展规划和安全策略，建立了电子银行业务运营的基础设施和系统，并对相关设施和系统进行了必要的安全检测和业务测试。

④对电子银行业务风险管理情况和业务运营设施与系统等，进行了符合监管要求的安全评估。

⑤ 建立了明确的电子银行业务管理部门，配备了合格的管理人员和技术人员。

⑥ 中国银监会要求的其他条件。

（2）金融机构开办以互联网为媒介的网上银行业务、手机银行业务等电子银行业务应当具备的条件。《电子银行业务管理办法》第十条规定，金融机构开办以互联网为媒介的网上银行业务、手机银行业务等电子银行业务，除应具备第九条所列条件外，还应具备以下条件。

① 电子银行基础设施设备能够保障电子银行的正常运行。

② 电子银行系统具备必要的业务处理能力，能够满足客户适时业务处理的需要。

③ 建立了有效的外部攻击侦测机制。

外资金融机构开办电子银行业务，除应具备以上所列条件外，还应按照法律、行政法规的有关规定，在中华人民共和国境内设有营业性机构，其所在国家（地区）监管当局具备对电子银行业务进行监管的法律框架和监管能力。

知识链接

《电子银行业务管理办法》

《电子银行业务管理办法》已经 2005 年 11 月 10 日中国银行业监督管理委员会第 40 次主席会议通过。现予公布，自 2006 年 3 月 1 日起施行。

2. 根据电子银行业务类型确定审批制和报告制

金融机构申请开办电子银行业务，根据电子银行业务的不同类型，分别适用审批制和报告制。

所谓审批制，是指金融机构开办规定的电子银行业务类型，需要向中国银监会或其派出机构申请，并按照要求提供相关文件、资料，经中国银监会审核批准，才能从事电子银行业务的制度。所谓报告制，是指金融机构开办规定的电子银行业务类型，不需要向中国银监会或其派出机构申请，但应当参照提供相关文件、资料的要求，在开办电子银行业务之前 1 个月，将相关材料报送中国银监会或其派出机构的制度。

1）申请开办网络银行业务

金融机构申请开办电子银行业务，根据电子银行业务的不同类型，分别适用审批制和报告制。

（1）适用审批制。利用互联网等开放性网络或无线网络开办的电子银行业务，包括网上银行、手机银行和利用掌上电脑等个人数据辅助设备开办的电子银行业务，适用审批制。

（2）适用报告制。第一，利用境内或地区性电信网络、有线网络等开办的电子银行业务，适用报告制；第二，利用银行为特定自助服务设施或与客户建立的专用网络开办的电子银行业务，法律法规和行政规章另有规定的遵照其规定，没有规定的适用报告制。

金融机构开办电子银行业务后，与其特定客户建立直接网络连接提供相关服务，属于电子银行日常服务，不属于开办电子银行业务申请的类型。金融机构申请开办电子银行业务时，可以在一个申请报告中同时申请不同类型的电子银行业务，但在申请中应注明所申请的电子银行业务类型。

2）增加或变更网络银行业务

金融机构增加或者变更以下电子银行业务类型，适用审批制。

（1）有关法律法规和行政规章规定需要审批，但金融机构尚未申请批准，并准备利用电子银行开办的。

（2）金融机构将已获批准的业务应用于电子银行时，需要与证券业、保险业相关机构进行直接实时数据交换才能实施的。

（3）金融机构之间通过互联电子银行平台联合开展的。

（4）提供跨境电子银行服务的。

其他电子银行业务类型适用报告制。

3．报送文件、资料

1）申请开办网络银行业务

《电子银行业务管理办法》第十五条规定，金融机构向中国银监会或其派出机构申请开办电子银行业务，应提交以下文件、资料（一式三份）。

（1）由金融机构法定代表人签署的开办电子银行业务的申请报告。

（2）拟申请的电子银行业务类型及拟开展的业务种类。

（3）电子银行业务发展规划。

（4）电子银行业务运营设施与技术系统介绍。

（5）电子银行业务系统测试报告。

（6）电子银行安全评估报告。

（7）电子银行业务运行应急计划和业务连续性计划。

（8）电子银行业务风险管理体系及相应的规章制度。

（9）电子银行业务的管理部门、管理职责，以及主要负责人介绍。

（10）申请单位联系人以及联系电话、传真、电子邮件信箱等联系方式。

（11）中国银监会要求提供的其他文件和资料。

金融机构开办适用于报告制的电子银行业务类型，不需申请，但应参照《电子银行业务管理办法》第十五条的有关规定，在开办电子银行业务之前 1 个月，将相关材料报送中国银监会或其派出机构。

2）增加或变更需要审批的网络银行业务类型

《电子银行业务管理办法》第二十三条规定，金融机构增加或变更需要审批的电子银行业务类型，应向中国银监会或其派出机构报送以下文件和资料（一式三份）。

（1）由金融机构法定代表人签署的增加或变更业务类型的申请。

（2）拟增加或变更业务类型的定义和操作流程。

（3）拟增加或变更业务类型的风险特征和防范措施。

（4）有关管理规章制度。

（5）申请单位联系人以及联系电话、传真、电子邮件信箱等联系方式。

（6）中国银监会要求提供的其他文件和资料。

其他电子银行业务类型适用报告制，金融机构增加或变更时不需申请，但应在开办该业务类型前 1 个月内，参照上述《电子银行业务管理办法》第二十三条的有关规定，将有关材料报送中国银监会或其派出机构。

4. 网络银行的风险管理

1) 网络银行安全评估制度

根据《电子银行安全评估指引》规定,电子银行实行安全评估制度。在中国银监会的监督指导下,在开展电子银行业务过程中,至少每两年对电子银行进行一次全面的安全评估,电子银行安全评估的内容包括电子银行的安全策略、内控制度、风险管理、系统安全、客户保护等方面的安全测试和管控。安全评估可以通过外部专业化的评估机构进行,也可以利用内部独立于电子银行业务运营和管理部门的评估部门进行。为了保证电子银行安全评估能够及时、客观地得以实施,金融机构应建立电子银行安全评估的规章制度体系和工作规程。

2) 网络银行安全控制

《电子银行业务管理办法》第三十七条规定,金融机构应当保障电子银行运营设施设备,以及安全控制设施设备的安全,对电子银行的重要设施设备和数据,采取适当的保护措施。

(1) 有形场所的物理安全控制,必须符合国家有关法律法规和安全标准的要求,对尚没有统一安全标准的有形场所的安全控制,金融机构应确保其制定的安全制度有效地覆盖可能面临的主要风险。

(2) 以开放型网络为媒介的电子银行系统,应合理设置和使用防火墙、防病毒软件等安全产品与技术,确保电子银行有足够的反攻击能力、防病毒能力和入侵防护能力。

(3) 对重要设施设备的接触、检查、维修和应急处理,应有明确的权限界定、责任划分和操作流程,并建立日志文件管理制度,如实记录并妥善保管相关记录。

(4) 对重要技术参数,应严格控制接触权限,并建立相应的技术参数调整与变更机制,并保证在更换关键人员后,能够有效防止有关技术参数的泄露。

(5) 对电子银行管理的关键岗位和关键人员,应实行轮岗和强制性休假制度,建立严格的内部监督管理制度。

拓展阅读:《电子银行业务管理办法》全文

3) 加强用户身份验证管理

根据中国银监会办公厅《关于做好网上银行风险管理和服务的通知》的规定,各商业银行应对所有网上银行高风险账户操作统一使用双重身份认证。双重身份认证由基本身份认证和附加身份认证组成。基本身份认证是指网上银行用户知晓并使用,预先注册在银行的本人用户名及口令/密码;附加身份认证是指网上银行用户持有、保管并使用可实现其他身份认证方式的信息(物理介质或电子设备等)。附加身份认证信息应不易被复制、修改和破解。

商业银行可根据业务发展需要和风险控制要求对本行网上银行高风险账户操作进行具体界定。高风险账户操作应至少包括向非本人(不含与本行签订业务合作等法律协议和客户预先约定的指定账户,如代收费、第三方支付、贷款还款账户等)账户转移资金单笔超过 1000 元或日累计超过 5000 元。对于身份认证强度相对较弱的网上银行账户操作,商业银行应充分评估风险,相应进一步采取控制措施(如限制资金转移功能、限定资金转移额度等)进行有效防范。商业银行还应积极研发和应用各类维护网上银行使用安全的技术和手段,保证安全技术和管理水平能够持续适应网上银行业务发展的安全要求。

5. 网络银行的数据交换与转移管理

金融机构根据业务发展需要，可以与其他开展电子银行业务的金融机构建立电子银行系统数据交换机制，实现电子银行业务平台的直接连接，进行境内实时信息交换和跨行资金转移，也可以与非银行业金融机构直接交换或转移部分电子银行业务数据。

金融机构可以为电子商务经营者提供网上支付平台。为电子商务提供网上支付平台时，金融机构应严格审查合作对象，签订书面合作协议，建立有效监督机制，防范不法机构或人员利用电子银行支付平台从事违法资金转移或其他非法活动。

6. 网络银行业务外包管理

金融机构可以将电子银行部分系统的开发、建设，电子银行业务的部分服务与技术支持，电子银行系统的维护等专业化程度较高的业务工作，委托给外部专业机构承担。在进行电子银行业务外包时，应根据实际需要合理确定外包的原则和范围，认真分析和评估业务外包存在的潜在风险，建立健全有关规章制度，制订相应的风险防范措施。电子银行外包业务，应当与外包服务供应商签订书面合同，明确双方的权利、义务。在合同中，应明确规定外包服务供应商的保密义务、保密责任。

7. 网络银行的跨境业务管理

开办电子银行业务的金融机构可以利用境内的电子银行系统，向境外居民或企业提供电子银行服务。金融机构的境内客户在境外使用电子银行服务，不属于跨境业务活动。提供跨境电子银行服务，除应遵守中国法律法规和外汇管理政策等规定外，还应遵守境外居民所在国家（地区）的法律规定。境外电子银行监管部门对跨境电子银行业务要求审批的，金融机构在提供跨境业务活动之前，应获得境外电子银行监管部门的批准。

8. 网络银行的法律责任

金融机构在提供电子银行服务时，因电子银行系统存在安全隐患、金融机构内部违规操作和其他非客户原因等造成损失的，金融机构应当承担相应责任。因客户有意泄露交易密码，或者未按照服务协议尽到应尽的安全防范与保密义务造成损失的，金融机构可以根据服务协议的约定免于承担相应责任，但法律法规另有规定的除外。

金融机构未经批准擅自开办电子银行业务，或者未经批准增加或变更需要审批的电子银行业务类型，造成客户损失的，金融机构应承担全部责任。法律法规明确规定应由客户承担的责任除外。

《电子银行业务管理办法》第九十二条规定，金融机构开展电子银行业务违反审慎经营规则但尚不构成违法违规，并导致电子银行系统存在较大安全隐患的，中国银监会将责令限期改正；逾期未改正，或者其安全隐患在短时间难以解决的，中国银监会可以区别情形，采取下列措施：第一，暂停批准增加新的电子银行业务类型；第二，责令金融机构限制发展新的电子银行客户；第三，责令调整电子银行管理部门负责人。

9. 电子资金划拨的法律问题

1) 电子资金划拨的当事人

电子资金划拨的当事人大致有三种，分别为资金划拨人或指令人（sender）、接收银行

（receiving bank）、收款人或受益人。

现行的电子资金划拨多为贷方划拨，即债务人作为指令人，向其代理行（接收银行）发出支付指令。其中，指令人与接收银行的概念是相对而言的，付款人是付款银行的指令人，付款人银行为接收银行；付款人银行又是中介银行的指令人，中介银行则是付款人银行的接收银行。依此类推，直至款项最终到达受益人，形成一个资金划拨链。

2) 指令人的权利和义务

（1）指令人的权利。指令人有权要求接受银行按照指令的时间及时将指定的金额支付给指定的收款人，如果接收银行没有按指令完成义务，指令人有权要求其承担违约责任，并要求其赔偿因此造成的损失。

（2）指令人的义务。指令人的义务可以归纳如下。

① 一旦向接收银行发出指令后，指令人自身也受其指令的约束，承担从其指定账户付款的义务。

② 在需要的情况下，不仅接受核对签名，而且在符合商业惯例的情况下，还要接受认证机构的认证。

③ 按照接收银行的程序，检查指令有无错误和歧义，并有义务发出修正指令，修改错误或有歧义的指令。

3) 接收银行的权利和义务

（1）接收银行的权利。接收银行有如下权利。

① 要求付款人或指令人支付所指令的资金并承担因支付而发生的费用。

② 拒绝或要求指令人修正其发出的无法执行的、不符合规定程序和要求的指令。

③ 只要能证明由于指令人的过错而致使其他人，包括指令人或前任雇员或其他与指令人有关系的当事人，假冒指令人通过了认证程序，就有权要求指令人承担指令引起的后果。

（2）接收银行的义务。接收银行的主要义务如下。

① 按照指令人的指令完成资金支付。

② 就其本身或后手的违约行为，向其前手和付款人承担法律责任。

通常资金的支付从付款人开始，经过付款人银行、中介银行、认证机构、收款人银行等一系列当事人，每一当事人只接受其直接指令人的指令，并向其接受人发出指令，并与它们存在合同上的法律关系。因此，当指令是由于接收银行自身或其后手的原因没有履行、迟延履行或不当履行，付款人或指令人是无法依据合同关系直接向责任方主张权利的。为保护付款人或指令人的权益，只要接收银行或其后手存在违约行为，均应向其前手或付款人承担法律责任。在这一点上，与票据法规定的追索权具有类似的法律性质。

4) 受益人的权利和义务

受益人具有特别的法律地位。在电子支付法律关系中，受益人（收款人）虽然是一方当事人，但由于他与指令人、接收银行并不存在支付合同上的权利义务关系，因此受益人不能基于电子支付行为向指令人或接收银行主张权利，受益人只是基于和付款人之间的基础法律关系与付款人存在电子支付权利义务关系。在这一点上，电子支付与票据支付的法律关系类似。

4.3 第三方支付结算的法律法规

4.3.1 第三方支付结算概述

1. 第三方支付结算的概念

广义的第三方支付结算又称为非金融机构支付结算,是指非金融机构在收付款人之间作为中介机构提供资金的支付、结算和转移的一种支付结算方式。第三方支付结算包括网络支付、预付卡的发行与受理、银行卡收单和中国人民银行确定的其他支付服务的部分或全部货币资金转移服务的业务。其中,网络支付是指依托公共网络或专用网络在收付款人之间转移货币资金的行为,包括货币汇兑、互联网支付、移动电话支付、固定电话支付、数字电视支付等;预付卡是指以营利为目的发行的、在发行机构之外购买商品或服务的预付价值,包括采取磁条、芯片等技术以卡片、密码等形式发行的预付卡;银行卡收单是指通过销售点(PO)终端等为银行卡特约商户代收货币资金的行为。但是,预付卡不包括仅限于发放社会保障金的预付卡、仅限于乘坐公共交通工具的预付卡、仅限于缴纳电话费等通信费用的预付卡和发行机构与特约商户为同一法人的预付卡。

狭义的第三方支付结算又称为网络支付结算、第三方支付平台支付结算或电子商务第三方支付结算,是指依法取得《支付业务许可证》的非银行第三方支付结算机构,获准办理的互联网支付、移动电话支付、固定电话支付、数字电视支付等网络支付业务的一种支付结算方式。

2. 第三方支付结算的优势

电子支付是电子商务产业链中不可或缺的重要环节,但是因为早期国有商业银行在电子银行方面的建设步伐相对迟缓,第三方支付公司(非金融机构、非银行机构)的崛起迅速填补了这一空白。

随着第三方支付平台在整个电子商务中,特别是在B2C、C2C市场中扮演越来越重要的角色,其已经成为新的金融增值业务服务商。

相对于传统的资金划拨交易方式,第三方支付结算可以比较有效地保障货物质量、交易诚信、退换要求等环节,在整个交易过程中,可以对交易双方进行约束和监督。

在不需要面对面进行交易的电子商务形式中,第三方支付结算为保证交易成功提供了必要的支持,因此随着电子商务在我国的快速发展,第三方支付行业也发展得比较快。

> **知识链接**
>
> **你知道哪些常见的第三方支付公司经营模式**
>
> 目前,经营状况相对较好的第三方支付公司经营模式大致有两种:第一种经营模式是针对我国网上交易信用现状而特别推出的安全付款服务,其运作的实质是以第三方支付平台为信用中介,顾客选购商品后,使用第三方支付平台提供的账户进行货款支付,由第三方支付平台通知商户货款到达、进行发货;顾客检验物品后,就可以通知第三方支付平台

付款给商户，第三方支付平台再将款项转至商户账户。这种类型的典型代表是阿里巴巴公司的"支付宝"。

第二种经营模式的特色是更注重与银行的合作。一些第三方支付平台目前已经实现了与顾客最常用的多家银行的数十种银行卡的直通服务，帮助商户促使更多顾客选择在线支付方式。顾客并不是其客户，它真正的客户是商户和银行，其收益来自银行的利益分成及按每笔交易向商户收取的服务费。

4.3.2 第三方支付结算的相关法律法规

1. 第三方支付结算存在的风险

随着电子支付的发展，相应的法律问题也受到了人们更多的关注，焦点主要集中在以下四个方面。

（1）主体资格和经营范围的风险。目前依托于银联建立的第三方支付平台，除少数几个不直接经手管理往来资金，将其存放在专用的账户外，其他都可直接支配交易资金，这就容易造成资金不受监管，甚至越权调用的风险。

（2）结算和虚拟账户资金沉淀风险。支付宝等第三方支付机构从事资金吸储并形成资金沉淀，如缺乏有效的流动性管理，则可能存在资金安全和支付的风险。

第三方支付平台在提供交易中介和信用中介服务的过程中，资金包括两类：一类是结算资金；另一类是虚拟账户的资金。在两类沉淀资金的使用和担保方面都存在风险。

（3）洗钱风险。中国人民银行在发布的《中国反洗钱报告 2016》中称，网上银行在银行业务中占据的比重上升很快，而且交易大都通过电话、计算机网络进行，银行和客户很少见面，这给银行了解客户带来了很大的难度，也成为洗钱风险的易发、高发领域。

（4）管理方面的风险。由于第三方支付系统是运行在开放的互联网上的，在电子支付过程中有时会遭到黑客的攻击；电子签名在电子支付中的应用还不是太广泛，导致少数资金被盗等。

2. 第三方支付结算监管的基本思路

2010年，中国人民银行发布了《非金融机构支付服务管理办法》和《非金融机构支付服务管理办法实施细则》；2013年，中国人民银行又发布了《支付机构客户备付金存管办法》；2015年，中国人民银行再次发布《非银行支付机构网络支付业务管理办法》。这些文件形成了一套对第三方支付机构的监管办法。

1）资格审查条件

从事第三方支付结算的非银行支付机构应持有《支付业务许可证》。申请《支付业务许可证》应当具备下列条件。

（1）在中华人民共和国境内依法设立的有限责任公司或股份有限公司，且为非金融机构法人。

（2）有符合《非金融机构支付服务管理办法》规定的注册资本最低限额。

（3）有符合《非金融机构支付服务管理办法》规定的出资人。

（4）有5名以上熟悉支付业务的高级管理人员。

（5）有符合要求的反洗钱措施。

（6）有符合要求的支付业务设施。

（7）有健全的组织机构、内部控制制度和风险管理措施。

（8）有符合要求的营业场所和安全保障措施。

（9）申请人及其高级管理人员最近3年内未因利用支付业务实施违法犯罪活动或为违法犯罪活动办理支付业务等受过处罚。

申请人拟在全国范围内从事支付业务的，其注册资本最低限额为1亿元人民币；拟在省（自治区、直辖市）范围内从事支付业务的，其注册资本最低限额为3000万元人民币。注册资本最低限额为实缴货币资本。

2）业务范围

非金融机构支付服务是指非金融机构在收款人与付款人之间作为中介机构提供的下列部分或全部货币资金转移服务。

（1）网络支付。

（2）预付卡的发行与受理。

（3）银行卡收单。

（4）中国人民银行确定的其他支付服务。

3）风险监督

第三方支付机构的风险监督主要体现在以下几个方面。

（1）建立清算业务风险防范机制，制定并实施识别、计量、监测和管理风险的制度。

（2）建立参与者信用风险损失分担的规则和程序。

（3）建立应急系统，制定应急预案，确保支付清算系统安全可靠运行。

（4）提供担保或缴存支付清算风险保证金，保证金实行专户存储，用于抵补参与者因头寸不足而发生的流动性风险，保证支付清算业务持续进行。

（5）按照《中华人民共和国反洗钱法》的规定建立客户身份识别制度，按照规定执行大额交易和可疑交易报告制度。

（6）银行主管部门依法对支付清算组织进行现场检查和非现场检查。

4）客户备付金存管

客户备付金是指支付机构为办理客户委托的支付业务而实际收到的预收待付货币资金。

支付机构在同一备付金银行仅开立备付金汇缴账户的，该银行的总资产不得低于1000亿元。有关资本充足率、杠杆率、流动性等风险控制指标符合监管规定。

备付金银行应具备监督客户备付金的能力和条件，包括具备健全的客户备付金业务操作办法和规程，监测、核对客户备付金信息的技术能力，能够按规定建立客户备付金存管系统。境内分支机构数量和网点分布应能够满足支付机构的支付业务需要，并具有与支付机构业务规模相匹配的系统处理能力。

支付机构在收到客户备付金的支付指令后，应当办理客户委托的支付业务。支付机构每月在备付金存管银行存放的客户备付金日终余额合计数，不得低于上月所有备付金银行账户日终余额合计数的5%。支付机构只能通过备付金存管银行办理客户委托的跨行付款业务，以及调整不同备付金合作银行的备付金银行账户头寸。

不同支付机构的备付金银行之间不得办理客户备付金的划转。支付机构按规定为客户办理备付金赎回的,应当通过备付金专用存款账户划转资金,不得使用现金。支付机构开立备付金收付账户的合作银行少于4家(含)时,风险准备金的计提比例为10%。

支付机构因办理客户备付金划转产生的手续费费用,不得使用客户备付金支付。

5)网络支付业务

网络支付业务是指收款人或付款人通过计算机、移动终端等电子设备,依托公共网络信息系统远程发起支付指令,且付款人的电子设备不与收款人的特定专属设备交互,由支付机构为收款人、付款人提供货币资金转移服务的活动。

(1)支付机构为客户开立支付账户的,应当对客户实行实名制管理。

(2)支付机构不得为金融机构,以及从事信贷、融资、理财、担保、信托、货币兑换等金融业务的其他机构开立支付账户。

(3)支付机构应根据客户身份对同一客户在本机构开立的所有支付账户进行关联管理和分类管理。

(4)支付机构应当确保交易信息的真实性、完整性、可追溯性以及在支付全流程中的一致性,不得篡改或者隐匿交易信息。

(5)对于客户的网络支付业务操作行为,支付机构应当在确认客户身份及真实意愿后及时办理,并在操作生效之日起至少5年内,真实、完整地保存操作记录。

(6)支付机构应当向客户充分提示网络支付业务的潜在风险,及时揭示不法分子的新型作案手段,对客户进行必要的安全教育,并对高风险业务在操作前、操作中进行风险警示。

(7)支付机构可以组合选用下列三类要素,对客户使用支付账户余额付款的交易进行验证:① 仅客户本人知悉的要素,如静态密码等;② 仅客户本人持有并特有的,不可复制或者不可重复利用的要素,如经过安全认证的数字证书、电子签名,以及通过安全渠道生成和传输的一次性密码等;③ 客户本人的生理特征要素,如指纹等。

拓展实训

【实训目标】

通过实训使学生初步了解电子支付与结算的法律法规,包括电子支付与结算的方式、电子支付各方当事人的权利与义务等。

【实训内容】

了解并掌握电子支付与结算的相关法律法规,电子银行的相关法律法规,第三方支付结算的相关法律法规。

【实训步骤】

(1)以2~3人为单位组成一个团队,设负责人一名,负责整个团队的分工协作。

(2)团队成员通过分工协作,多渠道搜集相关资料。

(3)团队成员对搜集的材料进行整理,总结并分析电子支付与结算的相关法律法规。

(4)各团队将总结制作成表格,派出一人作为代表上台演讲,阐述自己团队的成果。

(5)教师对各团队的成果进行总结评价,指出不足与改进措施。

【实训要求】

（1）考虑到课堂时间有限，实训可采取"课外+课内"的方式进行，即团队组成、分工、讨论和方案形成在课外完成，成果展示安排在课内。

（2）每个团队方案展示时间为 10 分钟左右，教师和学生提问时间为 5 分钟左右。

复习思考题

1. 电子支付流程中的权利与义务有哪些？
2. 电子支付的有关当事人有哪些？
3. 支付结算的原则有哪些？
4. 第三方支付结算的优势有哪些？
5. 第三方支付结算存在的风险有哪些？

第 5 章

电子签名与认证法律法规

知识目标

- ☑ 了解电子签名法律法规,包括我国《电子签名法》的立法概述、电子签名的概念、电子签名具备的条件以及电子签名的法律法规;
- ☑ 掌握电子认证法律法规,包括电子认证的概念与作用、电子认证的类别、电子认证机构管理的法律法规以及电子认证证书管理的法律法规。

思维导图

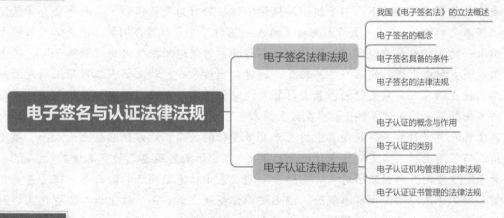

引导案例

非法使用他人电子签名败诉

湖南省长沙市中级人民法院

民 事 判 决 书

(2021)湘 01 民终 1798 号

上诉人(原审原告):甘佳军,男,1978 年 2 月 22 日出生,汉族,住广东省东莞市。

委托诉讼代理人:陈锋,湖南新川律师事务所律师。

被上诉人一(原审被告):云南窝小七房地产经纪有限公司湖南分公司,住所地

湖南省长沙市开福区通泰街街道中山路589号开福万达广场B区商业综合体（含写字楼）35005房。

负责人：淡小斌。

被上诉人二（原审被告）：云南寓小七房地产经纪有限公司，住所地云南省昆明市盘龙区环城路与白龙路交叉口小龙综合楼0412号。

法定代表人：淡建中。

被上诉人三（原审被告）：天宸汇力商业保理（深圳）有限公司，住所地深圳市前海深港合作区前海一路1号A栋201室。

法定代表人：马剑。

上诉人甘佳军因与被上诉人云南寓小七房地产经纪有限公司湖南分公司（以下简称"寓小七湖南分公司"）、云南寓小七房地产经纪有限公司（以下简称"寓小七公司"）、天宸汇力商业保理（深圳）有限公司（以下简称"天宸公司"）姓名权纠纷一案，不服湖南省长沙市开福区人民法院（2019）湘0105民初12102号民事判决，向本院提起上诉。本院受理后，依法组成合议庭审理了本案，现已审理终结。

甘佳军上诉请求：（1）请求依法撤销一审判决，支持甘佳军的全部起诉请求；（2）全部诉讼费用、公告费由被上诉人承担。事实与理由：一审判决依据《最高人民法院关于适用〈中华人民共和国民事诉讼法〉的解释》第九十条的规定，认定上诉人没有提供足够证据证明三被上诉人对上诉人实施了侵权行为是错误的。（1）一审判决前，上诉人提供了《公证书》，足以证明三被上诉人冒用上诉人姓名签订相关协议行为系事实，也证明了相关协议的来源。该份证据为本案的重要证据，一审法院在没有查清案件事实的情况下，不予组织质证该份证据的行为是错误的，从而导致全案认定证据不足的结果。（2）上诉人与被上诉人一签订《房屋租赁合同》，是上诉人与被上诉人一的工作人员曹经理通过微信协商签订的，曹经理的微信名为"曹胖子"，被上诉人一支付给上诉人的第一年房租就是通过被上诉人一、被上诉人二冒用上诉人的姓名向被上诉人三贷款支付的，且当时贷款金额大于第一年房租金额，上诉人通过微信将多余款项退给了"曹胖子"。在被上诉人一、被上诉人二支付上诉人第一年租金时，其工作人员"曹胖子"就向其上诉人索要多支付的款项，足以证明被上诉人一、被上诉人二冒用上诉人名义贷款支付租金的事实。在上诉人发现自己被冒名贷款后，向"曹胖子"追要向其转付款项时，"曹胖子"明确表示该笔款项已转给公司，现《房屋租赁合同》已通过法院调解书解除。以上足以证明被上诉人一、被上诉人二冒用上诉人姓名向被上诉人三贷款的事实，被上诉人一、被上诉人二冒用上诉人姓名贷款的侵权行为已给上诉人造成了严重后果。（3）上诉人提供的《证书核实申请回执》的证据，一审法院没有采纳是错误的。该回执中明确表示上诉人的电子签章为深圳法大大网络科技有限公司申请，深圳法大大网络科技有限公司核实后，被上诉人三在没有经过上诉人申请且授权的情况下，向深圳法大大网络科技有限公司提交了上诉人的身份资料并申请电子签章及存证、数字证书等服务。该份证据能够证明被上诉人三冒用上诉人电子签名，签订《租金年付保理合同》的事实，且造成了以上诉人名义贷款的严重后果，其行为为侵权行为。

寓小七湖南分公司、寓小七公司、天宸公司未发表答辩意见。

甘佳军向一审法院起诉请求：（1）判决确认寓小七湖南分公司、寓小七公司、天宸公司冒用甘佳军名义签订的《租金年付保理服务电子合同》的行为系侵权行为；（2）判决确认寓小七湖南分公司、寓小七公司冒用甘佳军名义签订的《云南寓小七房地产经纪有限公司房屋租赁合同》《补充协议》《信息服务授权书》《委托支付授权书》的行为系侵权行为；（3）判令寓小七湖南分公司、寓小七公司、天宸公司停止冒用甘佳军名义签订电子合同、纸质合同的侵权行为，并消除给甘佳军带来的一切不利影响及赔礼道歉；（4）判令寓小七湖南分公司、寓小七公司、天宸公司赔偿因侵权行为造成甘佳军的精神损害赔偿10 000元；（5）判令寓小七湖南分公司、寓小七公司、天宸公司承担本案的公告费及诉讼费用。

一审法院认定事实：2018年3月，甘佳军与寓小七湖南分公司签订《房屋租赁委托代理合同》一份，约定：甘佳军委托寓小七湖南分公司全权代理出租甘佳军位于长沙市开福区北辰三角洲E4区7栋3508号的房屋，委托期限为2018年3月1日至2023年3月1日止。甘佳军向一审法院提供以甘佳军名义与寓小七公司签订的补充协议（复印件）、以甘佳军名义出具的委托支付授权书（复印件）和信息服务授权书（复印件）、甘佳军与"曹胖子"（昵称）的微信聊天记录，用于证明寓小七湖南分公司、寓小七公司冒用其名义签订相关协议和授权书，以及寓小七湖南分公司的工作人员"曹胖子"在微信上承认是冒用甘佳军的签名贷款的事实。甘佳军向一审法院提供以甘佳军电子签章名义与天宸公司、寓小七公司签订的租金年付保理服务合同（复印件），用于证明寓小七湖南分公司、寓小七公司、天宸公司冒用其名义签订电子合同的事实。甘佳军还向一审法院提供案外人深圳市电子商务安全证书管理有限公司向甘佳军发送的证书核实申请回执，用于证明天宸公司冒用甘佳军的名字签订了电子合同的事实。

一审法院认为，（1）《最高人民法院关于适用〈中华人民共和国民事诉讼法〉的解释》第九十条规定，当事人对自己提出的诉讼请求所依据的事实，应当提供证据加以证明；在做出判决前，当事人未能提供证据或者证据不足以证明其事实主张的，由负有举证证明责任的当事人承担不利的后果。本案中，甘佳军应提供相应证据证明寓小七湖南分公司、寓小七公司、天宸公司实施了冒用其名义签订相关协议、授权书、电子合同等侵权行为，且对甘佳军造成了严重后果，而甘佳军提交的补充协议、委托支付授权书、信息服务授权书、租金年付保理服务合同均为复印件，真实性存疑，甘佳军虽称是天宸公司通过微信发送至甘佳军手机的，但未能提供证据予以证实；在微信聊天记录中，"曹胖子"的所有留言均未有明确的意思表示"承认是冒用甘佳军的签名"；案外人深圳市电子商务安全证书管理有限公司在证书核实申请回执称，其向合作方深圳法大大网络科技有限公司系统平台提供数字证书技术服务，依据该公司提出的撤销数字证书申请，撤销相应证书。综上所述，甘佳军提供的证据不足以证明其事实主张，应承担举证不能的不利后果。（2）寓小七湖南分公司、寓小七公司、天宸公司经传票传唤无正当理由未到庭参加诉讼，亦未向一审法院陈述答辩意见和提交证据，应承担不应诉、不举证、不质证的法律后果。综上所述，依照《中华人民共和国民事诉讼法》第一百四十四条、第一百四十八条，《最高人民法院关于适用〈中华人民共和国民事诉讼法〉的解释》第九十条的规定，判决：驳回甘佳军的诉讼请求。案件受理费300元，公告费560元，合计860元，由甘佳军负担。

本案二审期间，当事人围绕上诉请求依法提交了证据。本院组织当事人进行了证据交换和质证，有庭审笔录在卷为凭，对当事人提交的证据，本院认证如下：对于甘佳军提交的证据一——甘佳军与天宸公司客服的微信聊天记录公证书，证据二——公证书，证据三——证书核实申请回执，证据四——（2019）湘0105民初6248号调解书和（2019）湘0105民初6248号裁定书，对于前述证据的真实性、合法性、关联性均予以认可。

本院经审理查明，2018年3月1日，甘佳军与寓小七湖南分公司签订一份《房屋租赁委托代理合同》。后甘佳军以寓小七湖南分公司、寓小七公司违约为由起诉至长沙市开福区人民法院，后各方达成调解，长沙市开福区人民法院于2019年9月17日做出（2019）湘0105民初6248号民事调解书，协议内容为：（1）甘佳军与寓小七湖南分公司一致同意并确认甘佳军与寓小七湖南分公司签订的《房屋租赁委托代理合同》于2019年9月17日解除。（2）寓小七湖南分公司、寓小七公司补偿甘佳军房屋租赁损失2000元，于2019年9月18日前支付给甘佳军，并向甘佳军交付涉案房屋钥匙或告知甘佳军涉案房屋密码。（3）寓小七湖南分公司、寓小七公司不再追究甘佳军的涉案房屋装修损失，房屋内能带走的家具、家电由寓小七湖南分公司、寓小七公司在2019年9月19日前搬走，如到期未搬走，视为自动放弃，归甘佳军所有；寓小七湖南分公司、寓小七公司不得人为破坏涉案房屋内已有的装修。（4）寓小七湖南分公司、寓小七公司交给涉案房屋所在的小区物业公司的装修押金归甘佳军所有。（5）其他无争议。

寓小七湖南分公司、寓小七公司依前述合同获知甘佳军的姓名、身份证号码、手机号码等信息。在甘佳军不知情的情况下，寓小七公司冒用甘佳军的名义与寓小七公司签订一份《补充协议》，冒用甘佳军的名义与天宸公司签订了《租金年付保理服务合同》。冒用甘佳军的名义向天宸公司出具了一份《委托支付授权书》，冒用甘佳军的名义向受托人上海维氏盾企业征信有限公司、深圳白骑士大数据有限公司、北京天行数科数据科技有限公司、成都智宝大数据科技有限公司、深圳华征大数据有限公司出具《信息服务授权书》。

寓小七湖南分公司、寓小七公司向天宸公司提供了甘佳军的身份信息。天宸公司根据甘佳军的身份信息向深圳法大大网络科技有限公司提出电子签章及存证、数字证书等申请，深圳法大大网络科技有限公司进行网上操作生成了甘佳军电子签章及存证、数字证书。

2019年12月2日，甘佳军向深圳市电子商务安全证书管理有限公司提出数字证书业务核实申请。2020年2月17日，深圳市电子商务安全证书管理有限公司回复：深圳安全证书公司于2020年2月17日，正式对序列号为1E39DAF8E7325079的证书予以撤销，该证书自签发之时起无效。依据《中华人民共和国电子签名法》的相关法律规定，使用上述证书制作的电子签名无效。

本院认为，本案的争议焦点为：姓名权侵权是否成立。自然人享有姓名权，有权依法决定、使用、变更或者许可他人使用自己的姓名，但是不得违背公序良俗。任何组织或者个人不得以干涉、盗用、假冒等方式侵害他人的姓名权或者名称权。侵犯公民姓名权的，应承担侵权责任。寓小七湖南分公司、寓小七公司盗用甘佳军个人信息，冒用甘佳军名义签订相应合同，后又向天宸公司提供甘佳军的个人信息，而天宸公司在甘佳军未授权或许可的情况下通过技术手段获取甘佳军的电子签章及存证、数字证书,并冒用甘佳军名义用电子签章及存证、数字证书签订电子合同,前述行为均属于侵犯甘佳军姓名权的行为。因此,前后签订《租金年付保理服务电子合同》《补充协议》《信息服务授权书》《委托支付授权书》的行为均系侵权行为。寓小七湖南分公司、寓小七公司、天宸公司之间的侵权行为互相关联、紧密结合,构成共同侵权。

甘佳军有权要求寓小七湖南分公司、寓小七公司、天宸公司就其侵权行为承担停止侵权、消除影响、赔礼道歉的侵权责任。因深圳安全证书公司确认已将甘佳军的电子签章撤销,由此电子签章产生的侵权行为已撤销,不利影响已经消除,故本院依法判处寓小七湖南分公司、寓小七公司、天宸公司以书面形式向甘佳军赔礼道歉。此外,对于甘佳军主张的精神损害抚慰金。自然人因其姓名权遭受侵害造成严重精神损害的,有权向人民法院起诉请求赔偿精神损害。本案中,甘佳军并未提供证据证明寓小七湖南分公司、寓小七公司、天宸公司侵犯其姓名权的行为造成严重损害后果,且通过寓小七湖南分公司、寓小七公司、天宸公司向甘佳军赔礼道歉的方式,可以在一定程度上消弭给甘佳军所造成的损害,尚未严重到必须通过给予赔偿精神损害抚慰金予以弥补的程度,故对该请求不予支持。

综上所述,甘佳军的上诉请求部分成立。依照《中华人民共和国民事诉讼法》第一百七十条第一款第一项,《最高人民法院关于适用〈中华人民共和国民法典〉时间效力的若干规定》第一条第二款,《中华人民共和国民法总则》第一百一十条,《中华人民共和国侵权责任法》第二条、第三条、第八条、第十五条、第二十二条的规定,判决如下:

(1)撤销湖南省长沙市开福区人民法院(2019)湘0105民初12102号民事判决。

(2)云南寓小七房地产经纪有限公司湖南分公司、云南寓小七房地产经纪有限公司、天宸汇力商业保理(深圳)有限公司于本判决生效之日起十日内以书面形式向甘佳军赔礼道歉。

(3)驳回甘佳军其他诉讼请求。

一审案件受理费300元,公告费560元,合计860元,由云南寓小七房地产经纪有限公司湖南分公司、云南寓小七房地产经纪有限公司、天宸汇力商业保理(深圳)有限公司负担;二审案件受理费300元,公告费560元,合计860元,由云南寓小七房地产经纪有限公司湖南分公司、云南寓小七房地产经纪有限公司、天宸汇力商业保理(深圳)有限公司负担。

本判决为终审判决。

审判长　盛知霜
审判员　曾　明
审判员　赵康宁
二〇二一年七月十三日
书记员　刘　静

资料来源:非法使用他人电子签名败诉的案例[EB/OL].(2021-12-28). https://baijiahao.baidu.com/s?id=1720367697441600723&wfr=spider&for=pc.

5.1 电子签名法律法规

5.1.1 我国《电子签名法》的立法概述

1. 我国《电子签名法》的立法情况

电子签名立法最早的是1995年美国的犹他州,《犹他州电子签名法》是世界上第一部电子签名法,1996年联合国国际贸易法委员会制定了《电子签名示范法》,1999年欧盟制定了《电子签名指令》,2000年10月美国国会通过了《全球和国内商业法中的电子签名法案》,日本出台了《关于电子签名及认证业务的法律(电子签名法)》,新加坡、韩国等许多国家也制定了相关法律。到目前为止,全世界有40多个国家制定了有关电子商务方面的法律。

2003年4月,我国开始电子签名法的立法工作。在电子签名法的立法过程中,我国首先借鉴《电子商务示范法》《电子签名示范法》的相关原则和内容,借鉴了欧盟、美国、日本、韩国、新加坡等国家的相关立法,征求了国内电子商务企业和法律方面专家的意见和建议。

《中华人民共和国电子签名法》方案成熟后,在2004年4月2日,首次提交第十届全国人民代表大会常务委员会第八次会议,全国人民代表大会常务委员会对电子签名法草案进行了审议,根据意见和建议,先后又有两次修改,并提交全国人民代表大会常务委员会审议;在2004年8月28日,第十届全国人民代表大会常务委员会第十一次会议通过了《中华人民共和国电子签名法》,自2005年4月1日起实施。

根据2015年4月24日第十二届全国人民代表大会常务委员会第十四次会议《关于修改〈中华人民共和国电力法〉等六部法律的决定》,对其中的《中华人民共和国电子签名法》(以下简称《电子签名法》)进行了修正,自2015年4月24日起实施。当前版本为2019年4月23日第十三届全国人民代表大会常务委员会第十次会议修正。

> **思政小课堂:**
> 在学习电子签名与认证法律法规的过程中,培养学生正确使用电子签名与认证的观点,使学生正确认识时代责任与历史使命,引导学生成为创新型、复合型电子商务高级专业人才。

2. 我国《电子签名法》的立法意义

为了消除电子商务和电子政务发展过程中的法律障碍,第十届全国人民代表大会常务委员会第十一次会议审议通过了《电子签名法》。《电子签名法》是我国在电子商务方面的第一部法律,也是电子商务实体法中的第一部立法,它对规范电子商务交易和行为,促进电子商务、电子政务,以及相关方面的健康发展起到重要的推动作用。从我国电子商务的实践分析及《电子签名法》的颁布实施来看,其意义主要包括以下三个方面。

1) 规范电子签名行为

《电子签名法》在法律上对电子签名提出了要求,包括电子签名的定义、电子签名的法律效力、可靠电子签名的条件等。在电子商务的交易过程中，以网络上的数据电文形式的签名，起到了规范作用，从而推进网络身份确定的规范化。

2）确立电子签名的法律效力

《电子签名法》第一次确立了电子签名的法律效力，可靠的电子签名具有传统手写签字、盖章同等的法律效力，对于民事活动中的合同或者其他文件、单证等文书，当事人可以约定使用或者不使用电子签名、数据电文。当事人约定使用电子签名、数据电文的文书，不得仅因为其采用电子签名、数据电文的形式而否定其法律效力。

3）维护有关各方的合法权益

电子签名用于识别签名人的网络身份，同时表明签名人认可文件中的内容，享有规定的义务，承担相应的责任。《电子签名法》在电子商务交易中，可避免不必要的纠纷，对维护电子商务交易双方的权益将会起到重要的作用。

知识链接

关于电子签名，你还了解什么

从民商法上看，签名虽然不是法律行为的必要条件，但它是构成要式的或特约的法律行为的重要因素。当法律规定或当事人约定，以签名作为法律行为的生效要件时，签名就成了该法律行为的决定因素之一。

联合国欧洲经济委员会工作组在一份题为"签名以外方式的贸易文件认证"的报告中称："贸易文件上的签名，主要有三项功能：一是能表明文件的来源，即签名者；二是能表明签字者已确认文件的内容；三是能构成证明签字者对文件内容正确性和完整性负责的证据。"该文件题目中所用的"认证"一词，是指"证明，证实"。

签名所证实的是：对方当事人所期望的人，即有权或获得授权而为法律行为的人亲自到场。签名的个人亲自表示的特征，使之成为"独特的认证者"；其意愿，即以签名表达了承认文件的内容，以及愿意受之约束的意愿。

计算机网络、电子支付系统和自动化交易系统的广泛应用，使得电子签名问题显得越来越突出。在许多应用系统中，电子签名问题若不解决，则交易安全无法保障，实际上就不具有应用价值。这也是电子签名问题成为电子商务中的重要的技术与法律问题的原因所在。

5.1.2 电子签名的概念

《电子签名法》第二条规定："本法所称电子签名，是指数据电文中以电子形式所含、所附用于识别签名人身份并表明签名人认可其中内容的数据。本法所称数据电文，是指以电子、光学、磁或者类似手段生成、发送、接收或者储存的信息。"

微课：电子签名具备的条件

5.1.3 电子签名具备的条件

1. 传统签名的一般要求

就传统签名而言，不是所有的签名都能称为签名，而是要满足一定的条件。对一个签名一般的要求应该包括正确的名字、书面形式及本人亲自书写。

（1）正确的名字。签名的正确性是签名的主要识别项。对于一个签名，需观察其是否准确无误，正确的名字不容忽视。

（2）书面形式。传统的签名必须是书面的。无论是署名还是画押，都以书面形式存在。

（3）本人亲自书写。传统签名的有效性也取决于是否亲自书写。亲笔署名或画押，另一个意义在于对内容的认可。

2. 电子签名具备的条件

作为电子签名，应具备一定的条件，才能被认可。

（1）符合法律规定。对电子签名的认可，通常的做法是通过法律途径。在我国《电子签名法》公布实施以前，虽然网络上电子商务交易中使用的签名由双方约定和认可，但是没有法律保障。我国《电子签名法》的实施，为电子签名的使用提供了法律保障。

（2）具备传统签名的功能。传统签名的基本功能主要包括来源功能、约束功能和责任功能。电子签名虽然改变了传统签名的形式，但是传统签名的基本功能不应被否定，否则，很难去定义和理解电子签名的法律含义。

（3）适应电子信息技术发展。对电子签名形式上的表述是很难把握的。因为随着网络、信息技术的发展，数据电文和电子签名将可能呈现出多样性，法律条文的表述必须严谨，所以《电子签名法》只对电子签名的内容进行了限定，而对形式并未明示，从而能够更长远地适应信息技术的发展。

5.1.4 电子签名的法律法规

1. 电子签名的适用范围

我国《电子签名法》第三条规定了电子签名的适用范围，具体如下。

（1）民事活动中的合同或者其他文件、单证等文书，当事人可以约定使用或者不使用电子签名、数据电文。

（2）当事人约定使用电子签名、数据电文的文书，不得仅因为其采用电子签名、数据电文的形式而否定其法律效力。

前款规定不适用下列文书：涉及婚姻、收养、继承等人身关系的；涉及土地、房屋等不动产权益转让的；涉及停止供水、供热、供气、供电等公用事业服务的；法律、行政法规规定的不适用电子文书的其他情形。

2. 电子签名的可靠性

可靠性是电子签名的最基本特征，联合国国际贸易法委员会发布的《电子签字示范法》以其核心条款（第六条）对其做了规定。它以1996年联合国国际贸易法委员会通过的《电子商务示范法》第7条为基础，并为检验电子签名的可靠性提供了标准。其目的在于确保可靠的电子签名，具有与手写签名同样的法律效果。

《电子签字示范法》第6条的主旨如下：其一，当法律要求某人签名时，对数据信息所使用的电子签名，也同样能满足该要求，只要根据所有相关环境，包括相关协议，该电子签名对于数据信息生成或传送目的来说是适当与可靠的。其二，电子签名只要符合下列条件，就应视为是可靠的：在使用电子签名的情形下，签署电子签名的方式只与签名人相关,而非他人;当签署时,电子签名的方式处于签名人,而非他人控制之下;任何在电子签名后所做的篡改,都是有迹可查的;当对电子签名的法律要求是为了保证与之相关信息的完整性时,任何对签署后的信息所做的篡改,都是有迹可查的。其三,不禁止任何人为了满足前述要求,以任何其他方式来确信某电子签名的可靠性,抑或证实某电子签名的不可靠。

知识链接

《电子签字示范法》

The United Nations Commissionon International Trade Law Model Law on Electronic Autograph,简称《电子签字示范法》,于 2001 年 12 月 12 日联合国贸易法律委员会通过,是国际上关于电子签字方面的、最重要的立法文件。

《电子签字示范法》共 12 条,分别规定了电子签字的适用范围、定义、签字技术的平等对待、解释、经由协议的改动、符合签字要求、第 6 条的满足、签字人的行为、认证服务提供人的行为、可信赖性、依赖方的行为、对外国证书和电子签字的承认。该法为电子签字的使用带来了法律的确定性,"数字签名"是目前电子商务中应用最普遍、可操作性最强的一种电子签名方法,它主要用于鉴定签名人的身份以及对一项电子数据内容的认可。《电子签字示范法》的制定,是对《电子商务示范法》的补充,促进了电子签字所产生的法律效力,有助于各国加强利用现代化核证技术的立法,为尚无这种立法的国家提供参考,并对发展和谐的国际经济关系做出了贡献。

当事人也可以选择使用符合其约定的可靠条件的电子签名。

我国《电子签名法》第十四条规定,可靠的电子签名与手写签名或者盖章具有同等的法律效力。

3. 电子签名人的主要义务

电子签名人是指持有电子签名制作数据并以本人身份或者以其所代表的人的名义实施电子签名的人。其主要义务包括以下几点。

1) 真实陈述义务

真实陈述认证机构要求其提供的事项与资料,是证书用户在申请证书时所应履行的基本义务。因为就其身份、地址、营业范围、证书信赖等级的真实陈述,是证书可信赖性产生的前提,否则,将构成对证书体系可信赖性的损害,并因此而承担一定的法律责任。

我国《电子签名法》第二十条第一款规定:"电子签名人向电子认证服务提供者申请电子签名认证证书,应当提供真实、完整和准确的信息。"

2) 履行合理的注意义务

在证书证明电子签名的情形下,签名人应履行合理的注意义务,在证书的整个有效期内,保证所有与证书有关的,或者将要被包括在证书内的重要陈述,具有准确性和完整性。签名人应对未能履行上述要求而造成的损失负赔偿责任。

3) 妥善保管和通知义务

我国《电子签名法》第十五条规定:"电子签名人应当妥善保管电子签名制作数据。"如果没有用户对其私密钥的独占性控制,那么认证机构就是再认真审核、公正发布信息,都无法保证电子签名证书的安全性。控制私密钥,使其处于独占的安全状态,不仅是用户保护自身利益所必需的，同时也是维护证书体系信誉的不可或缺的措施。

用户若违反了该义务，将承担相应的法律责任。

4）通知和终止义务

为保证电子商务各方的合法利益，我国《电子签名法》第十五条规定："电子签名人知悉电子签名制作数据已经失密或者可能已经失密时，应当及时告知有关各方，并终止使用该电子签名制作数据。"

4．电子签名依赖方的义务

电子签名依赖方是指基于对电子签名认证证书或者电子签名的信赖从事有关活动的人。

电子签名信赖人虽然不一定事先与认证机构存在合同关系，但他是认证关系的受益方之一。要求其承担相应的义务，是保障其利益的前提条件。《电子签字示范法》第11条规定，相对方（即证书信赖人）如不能履行下列行为，应承担法律责任。

（1）采取合理的步骤确认签名的真实性。

（2）在电子签名有证书证明的情况下，采取合理的步骤。

（3）确认证书是否合法有效、被终止签发或被撤销。

（4）遵守任何有关证书的限制。

上述义务说明，对电子签名的信赖必须具有合理性。交易当事人应根据具体的环境，对所接收的电子签名的合理性及其程度予以谨慎确认。电子签名的有效性并不取决于相对方的行为。它是与签名人、证书机构的义务相对应的，并且是三者之间划分责任的依据之一。

5．电子签名的法律责任

我国《电子签名法》第二十七条规定："电子签名人知悉电子签名制作数据已经失密或者可能已经失密未及时告知有关各方，并终止使用电子签名制作数据，未向电子认证服务提供者提供真实、完整和准确的信息，或者有其他过错，给电子签名依赖方、电子认证服务提供者造成损失的，承担赔偿责任。"

我国《电子签名法》第二十八条规定："电子签名人或者电子签名依赖方因依据电子认证服务提供者提供的电子签名认证服务从事民事活动遭受损失，电子认证服务提供者不能证明自己无过错的，承担赔偿责任。"

5.2　电子认证法律法规

5.2.1　电子认证的概念与作用

1．电子认证的概念

电子认证是以特定的机构对电子签名及其签名人的真实性进行验证的具有法律意义的服务。它虽然与电子签名一样，都是电子商务中的安全保障机制，但二者的具体功能和应用范围有一些差异。电子签名主要用于数据电文本身的安全，使之不被否认或篡改，是一种技术手段上的保证；而电子认证则主要应用于交易关系的信用安全方面，保证交易人的真实与可靠，主要是一种组织制度上的保证。从应用范围上看，前者同时适用于封闭型和开放型的交易网络；而后者则主要运用于开放型的交易网络。

2. 电子认证的作用

电子认证的作用可表现在对外防止欺诈和对内防止否认两个方面。前者是防范交易当事人以外的人故意入侵而造成风险所必需的；后者则是针对交易当事人之间可能产生的误解或抵赖而设置的，以便在电子商务交易当事人之间预防纠纷。其目的都是为了减少交易风险。

1）防止欺诈

在开放型电子商务环境下，交易双方可能是跨越国境、从未见过面的人，其间不仅缺少封闭型社区交易群体的道德约束力，而且发生欺诈事件后的救济方法也非常有限，即便有救济的可能，其成本也往往要超过损失本身。因此，只有事先对各种欺诈可能全面予以防范，才是最有效的选择。

2）防止否认

电子商务中的不得否认，既是一项技术要求，也是交易当事人的行为规范，它是民商法诚实信用原则在电子交易领域的具体反映。技术上的不得否认是一种防止发信方对已发生的通信予以否认的措施。其具体包括：数据电文的发送、接收及其内容的不得否认。而行为规范上的不得否认，是以一定的组织保障和法律责任为基础的，其作用的全面实现，既依赖于合同条款、技术手段或协议的支持，也依赖于认证机构所提供的服务。不得否认技术与服务的最终目的是，在电子通信与商务交易的当事人之间避免纠纷，并且在发生纠纷时，提供有效的解决方法。发端与传送的不得否认程序与规则，为交易当事人提供了大量的预防性的保护，减少了一方当事人试图抵赖发出或收到某一数据电文，而欺骗另一方当事人的可能性。

认证机构并不向在线当事人出售任何有形商品，也不提供资金或劳动力资源。它所提供的服务成果只是一种无形的信息，包括交易相对人的身份、公共密钥、信用状况等信息。虽然这些信息无法以具体的价格来衡量，但它是在开放型电子商务环境下进行交易所必需的前提性条件，并且是交易当事人很难亲自获知的。与一般信息服务不同的是，认证机构所提供的是经过核实的，有关电子商务交易人所关心的基本信息。实际上，它是关于交易当事人的事实状况的信息，通常包括交易人是谁、在何处、以何种电子签名方式与之交易、其信用状况如何等。因此，认证是一种信用服务，它与目前存在的信用评级公司所从事的业务有些类似。所不同的是，后者依当事人的意愿可自愿采纳，信用评级公司一般不承担法律责任。而认证证书内的信息，则是经过核实的真实的资料，并且认证关系的直接当事人，即认证机构和证书用户，应共同对证书信息的真实性负法律责任。

在电子商务环境下，交易人应首先要考虑的是正在与何人进行交易，其信用如何。

没有电子商务认证体系为依托，开放型电子商务就失去了生存环境。这是开放型电子商务的自身特征所要求的，也是必须以技术和法律方式给予全面解决的问题。电子认证服务的成功与否，直接影响着电子商务全球化的推广进程，这也是联合国国际贸易法委员会以及各国之所以积极组织起草电子商务法的原因所在。

5.2.2 电子认证的类别

1. 按电子认证对象的不同分类

按电子认证对象的不同，分为企业、网站、身份、数据电文电子认证。

1）企业电子认证

企业电子认证是指对经营电子商务的企业身份的真实性、信用水平、商品质量、服务级别等的一种认证。对电子商务经营者身份的真实性、信用水平、商品质量、服务级别等的辨认，并加以证明，能为电子商务平台（网站）、消费者、合作方、交易相关方和管理部门等提供真实的资料和相关信息。

2）网站电子认证

网站电子认证是指对经营电子商务的网站（平台）身份的真实性、信用水平、软件安全、支付结算安全、服务质量等的一种认证。对电子商务网站（平台）的经营者身份的真实性、信用水平、软件安全、支付结算安全、服务质量等的辨认，并加以证明，能为电子商务商家、消费者、合作方、交易相关方和管理部门等提供真实的资料和相关信息。

3）身份电子认证

身份电子认证是指对参与电子商务的相关方身份的真实性、信用水平、资格等级等的一种认证。对电子商务参与者身份的真实性、信用水平、资格等级等的辨认，并加以证明，能为电子商务平台、商家、合作方、交易相关方和管理部门等提供真实的资料和相关信息。

4）数据电文电子认证

数据电文电子认证是指对电子商务交易相关的数据电文的真实性、内容完整性、签名合法有效性等的一种认证。对电子商务交易过程中的数据电文的真实性、内容完整性、签名合法有效性等的辨认，并加以证明，能为电子商务平台、商家、消费者、合作方、交易相关方和管理部门等提供真实的资料和相关信息。

2．按电子认证级别的不同分类

按电子认证级别的不同，分为身份、授权、执行、时间电子认证。

1）身份电子认证

身份电子认证是指对电子商务的相关方身份的真实性、信用水平、资格等级等的一种认证。身份电子认证是判明和确认交易双方真实身份的重要环节，也是电子商务交易过程中最薄弱的环节。身份电子认证包括识别和鉴别两个过程。身份识别是指用户向系统出示自己的身份证明的过程。身份鉴别是系统查核用户身份证明的过程。

2）授权电子认证

授权电子认证是指对电子商务的相关方参与电子商务活动中的范围、权限、等级等的一种认证。授权电子认证的目的在于确定某些企业、机构、人员的权限，便于确认和控制。例如，某个企业对电子商务平台（网站）上的经营店、旗舰店的授权等进行的认证。

3）执行电子认证

执行电子认证是指对电子商务的相关方参与电子商务活动中的发生、发生过程、结果等的一种认证。例如，数据电文的发出、发出的系统、时间、可供查看的依据等方面的识别、证明。

4）时间电子认证

时间电子认证是指对电子商务的相关方参与电子商务活动中的时间以及相关内容等的一种认证。例如，电子邮件的发出时间、收到时间等内容的辨别、证明。

3．按电子认证主体的不同分类

按电子认证主体的不同，分为单方、双方、第三方电子认证。

1) 单方电子认证

单方电子认证是指对参与电子商务某一方，其电子商务活动需要的身份、信用、商品、服务等的一种认证。单方电子认证分为强制和自愿两种。例如，电子商务平台强制要求商家对经营的某类商品必须进行某一方面的认证，且达到规定的标准，否则不能在平台上销售等。

2) 双方电子认证

双方电子认证是指对参与电子商务的双方，其电子商务活动需要的身份、信用、商品质量、服务级别等的一种认证。在一些特定系统中，双方认证被称为相互认证。

3) 第三方电子认证

第三方电子认证是指由第三方机构对参与电子商务某一方，其电子商务活动需要的身份、信用、商品质量、服务级别等的一种认证。

知识链接

电子认证与公证的异同

1. 电子认证与公证的相同方面

（1）两者都是证明性的服务。从公众和社会方面来看，电子认证和公证都在行使证明权，两者都是证明性的服务。

（2）两者存在融合的发展趋势。近年来，网络和计算机技术的大量应用，使得电子认证和公证都采用了方便快捷的方式。从长远来看，电子认证和公证大多采用网络委托和协议方式。但是，这种形式趋于相同的现象，并不能从本质上使两者相同。

2. 电子认证与公证的不同方面

（1）机构性质不同。公证机构是司法机构，而电子认证机关目前并未归属于国家行政系统，且将来归属于行政行为的可能性比较小。公证是非诉讼的法律活动，而认证是根据当事人的申请和约定证明当事人的身份、资质等的真实性，相当于信用服务。

（2）形式不同。一般情况下，电子认证大多采用在线的、数据电文形式；公证大多是纸面的、传统书面形式。

（3）效力不同。公证具有特殊的法律效力，为国家立法所肯定。电子认证非法定环节，未赋予法律上当然的效力，其证据效力较小，具有多方面的局限性。

5.2.3 电子认证机构管理的法律法规

1. 电子认证机构概述

1) 认证机构的定义

认证机构（certificate authority，CA），又称为认证中心，是指按照国家规定，取得认证机构资质和经国务院认证认可监督管理部门批准许可的，提供第三方认证服务的机构。认证机构从事认证认可服务业务，必须在国家法律法规许可的范围内进行，并制定和遵循认证认可业务规则规范。

2) 电子认证机构的定义

电子认证机构又称为电子认证服务机构、电子认证服务提供者，是指为电子签名人和电子签名依赖方提供电子认证服务的第三方机构。《电子认证服务管理办法》第二条第一款规定，电子认证服务，是指为电子签名相关各方提供真实性、可靠性验证的活动。

3）电子认证机构的条件

电子机构应该具备基本的条件，不仅是完成电子认证服务业务达到的硬件环境和软件水平的要求，而且是电子认证法律法规管理的需要。《电子认证服务管理办法》第五条规定，电子认证服务机构应具备下列条件。

（1）具有独立的企业法人资格。

（2）具有与提供电子认证服务相适应的人员，从事电子认证服务的专业技术人员、运营管理人员、安全管理人员和客户服务人员不少于三十名，并且应当符合相应岗位技能要求。

（3）注册资金不低于人民币三千万元。

（4）具有固定的经营场所和满足电子认证服务要求的物理环境。

（5）具有符合国家有关安全标准的技术和设备。

（6）具有国家密码管理机构同意使用密码的证明文件。

（7）法律、行政法规规定的其他条件。

知识链接

你知道认证机构有哪些特点吗

作为对电子商务交易当事人提供信用服务的受信赖的第三方——认证机构，应具备以下特点。

（1）是独立的法律实体。认证机构以自己的名义从事数字证书服务，以其自有财产提供担保，并承担一定的责任。当然，它也要向用户收取一定的费用，作为其服务报酬。

认证机构作为独立实体，对其客户提供认证服务，并收取报酬已是商业惯例。

（2）具有中立性与可靠性。认证机构一般并不直接与用户进行商事交易，而是在其交易中，以受信赖的中立机构的身份提供信用服务。它不代表交易任何一方的利益，仅发布公正的交易信息促成交易。中立性与可靠性，是其参与并促成电子商务交易的重要保证。

（3）被交易的当事人所接受。如果商事交易各方不信赖认证机构，就不会接受其服务，而认证机构也不可能为其提供服务，当然，也就无法参与其中。当事人的接受可能是明示的，如在当事人之间的正式合同中表达，也可能在交易中默示承认，或由成文法律、法规或条约所要求。对于某些商业化认证应用，须由政府机关审核。

（4）其营业目的是提供公正的交易环境。从营业目标看，认证机构是非营利性公用企业。尽管认证机构也收取一定的服务费用，但该费用只能是微利性的。如果它以追求盈利为目标，就很可能损害其中立性与公正性。因此，其营业宗旨应是以提供公正的交易环境为主要目标，类似于承担社会服务功能的公用企业。

2. 电子认证许可制度

《电子签名法》第二十九条规定，未经许可提供电子认证服务的，由国务院信息产业主管部门责令停止违法行为；有违法所得的，没收违法所得；违法所得30万元以上的，处违法所得1倍以上3倍以下的罚款；没有违法所得或者违法所得不足30万元的，处10万元以上30万元以下的罚款。我国实行电子认证服务认证许可制度，包括申请、审查、批准、工商登记、网上公示、制定业务规则和提供认证服务七个环节。

1）申请

电子认证机构的申请，是指从事电子认证服务，应当向国务院信息产业主管部门提出申请，并提交符合相关规定条件的材料。提交材料的申请者应该对其真实性、有效性、合法性负责。

《电子认证服务管理办法》第六条规定，申请电子认证服务许可的，应当向工业和信息化部提交下列材料。

（1）书面申请。

（2）人员证明。

（3）企业法人营业执照副本及复印件。

（4）经营场所证明。

（5）国家有关认证检测机构出具的技术、设备、物理环境符合国家有关安全标准的凭证。

（6）国家密码管理机构同意使用密码的证明文件。

知识链接

《电子认证服务管理办法》

为了规范电子认证服务行为，对电子认证服务提供者实施监督管理，根据《电子签名法》和其他法律、行政法规的规定，工业和信息化部制定了《电子认证服务管理办法》，于2009年2月18日以工业和信息化部令第1号公布，根据2015年4月29日工业和信息化部令第29号公布的《工业和信息化部关于修改部分规章的决定》修订，2015年4月29日公布，自公布之日起施行，共八章四十三条，内容包括第一章总则，第二章电子认证服务机构，第三章电子认证服务，第四章电子认证服务的暂停、终止，第五章电子签名认证证书，第六章监督管理，第七章罚则，第八章附则。

拓展阅读：《电子认证服务管理办法》全文

2）审查

电子认证审查，是指工业和信息化部对提交的申请材料进行审查，依法做出是否受理的决定的活动。

根据《电子认证服务管理办法》第七条、第八条的规定，工业和信息化部的审查分为形式审查和实质审查两种

（1）形式审查，即工业和信息化部对提交的申请材料进行的形式审查。申请材料齐全、符合法定形式的，应当向申请人出具受理通知书。申请材料不齐全或者不符合法定形式的，应当当场或者在5日内一次告知申请人需要补正的全部内容。

（2）实质审查，即工业和信息化部对决定受理的申请材料进行的实质审查。需要对有关内容进行核实的，指派两名以上工作人员实地进行核查。在审查过程中，工业和信息化部对与申请人有关事项书面征求商务部等有关部门的意见。审查的结果有准予许可和不予许可两种。

3）批准

企业法人的电子认证机构申请，不论批准与否，工业和信息化部都应当自接到申请之日起45日内做出不予许可或者准予许可的书面决定。

（1）不予许可的。工业和信息化部应当书面通知申请人并说明理由。

（2）准予许可的。工业和信息化部颁发《电子认证服务许可证》，并公布下列信息：《电子认证服务许可证》编号；电子认证服务机构名称；发证机关和发证日期。电子认证服务许可相关信息发生变更的，工业和信息化部应当及时公布。

《电子认证服务许可证》的有效期为5年，有效期届满需要延续的，电子认证服务机构应当在许可证有效期届满30日前向工业和信息化部申请办理延续手续。根据认证机构的许可证期限和规定的条件，工业和信息化部审查批准，公布予以换发电子认证服务许可证企业名单的通告。

4）工商登记

取得电子认证服务许可的企业法人，应当持《电子认证服务许可证》到工商行政管理机关办理相关手续。根据《电子认证服务管理办法》第十三条的规定，电子认证服务机构在《电子认证服务许可证》的有效期内变更公司名称、住所、法定代表人、注册资本的，应当在完成工商变更登记之日起15日内办理《电子认证服务许可证》变更手续。

5）网上公示

电子认证网上公示，是指取得认证资格的电子认证服务提供者，在提供电子认证服务之前，按照国务院信息产业主管部门的规定，在互联网上公布其名称、许可证号等信息的行为。根据《电子认证服务管理办法》第十二条的规定，取得认证资格的电子认证服务机构，在提供电子认证服务之前，应当通过互联网公布下列信息。

（1）机构名称和法定代表人。

（2）机构住所和联系办法。

（3）《电子认证服务许可证》编号。

（4）发证机关和发证日期。

（5）《电子认证服务许可证》有效期的起止时间。

6）制定业务规则

电子认证机构在取得《电子认证服务许可证》，办理工商登记后，在开展电子认证服务业务之前，应制定和公布电子认证业务规则。根据《电子签名法》第十九条的规定，电子认证服务提供者应当制定、公布符合国家有关规定的电子认证业务规则，并向国务院信息产业主管部门备案。电子认证业务规则应当包括责任范围、作业操作规范、信息安全保障措施等事项。

根据《电子认证服务管理办法》第十五条的规定，电子认证服务机构应当按照工业和信息化部公布的《电子认证业务规则规范（试行）》等要求，制定本机构的电子认证业务规则和相应的证书策略，在提供电子认证服务前予以公布，并向工业和信息化部备案。电子认证业务规则和证书策略发生变更的，电子认证服务机构应当予以公布，并自公布之日起30日内向工业和信息化部备案。

7）提供认证服务

提供电子认证服务应当规范，电子认证服务机构应当按照公布的电子认证业务规则提供电子认证服务。电子认证服务的申请人向电子认证服务提供者提出申请电子签名认证证书，应当提供真实、完整和准确的信息。电子认证服务提供者收到电子签名认证证书申请后，应当对申请人的身份进行查验，并对有关材料进行审查。

（1）电子认证机构提供认证服务的业务范围。电子认证服务机构按照《电子签名法》《电子认证服务管理办法》《电子认证业务规则规范（试行）》等法律法规提供电子认证服务，其提供的电子认证服务主要如下。

① 制作、签发、管理电子签名认证证书。
② 确认签发的电子签名认证证书的真实性。
③ 提供电子签名认证证书目录信息查询服务。
④ 提供电子签名认证证书状态信息查询服务。

（2）电子认证服务机构的义务。电子认证机构在提供电子认证服务时，应当履行下列义务。

① 告知义务。根据《电子认证服务管理办法》第二十一条的规定，电子认证服务机构在受理电子签名认证证书申请前，应当向申请人告知下列事项：电子签名认证证书和电子签名的使用条件；服务收费的项目和标准；保存和使用证书持有人信息的权限和责任；电子认证服务机构的责任范围；证书持有人的责任范围；其他需要事先告知的事项。
② 保证电子签名认证证书内容在有效期内完整、准确。
③ 保证电子签名依赖方能够证实或者了解电子签名认证证书所载内容及其他有关事项。
④ 妥善保存与电子认证服务相关的信息。
⑤ 电子认证服务机构应当建立完善的安全管理和内部审计制度。
⑥ 电子认证服务机构应当遵守国家的保密规定，建立完善的保密制度，电子认证服务机构对电子签名人和电子签名依赖方的资料负有保密的义务。
⑦ 电子认证服务机构有根据工业和信息化部的安排承接其他机构开展的电子认证服务业务的义务。
⑧ 电子认证服务提供者应当妥善保存与认证相关的信息，信息保存期限至少为电子签名认证证书失效后 5 年。

（3）电子认证机构受理认证服务业务要签订合同。为了保证电子认证服务业务双方的权益，明确责任和义务，认证机构受理业务要签订合同。根据《电子认证服务管理办法》第二十二条的规定，电子认证服务机构受理电子签名认证申请后，应当与证书申请人签订合同，明确双方的权利义务。

（4）提供认证服务的业务暂停或终止。电子认证服务机构在《电子认证服务许可证》的有效期内拟终止电子认证服务的，应在终止服务 60 日前向工业和信息化部报告，同时向工业和信息化部申请办理证书注销手续，并持工业和信息化部的相关证明文件向工商行政管理机关申请办理注销登记或者变更登记。电子认证服务机构拟暂停或者终止电子认证服务的，应在暂停或者终止电子认证服务 90 日前，就业务承接及其他有关事项通知有关各方。

电子认证服务机构拟暂停或者终止电子认证服务的，应当在暂停或者终止电子认证服务 60 日前向工业和信息化部报告，并与其他电子认证服务机构就业务承接进行协商，做出妥善安排。

电子认证服务机构拟暂停或者终止电子认证服务，未能就业务承接事项与其他电子认证服务机构达成协议的，应当申请工业和信息化部安排其他电子认证服务机构承接其业务。电子认证服务机构被依法吊销《电子认证服务许可证》的，其业务承接事项的处理按照工业和信息化部的规定进行。电子认证服务机构有根据工业和信息化部的安排承接其他机构开展的电子认证服务业务的义务。

《电子签名法》第三十条规定，电子认证服务提供者暂停或者终止电子认证服务，未在暂停或者终止服务 60 日前向国务院信息产业主管部门报告的，由国务院信息产业主管部门对其直接负责的主管人员处 1 万元以上 5 万元以下的罚款。

3. 电子认证机构监管的法律法规

《电子签名法》第二十五条规定，国务院信息产业主管部门依照本法制定电子认证服务业的具体管理办法，对电子认证服务提供者依法实施监督管理。我国对认证机构的监督管理主要体现在以下环节。

1）守信激励、失信惩戒

工业和信息化部推动建立电子认证服务机构信用评价机制及评价指南，组织第三方机构开展电子认证服务机构信用等级评价。

（1）激励。在工业和信息化部网站、"信用中国"网站等公布联合激励的电子认证机构名单，将其纳入工业和信息化部主管的行业信用信息数据库，树立为诚信典型，向社会推介。工业和信息化部认定并公布的严格遵守《电子签名法》等法律法规、遵从认证业务规则、拥有良好的认证服务记录、具有较高的信用评价等级，且在全国信用信息共享平台及国家企业信用信息公示系统无失信记录的电子认证服务机构，可以给予守信联合激励。

（2）惩戒。工业和信息化部认定并公布的存在严重失信行为的电子认证服务机构，未经许可从事电子认证服务的企事业单位或其他组织（以下简称"失信机构"）及其法定代表人、主要负责人和负有直接责任的有关人员（以下简称"失信人员"），为失信联合惩戒的电子认证机构。

"严重失信行为"是指不遵守法律法规、未严格按照认证业务规则操作，并对消费者权益造成严重损害的行为。工业和信息化部依法依规采取的惩戒措施主要如下。

① 责令限期改正或停止失信行为，列为重点监管对象，加强日常监督检查频次，向社会公布检查结果。

② 在工业和信息化部网站公示联合惩戒对象名单及有关信息；对失信机构在一定期限内限制从事电子认证服务，对失信人员在一定期限内实施行业禁入。

③ 在增值电信业务经营许可等行政审批中，对失信机构从严审核。

2）年检

工业和信息化部对电子认证服务机构进行年度检查并公布检查结果。年度检查采取报告审查和现场核查相结合的方式。经工业和信息化部批准，对于守信诚信的电子认证机构，在电子认证服务许可证延续审查中，根据情况对其实施"容缺受理"、缩减审查事项等便利措施；其在年度电子认证服务监督检查中可以免检一次。

3）保持条件

《电子认证服务管理办法》第三十三条规定，取得电子认证服务许可的电子认证服务机构，在电子认证服务许可的有效期内不得降低其设立时所应具备的条件。

电子认证机构取得认证许可，获得工业和信息化部颁发的《电子认证服务许可证》后，应该按照规定的申报条件开展电子认证服务。如果自行降低条件，由工业和信息化部依据职权责令限期改正，处以 3 万元以下的罚款，并将上述情况向社会公告。情节严重者，工业和信息化部将依据法律法规吊销其《电子认证服务许可证》。

4）报送资料

电子认证机构在正常提供电子认证服务过程中，应当向工业和信息化部提供相关资料。发生异常情况和重大事件时，也应当报告工业和信息化部。报送资料的内容和范围主要如下。

（1）业务、财务资料。电子认证服务机构应当如实向工业和信息化部报送认证业务开展情况报告、财务会计报告等有关资料。

（2）统计资料。电子认证服务机构应当按照工业和信息化部信息统计的要求，按时并如实报送认证业务开展情况及有关资料。

（3）异常情况和重大事件资料。电子认证服务机构有下列情况之一的，应当及时向工业和信息化部报告：重大系统、关键设备事故；重大财产损失；重大法律诉讼；关键岗位人员变动。

《电子认证服务管理办法》第三十八条规定，电子认证服务机构向工业和信息化部隐瞒有关情况、提供虚假材料或者拒绝提供反映其活动的真实材料的，由工业和信息化部责令改正，给予警告或者处以 5000 元以上 1 万元以下的罚款。

5）监管形式

工业和信息化部根据监督管理工作的需要，可以委托有关省、自治区和直辖市的信息产业主管部门承担具体的监督管理事项。《电子签名法》第三十一条规定，电子认证服务提供者不遵守认证业务规则、未妥善保存与认证相关的信息，或者有其他违法行为的，由国务院信息产业主管部门责令限期改正；逾期未改正的，吊销电子认证许可证书，其直接负责的主管人员和其他直接责任人员 10 年内不得从事电子认证服务。吊销电子认证许可证书的，应当予以公告并通知工商行政管理部门。

6）公示

对电子认证机构取得、到期更换《电子认证服务许可证》的情况，工业和信息化部都将在其网站公布，同时，其对于吊销《电子认证服务许可证》以及对电子认证机构的处罚，也应当予以公告。

4．电子认证机构的法律责任

1）赔偿责任

电子签名人或者电子签名依赖方因依据电子认证服务提供者提供的电子签名认证服务从事民事活动遭受损失，电子认证服务提供者不能证明自己无过错的，承担赔偿责任。

2）未经许可的责任

未经许可提供电子认证服务的，由国务院信息产业主管部门责令停止违法行为；有违法所得的，没收违法所得；违法所得 30 万元以上的，处违法所得 1 倍以上 3 倍以下的罚款；没有违法所得或者违法所得不足 30 万元的，处 10 万元以上 30 万元以下的罚款。

3）暂停业务未报告的责任

电子认证服务提供者暂停或者终止电子认证服务，未在暂停或者终止服务 60 日前向国务院信息产业主管部门报告的，由国务院信息产业主管部门对其直接负责的主管人员处 1 万元以上 5 万元以下的罚款。

4）未遵守规则和承接工业和信息化部业务的责任

电子认证服务机构未遵守业务规则、未按规定承接工业和信息化部业务的，由工业和信息化部依据职权责令限期改正，并处警告或 1 万元以下的罚款，或者同时处以上两种处罚。

5）降低条件的责任

电子认证服务机构在电子认证服务许可的有效期内降低其设立时所应具备条件的，由工业和信息化部依据职权责令限期改正，并处3万元以下的罚款。

6）认证机构的其他法律责任

未保存与认证相关信息，或者有其他违法行为的，由国务院信息产业主管部门责令限期改正；逾期未改正的，吊销电子认证许可证书，其直接负责的主管人员和其他直接责任人员10年内不得从事电子认证服务。吊销电子认证许可证书的，应当予以公告并通知工商行政管理部门。

5. 电子认证机构的主要义务

根据我国《电子签名法》的有关规定，认证机构的主要义务包括以下几个方面。

1）审查义务

电子认证服务提供者收到电子签名认证证书申请后，应当对申请人的身份进行查验，并对有关材料进行审查。

2）认证内容的义务

电子认证服务提供者应当保证电子签名认证证书内容在有效期内完整、准确，并保证电子签名依赖方能够证实或者了解电子签名认证证书所载内容及其他有关事项。

3）通知义务

电子认证服务提供者拟暂停或者终止电子认证服务的，应当在暂停或者终止服务90日前，就业务承接及其他有关事项通知有关各方。

4）停止服务方面的义务

电子认证服务提供者拟暂停或者终止电子认证服务的，应当在暂停或者终止服务60日前向国务院信息产业主管部门报告，并与其他电子认证服务提供者就业务承接进行协商，做出妥善安排。

电子认证服务提供者未能就业务承接事项与其他电子认证服务提供者达成协议的，应当申请国务院信息产业主管部门安排其他电子认证服务提供者承接其业务。

电子认证服务提供者被依法吊销电子认证许可证书的，其业务承接事项的处理按照国务院信息产业主管部门的规定执行。

5）信息保存和保密义务

电子认证服务提供者应当妥善保存与认证相关的信息，信息保存期限至少为电子签名认证证书失效后5年。另外，认证机构还应负有对客户重要信息的保密义务。

5.2.4 电子认证证书管理的法律法规

1. 电子认证证书概述

1）电子认证证书的定义

认证证书是指认证机构对身份、资格、产品、服务和管理体系等通过认证达到国家法律法规、标准性文件要求时所颁发的证明性文件。《中华人民共和国认证认可条例》第二十三条规定，认证结论为产品、服务、管理体系符合认证要求的，认证机构应当及时向委托人出具认证证书。

电子认证证书（electronic certification certificate），又称为数字证书，是指由经国家有关部门批准的电子认证服务机构，对身份、资格、产品、服务和管理体系等通过认证达到国家法律法规、标准性文件要求时，所颁发的电子认证的证明性文件。

2）电子签名认证证书

《电子签名法》第三十四条第（三）项规定，电子签名认证证书，是指可证实电子签名人与电子签名制作数据有联系的数据电文或者其他电子记录。

2. 电子认证证书的内容

根据我国的情况，《电子签名法》对电子签名认证证书的内容做了规定。第二十一条规定，电子认证服务提供者签发的电子签名认证证书应当准确无误，并应当载明下列内容：第一，电子认证服务提供者名称；第二，证书持有人名称；第三，证书序列号；第四，证书有效期；第五，证书持有人的电子签名验证数据；第六，电子认证服务提供者的电子签名；第七，国务院信息产业主管部门规定的其他内容。

3. 电子认证证书申请接收的法律法规

根据《电子签名法》《电子认证服务管理办法》和原信息产业部电子认证服务管理办公室制定的《电子认证业务规则规范（试行）》，电子认证证书的管理分为申请、审查、发放和接受等环节。

1）电子认证证书的申请

根据《电子认证服务管理办法》第二十二条的规定，电子认证服务机构受理电子签名认证申请后，应当与证书申请人签订合同，明确双方的权利义务。根据《电子认证业务规则规范（试行）》的规定，电子认证证书的申请包括：第一，提交电子认证申请的主体，包括证书申请者、注册机构等；第二，申请人在提交证书申请时所使用的注册过程，以及在此过程中各方的责任。为了接收证书申请，电子认证机构或注册机构可能负有建立注册过程的责任。同样，证书申请者可能负有在其证书申请中提供准确信息的责任。

2）电子认证证书的审查

电子认证证书申请处理，由电子认证机构接收申请，并进行审查核实。例如，为了验证证书申请，电子认证机构或注册机构可能要执行身份标识和鉴别流程，根据这些步骤，电子认证机构或注册机构将可能依照某些准则或者批准或者拒绝该证书申请。最后，要设置电子认证机构或注册机构必须受理并处理证书申请的时间期限。

3）电子认证证书的发放

通过认证机构的审核，符合法律法规、规范性标准的，应当签发电子认证证书。证书签发过程包括：第一，电子认证机构的行为，如电子认证机构验证注册机构签名和确认注册机构的权限并生成证书的过程；第二，电子认证机构签发证书时对订户的通告机制，如电子认证机构用电子邮件将证书发送给订户或注册机构，或者用电子邮件将允许订户到网站下载证书的信息告知用户。

4）电子认证证书的接受

电子认证申请人按照电子认证机构确定的方式、系统和方法，接受电子认证证书。接受证书的行为，包括表示接受的确认步骤、暗示接受的操作、没能成功反对证书或其内容。电子认证机构对证书的发布方式加以确定，例如，电子认证机构可以将证书发布到 X.500

或 LDAP 证书库。电子认证机构在颁发证书时对其他实体进行通告,例如,电子认证机构可能发送证书到注册机构。

4. 电子认证证书使用更新的法律法规

1)密钥对和证书的使用

通过明确密钥对和证书使用相关的责任来确定认证证书的使用。首先,确定与订户使用其私钥和证书相关的订户责任。例如,订户可能被要求只能在恰当的应用范围内使用私钥和证书,这些应用在 CP(证书策略)中设置,并且与有关的证书内容相一致(如密钥用途字段等)。其次,确定与使用订户公钥和证书相关的依赖方责任。例如,依赖方只能在恰当的应用范围内依赖于证书,这些应用在 CP(证书策略)中设置,并且与有关的证书内容相一致(如密钥用途扩展等)。

2)电子认证证书的更新

电子认证证书更新,是指在不改变证书中订户的公钥或其他任何信息的情况下,为订户签发一张新证书的行为,例如,期限已到、需要更新等。

电子认证证书的更新主要涉及的内容如下。

(1)电子认证证书更新的情况,例如,证书已到期,但策略允许继续使用相同的密钥对。

(2)请求电子认证证书更新的实体,例如,订户、注册机构或电子认证服务机构可以自动更新订户证书。

(3)为签发新的电子认证证书,电子认证机构或注册机构处理更新请求,例如,使用令牌、口令,来重新鉴别订户或使用与原始签发证书相同的过程。

(4)颁发新电子认证证书给订户时的通告,例如,在网站上告知或公示。

(5)构成接受更新电子认证证书的行为,是指接受方对新电子认证证书的接受活动。

(6)电子认证机构对更新证书的情况进行发布,告知相关更新电子认证证书者。

(7)电子认证机构在颁发电子认证证书时对其他实体的通告,向社会公众发出。

3)电子认证证书密钥的更新

电子认证证书密钥更新,是指订户或其他参与者生成一对新密钥并申请为新公钥签发一个新电子认证证书的行为。其包括的内容如下。

(1)电子认证证书密钥更新的情形,例如,因私钥泄露而吊销电子认证证书之后,或者电子认证证书到期并且密钥的使用期也到期之后。

(2)可以请求电子认证证书密钥更新的实体,如订户等。

(3)为签发新电子认证证书,电子认证机构或注册机构处理密钥更新请求的过程。

(4)颁发新电子认证证书给订户时的通告。

(5)构成接受密钥更新电子认证证书的行为。

(6)电子认证机构对密钥更新电子认证证书的发布。

(7)电子认证机构在颁发电子认证证书时对其他实体的通告。

4)电子认证证书的变更

电子认证证书变更,是指改变证书中除订户公钥之外的信息而签发新电子认证证书的情形。其包括的内容主要如下。

(1)电子认证证书变更的情形,例如,名称改变等而造成的实体身份改变。

(2) 可以请求电子认证证书变更的实体，如订户或注册机构等。

(3) 为签发新电子认证证书，电子认证机构或注册机构处理电子认证证书变更请求的过程，例如，采用与原始电子认证证书签发相同的过程。

(4) 颁发新电子认证证书给订户时的通告。

(5) 构成接受变更电子认证证书的行为。

(6) 电子认证机构对变更电子认证证书的发布。

(7) 电子认证机构在颁发电子认证证书时对其他实体的通告。

5. 电子认证证书吊销、挂起、撤销的法律法规

1）电子认证证书的吊销

电子认证证书的吊销内容如下。

(1) 可以请求吊销电子认证证书的实体，例如，对最终用户电子认证证书而言，可能是订户、注册机构或电子认证机构。

(2) 电子认证证书吊销请求的流程，例如，由注册机构签署的消息、由订户签署的消息或由注册机构电话通知。

(3) 订户可用的宽限期，订户必须在此时间内提出吊销请求。

(4) 电子认证机构必须处理吊销请求的时间。

(5) 为检查其所依赖电子认证证书的状态，依赖方可以或必须使用的检查机制。

(6) 如果使用 CRL（证书吊销列表），其发布频率是多少。

(7) 如果使用 CRL，产生 CRL 并将其发布到证书库的最大延迟是多少（也就是在生成 CRL 之后，在将其发布到电子认证证书库中所用的处理和通信相关最长延迟）。

(8) 在线电子认证证书状态查询的可用性，例如 OCSP（在线证书状态协议）和状态查询的 Web 网站。

(9) 依赖方执行在线吊销状态查询的要求。

(10) 吊销信息的其他可用发布形式。

2）电子认证证书的挂起

电子认证证书的挂起主要内容如下。

(1) 电子认证证书的挂起的情形，如私钥损害等。

(2) 可以请求电子认证证书挂起的实体，例如，对于最终用户证书而言，订户、订户的上级或者注册机构。

(3) 请求电子认证证书挂起的过程，例如，由订户或注册机构签署的消息，或由注册机构电话请求。

(4) 电子认证证书挂起的最长时间。

3）电子认证证书的查询服务和停止

电子认证证书在使用时，其状态可查询，并且操作方便。

当电子认证证书停止使用时，说明订户停止使用电子认证服务。

4）电子签名认证证书的撤销

《电子认证服务管理办法》第二十九条规定，有下列情况之一的，电子认证服务机构可以撤销其签发的电子签名认证证书。

(1) 证书持有人申请撤销证书。

（2）证书持有人提供的信息不真实。
（3）证书持有人没有履行双方合同规定的义务。
（4）证书的安全性不能得到保证。
（5）法律、行政法规规定的其他情况。

《电子认证服务管理办法》第三十条规定，有下列情况之一的，电子认证服务机构应当对申请人提供的证明身份的有关材料进行查验，并对有关材料进行审查。
（1）申请人申请电子签名认证证书。
（2）证书持有人申请更新证书。
（3）证书持有人申请撤销证书。

《电子认证服务管理办法》第三十一条规定，电子认证服务机构更新或者撤销电子签名认证证书时，应当予以公告。

拓展实训

【实训目标】

通过实训使学生初步了解电子签名与认证法律法规，包括我国《电子签名法》的立法概述、电子签名的概念、电子签名具备的条件、电子签名的法律法规、电子认证的概念与作用、电子认证的类别、电子认证机构管理的法律法规以及电子认证证书管理的法律法规。

【实训内容】

了解并掌握电子签名法律法规和电子认证法律法规。

【实训步骤】

（1）以 2~3 人为单位组成一个团队，设负责人一名，负责整个团队的分工协作。
（2）团队成员通过分工协作，多渠道搜集相关资料。
（3）团队成员对搜集的材料进行整理，总结并分析电子签名具备的条件、电子签名的法律法规、电子认证机构管理的法律法规以及电子认证证书管理的法律法规。
（4）各团队将总结制作成表格，派出一人作为代表上台演讲，阐述自己团队的成果。
（5）教师对各团队的成果进行总结评价，指出不足与改进措施。

【实训要求】

（1）考虑到课堂时间有限，实训可采取"课外+课内"的方式进行，即团队组成、分工、讨论和方案形成在课外完成，成果展示安排在课内。
（2）每个团队方案展示时间为 10 分钟左右，教师和学生提问时间为 5 分钟左右。

复习思考题

1. 电子签名的概念是什么？
2. 电子签名具备的条件有哪些？
3. 电子认证的概念是什么？
4. 电子认证的类别标准有哪些？
5. 电子认证证书的内容是什么？

第 6 章

电子商务中的知识产权法律法规

知识目标

- ☑ 了解电子商务知识产权的相关知识，包括知识产权的相关定义、知识产权的类别和知识产权的特征；
- ☑ 掌握网络著作权的法律法规，包括网络著作权的概念、网络著作权的内容以及网络著作权的法律法规；
- ☑ 掌握域名知识产权的法律法规，包括域名知识产权的概念、域名权人的权利与义务、域名注册服务机构的法律法规、域名注册与注销的法律法规、因域名引起的不正当竞争以及域名纠纷的法律法规；
- ☑ 掌握电子商务中其他的法律法规，如计算机软件著作权的法律法规、注册商标专用权的法律法规。

思维导图

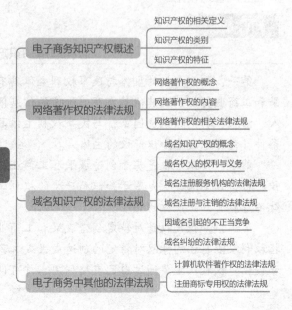

> **引导案例**
>
> **济南知识产权保护中心为电商应诉提供支持,打赢知识产权案**
>
> 2021年12月,雷先生接到法院起诉状,某专利权人以他在网上销售侵犯其专利产品为由进行起诉。突然成为被告,让缺乏法律知识、没有应诉经验的雷先生焦急万分。
>
> 于是,他找到济南中心寻求帮助,济南中心迅速反应,安排专门工作人员与其对接,全面细致了解涉诉案件详情,先后两次组织工作人员对案件进行研判,指导雷先生积极应诉,就如何准备组织证据材料、撰写答辩书等提供帮助。2022年1月,雷先生收到法院判决,对其证据予以采纳,不承担赔偿责任,其正当权益得到较好的维护,诉讼成本大大降低,雷先生对济南中心热心的服务态度表示感谢,对济南中心专业的服务能力表示认可。
>
> 资料来源:济南知识产权保护中心为电商应诉提供支持,打赢知识产权案[EB/OL].(2022-02-19). https://baijiahao.baidu.com/s?id=1725156039769432203&wfr=spider&for=pc.

6.1 电子商务知识产权概述

6.1.1 知识产权的相关定义

1. 知识产权的定义

知识产权(intellectual property),又称为知识所有权、智慧所有权、智力成果权等,是指权利人对其智力劳动所创作的成果享有的财产权利。该词最早于17世纪中叶由法国学者卡普佐夫提出,后为比利时著名法学家皮卡第所发展,皮卡第将其定义为"一切来自知识活动的权利"。直到1967年《建立世界知识产权组织公约》签订以后,该词才逐渐为国际社会所普遍使用。

> **知识链接**
>
> **怎样理解知识产权的概念**
>
> 第一,知识产权的主体与民事权利主体具有同一性。知识产权是民事主体基于创造成果和工商业标记以及其他具有商业价值的信息依法享有的权利,这里的民事主体包括自然人、法人、其他组织及国家,与民事权利主体具有同一性,凡是民事权利主体,具备法定条件,都可以成为知识产权的主体。
>
> 第二,知识产权是基于创造成果和工商业标记而产生的权利。权利不能没有客体,知识产权,顾名思义,是基于知识而产生的权利。没有作为权利客体的创造和工商业标记,就不可能有知识产权的存在。
>
> 第三,知识产权是对特定创造成果和工商业标记直接支配的权利。所谓直接支配,是指权利人依自己的意思对特定的创造成果或工商业标记进行利用获取收益,不受他人干涉和侵犯。权利人主要通过自己直接利用、许可使用、转让或者质押担保等几种方式,对特

定的创造成果或者工商业标记行使权利，获取收益。

第四，知识产权具有排斥他人干涉的垄断性的效力。知识产权既然是对特定创造成果和工商业标记直接支配的权利，当然拥有排斥他人干涉其行使权利的效力，否则无法实现直接支配。也即知识产权是绝对权，权利人之外的任何人非依法律规定，不得干涉权利人行使其权利。知识产权还具有垄断性，是法律赋予的合法的垄断，他人非经权利人许可或法律另有规定，不得行使知识产权人的权利，亦即知识产权权利人对自己的权利客体具有独占实施权。

2. 电子商务知识产权的定义

电子商务知识产权又称为网络知识产权，是指电子商务活动中涉及的著作权和工业产权。为保护网络知识产权，2009年12月30日，中国互联网协会网络版权工作委员会在北京正式成立。

> **思政小课堂：**
> 通过对电子商务中知识产权相关知识的学习，使学生在电子商务的相关学习中了解知识产权的重要性，让学生树立正确的职业伦理观。

6.1.2 知识产权的类别

《保护工业产权巴黎公约》（1883年）关于"工业产权"规定如下：工业产权保护的对象有专利、实用新型、工业品外观设计、商标、服务标志、厂商名称、产地标志、原产地名称以及制止不正当竞争的权利。

《建立世界知识产权组织公约》（1967年）规定，知识产权包括以下几类：文学、艺术和科学著作或作品，表演艺术家的演出、唱片或录音片或广播，人类经过努力在各个领域的发明，科学发现，工业品外观设计，商标、服务标志和商号名称及标识，以及所有其他在工业、科学、文学或艺术领域中的智力活动产生的产权。

根据上述规定，知识产权主要分为两大类：一类是以保护人在文化、产业各方面的智力创作活动为内容的；另一类是以保护产业活动中的各项专有权利为内容的。所以，一般把知识产权分为著作权与工业产权两大类。著作权分为著作人身权与著作财产权；工业产权分为商标权、专利权等。

1. 著作权

著作权又称为版权，是指自然人、法人或者其他组织对文学、艺术和科学作品依法享有的财产权利和精神权利的总称。著作权分为著作人身权与著作财产权。

著作人身权，是指作者对其作品所享有的各种与人身相联系或者密不可分而又无直接财产内容的权利，是作者通过创作表现个人风格的作品，依法享有获得名誉、声望和维护作品完整性的权利。该权利为作者终身享有，不可转让、剥夺和限制。

著作财产权，是指作者对其作品的自行使用和被他人使用，享有的以物质利益为内容的权利，包括复制权、发行权、出租权、展览权、表演权、放映权、广播权、信息网络传播权、摄制权、改编权、翻译权、汇编权、追续权以及应由著作权人享有的其他权利。综上所述，著作权包括但不限于以下权利。

（1）发表权，即决定作品是否公之于众的权利。

（2）署名权，即表明作者身份，在作品上署名的权利。

（3）修改权，即修改或者授权他人修改作品的权利。

（4）保护作品完整权，即保护作品不受歪曲、篡改的权利。

（5）复制权，即以印刷、复印、拓印、录音、录像、翻录、翻拍等方式将作品制作一份或者多份的权利。

（6）发行权，即以出售或者赠与方式向公众提供作品的原件或者复制件的权利。

（7）出租权，即有偿许可他人临时使用视听作品、计算机软件的原件或者复制件的权利，计算机软件不是出租的主要标的除外。

（8）摄制权，即以摄制视听作品的方法将作品固定在载体上的权利。

（9）信息网络传播权，即以有线或者无线方式向公众提供，使公众可以在其选定的时间和地点获得作品的权利。

著作权人享有的其他权利：我国著作权采取自动取得的政策，自作品创作完成时自动产生，无须履行任何审批或登记手续。

在中国境内，凡是中国公民、法人或非法人单位的作品，不论是否发表都享有著作权；外国人的作品首先在中国境内发表的，依法享有著作权；在中国境外发表的，根据其所属国家与中国签订的协议或者共同参加的国际条约，享有著作权。

2. 工业产权

工业产权，是指人们依法对应用于商品生产和流通中的创造发明和显著标记等智力成果，在一定地区和期限内享有的专有权。按照《保护工业产权巴黎公约》的规定，工业产权包括发明、实用新型、外观设计、商标、服务标记、厂商名称、货源标记、原产地名称以及制止不正当竞争的权利。在我国，工业产权主要是指商标权和专利权。

1）商标权

商标权是商标专用权的简称，是指商标主管机关依法授予商标所有人对其注册商标受国家法律保护的专有权。商标注册人拥有依法支配其注册商标并禁止他人侵害的权利，包括商标注册人对其注册商标的排他使用权、收益权、处分权、续展权和禁止他人侵害的权利。商标是用以区别商品和服务不同来源的商业性标志，由文字、图形、字母、数字、三维标志、颜色组合、声音或上述要素的组合构成。

商标权的获得必须履行商标注册程序，实行申请在先原则。根据《中华人民共和国商标法》的规定，商标权的有效期为10年，自核准注册之日起计算，期满前6个月内申请续展；商标权还是一种无形资产，具有经济价值，可以进行转让。

2）专利权

专利权，简称"专利"，是指对一项发明创造向国家专利局提出专利申请，经依法审查合格后，向专利申请人授予的在规定时间内对该项发明创造享有的专有权。它主要分为发明专利、实用新型专利和外观设计专利。

发明专利是对产品、方法或其改进所提出的新技术方案而享有的专有权利。授予发明专利权一般有三个条件：新颖性、创造性、实用性。

实用新型专利通常是指对产品的形状、构造或者其结合所提出的适于实用的新的技术方案。实用新型的创造性要求不太高，而实用性较强，实用价值大。

外观设计专利是指对产品的形状、图案或者结合以及色彩与形状、图案的结合所做出的富有美感并适于工业应用的新设计。

根据《中华人民共和国专利法》第十一条第二款的规定：外观设计专利权被授予后，任何单位或者个人未经专利权人许可，都不得实施其专利，即不得为生产经营目的制造、许诺销售、销售、进口其外观设计专利产品。

6.1.3 知识产权的特征

知识产权的特征，指的是知识产权本身所具有的区别于其他民事权利的本质特点。对于知识产权的特征，跟它的概念一样，学术界意见并不一致，本书仅介绍大体上取得一致的知识产权的几个特征。

1．客体的非物质性

知识产权的客体与有体物财产权的客体有很大区别，它不是物理上的物，而是知识，知识是以信息形式存在的，呈现出无体性、非物质性。它不占据实体空间，不能通过有形的方式直接占有或控制。它可以在空间上无限地再现和复制，可以和其附着的载体分离，可以同时附着在不同的载体上，从而被多个主体同时占有和利用。与有体物财产权的客体相比较，有体物的财产权客体与载体通常相统一，不能同时被不同的主体占有和利用。正是由于知识产权客体的特殊性，决定了知识产权与有体物财产权的诸多不同，决定了知识产权的实现和保护方式截然不同于物权、债权等其他民事财产权。

2．专有性

知识产权的专有性，也称为独占性或垄断性。任何权利本身都是专有的、独占的，这里所说的专有性或者独占性，实质上是对知识产权客体支配的专有或者独占，也即知识产权实质是对其客体支配的专有权。

具体来说，知识产权的专有性表现在两个方面：一是知识产权客体的支配为权利人所独占并受法律保护，非经法律特别规定或者权利人同意，任何人不得使用权利人的创造成果或工商业标识，这是由知识产权的私权性质所决定的；二是对同一项知识产品，不允许有两个或两个以上的同一属性的知识产权并存。

在这里需要注意的是，知识产权的专有性与所有权的专有性的区别有以下两个方面。

（1）所有权的专有性是绝对的，没有时间和地域的限制，无须他人的协助，不许他人的干涉。知识产权的专有性是相对的，要受到一定的限制，如合理使用、法定许可等，并且一般只在一定的空间和时间内发生效力。

（2）专有则必是排他的。所有权的排他性表现为排除他人对所有物进行的非法侵占、妨害或者毁损，而知识产权的排他性则表现为排斥他人对知识产权客体的非法支配，也即知识产权并不排斥他人对其客体的占有，仅排斥对客体的非法支配。

3．地域性

知识产权的地域性是指知识产权在空间上的效力受到地域的限制，按照一国法律获得承认和保护的知识产权，其效力只限于本国境内。除签定国际公约或双边互惠协定，知识产权没有域外效力。如果要在其他国家获得法律保护，必须按照该国法律规定在该国取得登记、注册或审查批准。

各国都有自己独立的法律体系，法律规定各不相同，互有差异。应该说凡是权利都有地域性，并非知识产权所独有。例如对物的所有权，由于传统等多种因素影响，各国法律规定可能有所差异，但是一般而言，只要不违反法律的强制性规定和公序良俗，各国之间对物的所有权都是相互承认的，而不需要履行额外的法律程序，其地域性并不十分显著。

知识产权则不然，地域性在知识产权领域表现得尤为明显。在一国就某特定的知识产品享有的知识产权，并不必然能得到他国的承认。虽然知识产权领域国际趋同化日趋明显，但是到目前为止，还没有两个国家互相承认对方授予的知识产权的先例。知识产品要想跨越国境获得保护，仍然需要按照他国的法律规定进行登记、注册或审查批准，才能得到法律保护。从这个意义上说，地域性仍不失为知识产权的一个重要特性。

4．时间性

知识产权的客体是知识，知识是人类共同创造的财富，当代社会各种知识成果的产生既有个人努力，又是建立在前人成果的基础上，因此知识产品具有私有产品和公共产品的双重属性。作为私有产品，必须保证私人收益，而作为公共产品，必须让社会公众普遍受益，使知识信息最终成为共享资源。

由于知识以信息的形式存在，具有非物质性，其一旦产生，不会随着对知识的使用而发生损耗，故具有非损耗性；除非发生极特殊的情况，一般不会消灭，故具有永存性。

正是由于知识兼具私有产品与公共产品的双重属性，同时具有非损耗性、永存性，各国为了平衡知识产权人和社会公共利益，都不约而同规定各类知识产权长短不等的有效期限，而不是无限期地予以保护。有效期届满，权利即告终止，特定知识进入公有领域，任何人都可以自由使用而不涉及侵权。

我国法律规定，一般公民著作财产权的有效期是作者终生加去世之后50年，专利权的有效期是10年，商标权的有效期是10年，商标权期满可以续展。

时间性只针对知识产权中的财产权而言，对人身权的保护没有时间限制。

5．权利创设的法定性

知识产权是法定权利，必须经依法创设，非依法律规定，不得自由创设其种类和内容。首先，知识产权的种类由法律直接规定，个人不能创设法律没有规定的知识产权类型。例如，对于医疗方法，目前世界上除美国等少数国家对其予以专利保护外，绝大多数国家对医疗方法不授予专利。在不保护医疗方法专利的国家，即便有创新的医疗方法，也不能获得专利授权。

其次，知识产权的内容由法律直接规定，法律没有规定的内容，不予保护。例如，我国著作权法中规定了作者享有对其作品的机械表演权，但是对邻接权人却没有赋予其对自己表演的机械表演权，邻接权人就不能行使对自己作品的机械表演权。

知识产权的创设采用法定主义，其原因在于知识产权是对知识产品的支配权，其权利种类和内容的创设不仅关系个体利益，而且直接关系公共利益。国家创设知识产权的根本目的在于激励创新、促进经济发展，而不同国家经济技术发展程度存在差异，知识产权保护水平必然要有所区别，知识产权的种类和内容必须法定才能符合本国实际，并随着本国经济技术发展水平的变化予以调整。

6.2 网络著作权的法律法规

6.2.1 网络著作权的概念

1. 著作权的概念

著作权也称为版权,是法律赋予文学、艺术和科学作品的作者对其创作的作品享有的专有权利。根据 2020 年 11 月 11 日《中华人民共和国著作权法》第三次修订,第十条规定,著作权包括人身权和财产权。

其中发表权、署名权、修改权、保护作品完整权为人身权;复制权、发行权、广播权、信息网络传播权等第(五)项至第(十七)项权利为财产权。《中华人民共和国著作权法》规定著作权人可以许可他人行使本法规定的财产权,并依照约定或者本法有关规定获得报酬。著作权人可以全部或者部分转让财产权,并依照约定或者本法有关规定获得报酬。

在著作权人享有的财产权中,信息网络传播权具体是指以有线或者无线方式向公众提供作品,使公众可以在其个人选定的时间和地点获得作品的权利。该权利的实现方式是对著作权法保护的作品进行数字化,以互联网络为载体,为公众提供信息服务。公众通过自愿选择的渠道,有偿或者无偿获取个人所需的信息资源。

知识链接

《中华人民共和国著作权法》

《中华人民共和国著作权法》于 1990 年 9 月 7 日第七届全国人民代表大会常务委员会第十五次会议通过,根据 2001 年 10 月 27 日第九届全国人民代表大会常务委员会第二十四次会议《关于修改〈中华人民共和国著作权法〉的决定》第一次修正,根据 2010 年 2 月 26 日第十一届全国人民代表大会常务委员会第十三次会议《关于修改〈中华人民共和国著作权法〉的决定》第二次修正,根据 2020 年 11 月 11 日第十三届全国人民代表大会常务委员会第二十三次会议《关于修改〈中华人民共和国著作权法〉的决定》第三次修正。

2. 网络著作权

网络著作权并非《中华人民共和国著作权法》法定的著作权人享有的专有权利,不是知识产权中的法定概念。20 世纪 90 年代以来,由于国际互联网技术的发展,信息的传播技术得到快速发展,著作权的保护范围和内容也不断扩大和深化。传统的著作权人希望将其对传统作品的权利自然延伸到网络上,网络上的既得利益者则希望网络上的权益能得到传统著作权的扩大保护。各种作品在网络传播的过程中也随之出现大量著作权的纠纷,由此产生了网络著作权的概念。本节内容中将网络著作权定义为:法律赋予著作权人享有对作品的专有权利在互联网络中的延伸。

网络著作权所保护的对象是网络环境中的作品。《中华人民共和国著作权法》第三条对作品的创作形式以及领域做出了规定。《中华人民共和国著作权法》第三次修订,第三条规定,本法所称的作品,是指文学、艺术和科学领域内具有独创性并能以一定形式表现的智力成果，包括：① 文字作品；② 口述作品；③ 音乐、戏剧、曲艺、舞蹈、杂技艺术作品；④ 美术、建筑作品；⑤ 摄影作品；⑥ 视听作品；⑦ 工程设计图、产品设计图、地图、示意图等图形作品和模型作品；⑧ 计算机软件；⑨ 符合作品特征的其他智力成果。

另外，根据 2006 年 11 月 20 日《最高人民法院关于审理涉及计算机网络著作权纠纷案件适用法律若干问题的解释》第二次修正，第二条规定："受著作权法保护的作品，包括著作权法第三条规定的各类作品的数字化形式。在网络环境下无法归于著作权法第三条列举的作品范围，但在文学、艺术和科学领域内具有独创性并能以某种有形形式复制的其他智力创作成果，人民法院应当予以保护。"尽管该司法解释因 2013 年 1 月 1 日起施行的《最高人民法院关于审理侵害信息网络传播权民事纠纷案件适用法律若干问题的规定》而同时废止，但在此之前该司法解释亦强调计算机网络著作权所保护的作品应该具备"独创性"与"可复制性"的实质要件。

虽然《中华人民共和国著作权法》及其相关条例无法对于作品的范围列举穷尽，但具备"独创性"与"可复制性"的各类成果均属于著作权法律制度保护的对象。网络作品一般以数字化形式存在于各种存储设备中，以互联网络为载体进行广泛而快速的传播。它与传统作品在存在形式和载体等方面有所不同，但在作品实质性要件方面仍然具备"独创性"和"可复制性"的特点。因此，网络作品或者数字化作品受著作权法律制度的保护。

6.2.2 网络著作权的内容

微课：网络著作权的内容

1. 著作权的专有权利的内容

《中华人民共和国著作权法》第十条规定了著作权的专有权利的内容，包括相关的人身权和财产权十七项。著作权包括下列人身权和财产权。

（1）发表权，即决定作品是否公之于众的权利。

（2）署名权，即表明作者身份，在作品上署名的权利。

（3）修改权，即修改或者授权他人修改作品的权利。

（4）保护作品完整权，即保护作品不受歪曲、篡改的权利。

（5）复制权，即以印刷、复印、拓印、录音、录像、翻录、翻拍等方式将作品制作一份或者多份的权利。

（6）发行权，即以出售或者赠与方式向公众提供作品的原件或者复制件的权利。

（7）出租权，即有偿许可他人临时使用视听作品、计算机软件的原件或者复制件的权利，计算机软件不是出租的主要标的除外。

（8）展览权，即公开陈列美术作品、摄影作品的原件或者复制件的权利。

（9）表演权，即公开表演作品，以及用各种手段公开播送作品的表演的权利。

（10）放映权，即通过放映机、幻灯机等技术设备公开再现美术、摄影、视听作品等的权利。

（11）广播权，即以有线或者无线方式公开传播或者转播作品，以及通过扩音器或者其他传送符号、声音、图像的类似工具向公众传播广播的作品的权利，但不包括本款第十二项规定的权利。

（12）信息网络传播权，即以有线或者无线方式向公众提供，使公众可以在其选定的时间和地点获得作品的权利。

（13）摄制权，即以摄制视听作品的方法将作品固定在载体上的权利。

（14）改编权，即改编作品，创作出具有独创性的新作品的权利。

（15）翻译权，即将作品从一种语言文字转换成另一种语言文字的权利。

（16）汇编权，即将作品或者作品的片段通过选择或者编排，汇集成新作品的权利。

（17）应当由著作权人享有的其他权利。

2. 信息网络传播权的侵权形式分类

信息网络传播权侵权是指网络服务提供者、网络用户在未经权利人授权许可的情况下，通过信息网络将权利人的作品进行传播，从而损害权利人利益的行为。一些网络服务商通过各种电子设备为终端相互连接形成的信息网络，上传享有信息传播权的作品、表演、录音录像制品。通过上传到网络服务器、设置共享文件或者利用文件分享软件等方式，将作品、表演、录音录像制品置于信息网络中，公众能够在个人选定的时间和地点以下载、浏览或者其他方式获得他们所需的各种资源，这其中包含大量未经权利人授权的著作权作品。

1）直接侵权

从兼顾网络服务者、权利人和社会公众三方利益的角度，许多国家提出了一套解决侵犯信息网络传播权案件纠纷的直接侵权及间接侵权的理论。直接侵权是指未经版权人许可，也缺乏"合理使用"或"法定许可"等抗辩理由，而实施受版权人专有权利控制的行为。

"合理使用"是著作权限制方法中的一种常用的方式，是指著作权人以外的人，为法定的目的或需要，采取合理方式，依法使用有著作权的作品而不须经作者或其他著作权人的同意，且不支付报酬的一种合法行为。2013年1月30日《信息网络传播权保护条例》修订，第六条对合理使用适用情形有所规定。例如，为报道时事新闻，或者为学校课堂教学，或者为科学研究，适当使用了已经发表的作品，可以不经著作权人许可，不向其支付报酬。

知识链接

《信息网络传播权保护条例》

《信息网络传播权保护条例》于2006年5月18日以中华人民共和国国务院令第468号公布，根据2013年1月30日中华人民共和国国务院令第634号《国务院关于修改〈信息网络传播权保护条例〉的决定》修订。该条例共27条，自2013年3月1日起施行。

该条例比较明确地规定了使用者可以在什么样的条件下无偿使用版权、版权人发现被侵权后应该采取什么行动维护自身利益等。

"法定许可"是指在法定条件下，使用人在不侵害作者合法权益的前提下使用有著作权的作品，只向作者或者其他著作权人支付规定的报酬，指出作品名称、出处和作者的姓名，而无须征得作者同意或许可，且不构成侵权的一种法律制度。《信息网络传播权保护条例》第八条规定，为通过信息网络实施九年制义务教育或者国家教育规划，可以不经著作权人许可，使用其已经发表作品的片段或者短小的文字作品、音乐作品或者单幅的美术作品、摄影作品制作课件，由制作课件或者依法取得课件的远程教育机构通过信息网络向注册学生提供，但应当向著作权人支付报酬。

除以上两项抗辩事由外，任何组织或者个人将他人的作品、表演、录音录像制品通过信息网络向公众提供，应当取得权利人许可，并支付报酬。对于未经权利人授权许可直接通过信息网络传播权利人作品的行为，将构成直接侵权。权利人的信息网络传播权依法受到保护。根据《信息网络传播权保护条例》第十八条的规定，直接侵权包括但不限于以下情形。

（1）通过信息网络擅自向公众提供他人的作品、表演、录音录像制品的。

（2）故意避开或者破坏技术措施的。

（3）故意删除或者改变通过信息网络向公众提供的作品、表演、录音录像制品的权利管理电子信息，或者通过信息网络向公众提供明知或者应知未经权利人许可而被删除或者改变权利管理电子信息的作品、表演、录音录像制品。

（4）为扶助贫困通过信息网络向农村地区提供作品、表演、录音录像制品超过规定范围，或者未按照公告的标准支付报酬，或者在权利人不同意提供其作品、表演、录音录像制品后未立即删除的。

（5）通过信息网络提供他人的作品、表演、录音录像制品，未指明作品、表演、录音录像制品的名称或者作者、表演者、录音录像制作者的姓名（名称），或者未支付报酬，或者未依照本条例规定采取技术措施防止服务对象以外的其他人获得他人的作品、表演、录音录像制品，或者未防止服务对象的复制行为对权利人利益造成实质性损害的。

2）间接侵权

间接侵权是指行为人并未直接实施受专有权利控制的行为，但其行为与他人的直接侵权行为之间存在特定关系，一些国家的版权法或司法判例中也将这类行为规定为侵权行为。在我国司法实践中，以是否直接提供权利人的作品为标准，把网络服务提供者区分为内容提供者和网络中介服务提供者。在信息网络传播权侵权案件中，中介服务提供者一般承担间接侵权责任，但并不表示以网络服务提供者的分类作为划分信息网络传播权侵权形式的标准。"网络服务提供者"作为一个法律概念，法律并未对其做出明确的解释，只是作为侵犯网络著作权的主要主体予以重点提及。法学界还未对这一概念取得统一认识。如果网络中介服务提供者和网络内容提供者之间存在分工合作、利益分配等关系，则可能同网络内容提供者构成共同直接侵权。

间接侵权是指行为人虽然未直接实施侵犯权利人专有权利的行为，但其行为同直接侵权之间存在某种联系，法律出于对公共政策等多方面的考虑，将其认定为侵权行为。

网络服务提供者无正当理由拒绝提供或者拖延提供涉嫌侵权的服务对象的姓名（名称）、联系方式、网络地址等资料的情形，故意制造、进口或者向他人提供主要用于避开、破坏技术措施的装置或者部件，或者故意为他人避开或者破坏技术措施提供技术服务的情形，也属于帮助侵权。

认定间接侵权在主观方面应根据侵权者的过错，即网络服务提供者明知或应知网络用户侵害他人的信息网络传播权，才能确定其是否承担教唆、帮助侵权责任。

3. 信息网络传播权的司法保护

目前，网络上著作权受到侵犯的现象不断增多，著作权人、传播者和社会公众三方的利益冲突日益尖锐。《中华人民共和国著作权法》第一次明确了信息网络传播权的概念，其第十条第一款、第三十八条第一款、第四十二条对信息网络传播权做了规定。《信息网络传播权保护条例》第七条中规定了图书馆、档案馆、美术馆等可以不经著作权人许可使用信息网络向本馆馆舍内服务对象提供本馆收藏的合法出版的数字作品,但对作品却做出了限制,仅限于那些濒临损毁、无法保存而且在市场上难以购买的作品。虽然现行《中华人民共和国著作权法》《信息网络传播权保护条例》等法律法规对于信息网络传播权的保护有所规定,但在互联网环境下如何对作品进行合理使用,怎样细化对信息网络传播权的保护,还存在许多法律空白。结合审理侵害信息网络传播权民事纠纷案件的现状来看,依法保护信息网络传播权仍然存在许多的困难。

《信息网络传播权保护条例》第二十二条、第二十三条引入了"避风港"原则。在"避风港"原则的庇护下,网络服务提供者只要收到侵权的"通知"后及时履行"删除"义务,则可免责。一般著作权利人认为网络服务所涉及的作品、表演、录音录像制品,侵犯自己的信息网络传播权或者自己的权利管理电子信息被删除、改变了的,可以向该网络服务提供者提交书面通知,要求网络服务提供者删除该作品、表演、录音录像制品,或者断开与该作品、表演、录音录像制品的链接。这时提供信息存储空间的网络服务提供者,根据本条例规定删除权利人认为侵权的作品、表演、录音录像制品,或者提供搜索、链接服务的网络服务提供者,断开与侵权的作品、表演、录音录像制品的链接,网络服务提供者不承担赔偿责任。但是,明知或者应知所链接的作品、表演、录音录像制品侵权的,应当承担共同侵权责任。

《信息网络传播权保护条例》第十八条、第十九条对侵权责任进行了明确划分。《信息网络传播权保护条例》第十八条明确指出的侵权行为有:① 通过信息网络擅自向公众提供他人的作品、表演、录音录像制品的;② 故意避开或者破坏技术措施的;③ 故意删除或者改变通过信息网络向公众提供的作品、表演、录音录像制品的权利管理电子信息,或者通过信息网络向公众提供明知或者应知未经权利人许可而被删除或者改变权利管理电子信息的作品、表演、录音录像制品;④ 为扶助贫困通过信息网络向农村地区提供作品、表演、录音录像制品超过规定范围,或者未按照公告的标准支付报酬,或者在权利人不同意提供其作品、表演、录音录像制品后未立即删除的;⑤ 通过信息网络提供他人的作品、表演、录音录像制品,未指明作品、表演、录音录像制品的名称或者作者、表演者、录音录像制作者的姓名(名称),或者未支付报酬,或者未依照本条例规定采取技术措施防止服务对象以外的其他人获得他人的作品、表演、录音录像制品,或者未防止服务对象的复制行为对权利人利益造成实质性损害的。有这些侵权行为之一的,根据情况承担停止侵害、消除影响、赔礼道歉、赔偿损失等民事责任;同时损害公共利益的,可以由著作权行政管理部门责令停止侵权行为,没收违法所得,非法经营额 5 万元以上的,可处非法经营额 1 倍以上 5 倍以下的罚款;没有非法经营额或者非法经营额 5 万元以下的,根据情节轻重,可处 25 万元以下的罚款;情节严重的,著作权行政管理部门可以没收主要用于提供网络服务的计算机等设备;构成犯罪的,依法追究刑事责任。

《信息网络传播权保护条例》第十九条明确指出的侵权行为有:① 故意制造、进口或者向他人提供主要用于避开、破坏技术措施的装置或者部件,或者故意为他人避开或者破坏技术措施提供技术服务的;② 通过信息网络提供他人的作品、表演、录音录像制品,获得经济利益的;③ 为扶助贫困通过信息网络向农村地区提供作品、表演、录音录像制品,未在提供前公告作品、表演、录音录像制品的名称和作者、表演者、录音录像制作者的姓名(名称)以及报酬标准的。有这些侵权行为之一的,由著作权行政管理部门予以警告,没收违法所得，没收主要用于避开、破坏技术措施的装置或者部件；情节严重的，可以没收主要用于提供网络服务的计算机等设备；非法经营额 5 万元以上的，可处非法经营额 1 倍以上 5 倍以下的罚款；没有非法经营额或者非法经营额 5 万元以下的，根据情节轻重，可处 25 万元以下的罚款；构成犯罪的，依法追究刑事责任。

6.2.3 网络著作权的相关法律法规

1. 承担停止侵害、消除影响、赔礼道歉、赔偿损失等民事责任

停止侵害是指侵权人停止著作权的侵权行为；消除影响是指侵权人给著作权人造成社会影响的，应当采取措施消除影响的行动；赔礼道歉是指侵权人采取一定的形式向著作权人赔礼道歉的行动；赔偿损失是指侵权人给著作权人造成损失的，应当给予赔偿的行动。这些都是对侵权人侵犯著作权所采取的较轻的处罚。

《中华人民共和国著作权法》第五十二条规定，有下列侵权行为的，应当根据情况，承担停止侵害、消除影响、赔礼道歉、赔偿损失等民事责任。

（1）未经著作权人许可，发表其作品的。

（2）未经合作作者许可，将与他人合作创作的作品当作自己单独创作的作品发表的。

（3）没有参加创作，为谋取个人名利，在他人作品上署名的。

（4）歪曲、篡改他人作品的。

（5）剽窃他人作品的。

（6）未经著作权人许可，以展览、摄制视听作品的方法使用作品，或者以改编、翻译、注释等方式使用作品的，本法另有规定的除外。

（7）使用他人作品，应当支付报酬而未支付的。

（8）未经视听作品、计算机软件、录音录像制品的著作权人、表演者或者录音录像制作者许可，出租其作品或者录音录像制品的原件或者复制件的，本法另有规定的除外。

（9）未经出版者许可，使用其出版的图书、期刊的版式设计的。

（10）未经表演者许可，从现场直播或者公开传送其现场表演，或者录制其表演的。

（11）其他侵犯著作权以及与著作权有关的权利的行为。

2. 侵犯著作权较严重的处罚

侵犯著作权较严重的，承担停止侵害、消除影响、赔礼道歉、赔偿损失等民事责任。同时损害公共利益的，可以由著作权行政管理部门责令停止侵权行为，没收违法所得，没收、销毁侵权复制品，并可处以罚款。情节严重的，著作权行政管理部门还可以没收主要用于制作侵权复制品的材料、工具、设备等。构成犯罪的，依法追究刑事责任。

《中华人民共和国著作权法》第五十三条规定，有下列侵权行为的，应当根据情况，承担本法第五十二条规定的民事责任；侵权行为同时损害公共利益的，由主管著作权的部门责令停止侵权行为，予以警告，没收违法所得，没收、无害化销毁处理侵权复制品以及主要用于制作侵权复制品的材料、工具、设备等，违法经营额 5 万元以上的，可以并处违法经营额 1 倍以上 5 倍以下的罚款；没有违法经营额、违法经营额难以计算或者不足 5 万元的，可以并处 25 万元以下的罚款；构成犯罪的，依法追究刑事责任。

（1）未经著作权人许可，复制、发行、表演、放映、广播、汇编、通过信息网络向公众传播其作品的,本法另有规定的除外。

(2) 出版他人享有专有出版权的图书的。

(3) 未经表演者许可,复制、发行录有其表演的录音录像制品,或者通过信息网络向公众传播其表演的,本法另有规定的除外。

(4) 未经录音录像制作者许可,复制、发行、通过信息网络向公众传播其制作的录音录像制品的,本法另有规定的除外。

(5) 未经许可,播放、复制或者通过信息网络向公众传播广播、电视的,本法另有规定的除外。

(6) 未经著作权人或者与著作权有关的权利人许可,故意避开或者破坏技术措施的,故意制造、进口或者向他人提供主要用于避开、破坏技术措施的装置或者部件的,或者故意为他人避开或者破坏技术措施提供技术服务的,法律、行政法规另有规定的除外。

(7) 未经著作权人或者与著作权有关的权利人许可,故意删除或者改变作品、版式设计、表演、录音录像制品或者广播、电视上的权利管理信息的,知道或者应当知道作品、版式设计、表演、录音录像制品或者广播、电视上的权利管理信息未经许可被删除或者改变,仍然向公众提供的,法律、行政法规另有规定的除外。

(8) 制作、出售假冒他人署名的作品的。

3. 赔偿损失的额度确定

侵犯著作权或者与著作权有关的权利的,侵权人应当按照权利人的实际损失给予赔偿;实际损失难以计算的,可以按照侵权人的违法所得给予赔偿。赔偿数额还应当包括权利人为制止侵权行为所支付的合理开支。权利人的实际损失或者侵权人的违法所得不能确定的,由人民法院根据侵权行为的情节,判决给予 50 万元以下的赔偿。

4. 保全的法规

著作权人或者与著作权有关的权利人有证据证明他人正在实施或者即将实施侵犯其权利的行为,如不及时制止将会使其合法权益受到难以弥补的损害的,可以在起诉前向人民法院申请采取责令停止有关行为和财产保全的措施。为制止侵权行为,在证据可能灭失或者以后难以取得的情况下,著作权人或者与著作权有关的权利人可以在起诉前向人民法院申请保全证据。申请人在人民法院采取保全措施后 15 日内不起诉的,人民法院应当解除保全措施。

5. 复制品的侵权确认

复制品的出版者、制作者不能证明其出版、制作有合法授权的,复制品的发行者或者电影作品或者以类似摄制电影的方法创作的作品、计算机软件、录音录像制品的复制品的出租者不能证明其发行、出租的复制品有合法来源的,应当承担法律责任。

6. 网络服务提供者的责任确认

网络服务提供者通过网络参与他人侵犯著作权行为,或者通过网络教唆、帮助他人实施侵犯著作权行为的,人民法院应当根据《民法典》追究其与其他行为人或者直接实施侵权行为人的共同侵权责任。网络服务提供者明知专门用于故意避开或者破坏他人著作权技术保护措施的方法、设备或者材料,而上载、传播、提供的,人民法院应当根据当事人的诉讼请求和具体案情，依照著作权法的规定，追究网络服务提供者的民事侵权责任。

7. 提供内容服务的网络服务提供者的责任确认

提供内容服务的网络服务提供者，明知网络用户通过网络实施侵犯他人著作权的行为，或者经著作权人提出确有证据的警告，但仍不采取移除侵权内容等措施以消除侵权后果的，人民法院应当根据《民法典》追究其与该网络用户的共同侵权责任。提供内容服务的网络服务提供者，对著作权人要求其提供侵权行为人在其网络的注册资料以追究行为人的侵权责任，无正当理由拒绝提供的，人民法院应当根据《民法典》的规定，追究其相应的侵权责任。

8. 网络著作权侵权纠纷案件的管辖

网络著作权侵权纠纷案件，一般由侵权行为地或者被告住所地人民法院管辖。侵权行为地包括实施被诉侵权行为的网络服务器、计算机终端等设备所在地。对难以确定侵权行为地和被告住所地的，原告发现侵权内容的计算机终端等设备所在地可以视为侵权行为地。

6.3 域名知识产权的法律法规

6.3.1 域名知识产权的概念

域名（domain name），是在国际互联网上为了区分不同的主机，对每台主机分配的一个专门的"地址"，用于在数据传输时标识计算机的电子方位，又称为 IP 地址。IP 地址是互联网主机的作为路由寻址用的数字型标识，由于人不容易记忆，因而产生了域名这一种字符型标识。关于我国法定域名的定义，工业和信息化部《互联网域名管理办法》第五十五条第一款规定：域名，指互联网上识别和定位计算机的层次结构式的字符标识，与该计算机的 IP 地址相对应。

知识链接

《互联网域名管理办法》

为了规范互联网域名服务，保护用户的合法权益，保障互联网域名系统安全、可靠运行，推动中文域名和国家顶级域名发展和应用，促进中国互联网健康发展，根据《中华人民共和国行政许可法》《国务院对确需保留的行政审批项目设定行政许可的决定》等规定，参照国际上互联网域名管理准则，工业和信息化部制定了《互联网域名管理办法》，于2017年8月24日以工信部令第43号公布，自2017年11月1日起施行，共六章五十八条。主要内容如下：第一章总则；第二章域名管理；第三章域名服务；第四章监督检查；第五章罚则；第六章附则。

6.3.2 域名权人的权利与义务

1. 域名与域名权

域名与域名权之间并非一一对应的关系，拥有域名并不必然享有域名权，只有在域名注册人的域名未侵犯任何其他第三人的权利时,域名拥有者才享有域名权,才可以对抗任何形式的侵权行为,也才能据此寻求司法救济。

对于经营性网络公司或企业而言,域名作为其在网上的身份标识,本身具有稀缺性和商业价值,并因注册登记而取得专有权性质,因此,将其作为一种无形财产权来保护是大势所趋。问题在于这需要世界各国的共同努力,采取较为一致的保护措施和规则,以使域名能够作为一种权利加以保护。

2. 域名权人的权利

域名权人的权利体现在以下几个方面。

(1)专用权。一方面,域名权的权利人对域名享有独占的所有权,有权排斥与域名相同的商标或商号的不同持有人使用,也可以排斥第三人使用;另一方面,域名权的专用权是绝对的,它不需要任何法律"保护",国际互联网本身排斥同一域名以同种表现形式存在,即同一域名在国际互联网上有且只有一种,不论法律主体所从事的业务属何种类,也不管其是否分别处于不同国家,均不能获得相同的域名注册。

(2)许可权。许可权即域名权人根据法律的规定,许可他人使用其域名的权利,这体现了对域名权的充分利用。

(3)转让权。转让权即域名权人根据法律的规定,将其域名转让给他人的权利,这体现了对域名权的处分行为。

3. 域名权人的义务

域名权人的义务主要有以下几个方面。

(1)按期缴纳域名注册费和维持费。

(2)域名权人对自己所享有的域名不得闲置不用、待价而沽。

(3)域名权人必须时刻注意网站的维护与管理,必须保证自己在网站发布的信息的准确性与可靠性;同时也必须确保他人在网站发布的信息不得损害社会公共利益和国家利益,对于他人在网上侵犯公民权利的行为予以适当制止,并且必须配合司法机关调查取证。

(4)域名权人在行使自己的权利时,不得侵犯他人的域名权、商标权、商号权等在先权益。

为了解决域名纠纷,国内外都做出了一些法律规定。1999年8月,通用顶级域名管理机构"互联网名称与地址分配机构"(Internet Corporation for Assigned Names and Numbers,ICANN)通过了《统一域名争议解决办法》(*Uniform Domain-Name Dispute-Resolution Policy*,UDRP)。1999年10月,ICANN批准实施该争议解决办法。

1999年12月,世界知识产权组织公布了《域名争端统一解决办法》。ICANN的《统一域名争议解决办法》与《域名注册协议》《统一域名争议解决办法程序规则》《域名争议解决机构的补充规则》一起构成通用顶级域名的管理体系。美国国会于1999年11月通过的《域名反抢注消费者保护法》(*Anti Cyber Squatting Consumer Protection Act*),从法律上确认了域名保护措施。

我国工业和信息化部颁布的《互联网域名管理办法》从2017年11月1日起施行。内容涉及域名管理、域名服务、监督检查等内容,规范了域名注册、管理、使用的各个环节。

6.3.3 域名注册服务机构的法律法规

域名注册服务机构,是指依法获得许可、受理域名注册申请并完成域名在顶级域名数据库中注册的机构。按照国家有关法律法规、《互联网域名管理办法》的规定,在我国境内从事域名注册服务机构必须具备规定的条件,并申请且经工业和信息化部或者省、自治区、直辖市通信管理局(统称"电信管理机构")的许可。未经许可擅自设立域名注册服务机构的,电信管理机构应根据《中华人民共和国行政许可法》第八十一条规定办理:公民、法人或者其他组织未经行政许可,擅自从事依法应当取得行政许可的活动的,行政机关应当依法采取措施予以制止,并依法给予行政处罚;构成犯罪的,依法追究刑事责任。

知识链接

《互联网域名管理办法》

《互联网域名管理办法》已经 2017 年 8 月 16 日工业和信息化部第 32 次部务会议审议通过并公布。本办法共六章五十八条,自 2017 年 11 月 1 日起施行。2004 年 11 月 5 日公布的《中国互联网络域名管理办法》(原信息产业部令第 30 号)同时废止。本办法施行前公布的有关规定与本办法不一致的,按照本办法执行。

附:《中国互联网络域名管理办法》经 2004 年 9 月 28 日信息产业部第 8 次部务会议审议通过,2004 年 11 月 5 日中华人民共和国信息产业部令第 30 号公布,自 2004 年 12 月 20 日起施行。为促进中国互联网络的健康发展,保障中国互联网络域名系统安全、可靠地运行,规范中国互联网络域名系统管理和域名注册服务,根据国家有关规定,参照国际上互联网络域名管理准则,制定本办法。

知识链接

《中华人民共和国行政许可法》

《中华人民共和国行政许可法》是为了规范行政许可的设定和实施,保护公民、法人和其他组织的合法权益等而制定的。

《中华人民共和国行政许可法》于 2003 年 8 月 27 日第十届全国人民代表大会常务委员会第四次会议通过,2003 年 8 月 27 日中华人民共和国主席令第七号公布,自 2004 年 7 月 1 日起施行。

最新行政许可法全文包括总则、行政许可的设定、行政许可的实施机关、行政许可的实施程序、行政许可的费用、监督检查、法律责任、附则共八章八十三条。

根据 2019 年 4 月 23 日第十三届全国人民代表大会常务委员会第十次会议《关于修改〈中华人民共和国建筑法〉等八部法律的决定》修正。

1. 域名注册的规定

1)一般规定

在注册登记程序上,《互联网域名管理办法》基本上采纳了国际上通行的原则,即域名注册服务遵循"先申请先注册"原则。《互联网域名管理办法》第二十七条规定,为维护国家利益和社会公众利益,域名注册管理机构应当建立域名注册保留制度。《互联网域名管理办法》第三十条规定，域名注册服务机构提供域名注册服务，应当要求域名注册申请者提供域名持有者真实、准确、完整的身份信息等域名注册信息。

国际上还通行"域名由申请人选择和负责原则"，即原则上只要与现有注册域名不一致就可以获得。在这种规则下，eastday 与 eastdays、microsoft 与 microsofts 是不同的，可以同时获得注册登记。如果域名注册者先于权利人将他人享有在先权利（商标权、商号权或其他无形财产权）标识注册，权利人没有提出异议，那么注册者即可以享有该域名。正因为如此，才有将他人已经注册的商标、商号、服务标记注册为域名的事件发生，才有企业注册上百个域名，然后等待在先权利人或感兴趣的人受让取利的现象发生。

2）将域名注册为商标

自建立域名体系以来，许多网络或信息公司以及注册域名的其他企业，纷纷到专利和商标局将域名注册为商标，以使域名纳入现有法律体系中加以保护。为审查域名商标申请，美国专利与商标局修改了《商标审查指南》，增加了对"部分或全部为域名标识"的商标的审查，确立了以下规则。

（1）原则上，只有域名识别部分才可申请注册。当一个商品商标、服务商标、集体商标或证明商标中，全部或部分由域名构成时，域名核心识别部分可申请商标。而无论是统一定位标识的开始部分（如 http://www），还是结尾部分的顶级域名（如.cn），均不具有指示来源的作用，因此不能申请商标。

（2）域名只有起到标识经营者的作用，使潜在购买者感到是在指示商品或服务的经营者的，而不是表明网站地址的，才能成为商品商标或服务商标。

（3）域名申请商标，必须按照尼斯国际商品服务分类表指定受保护的商品、服务。在互联网上宣传自己的商品和服务不是一项经营，域名申请商标的，应与所宣传的商品或服务为一类；如果所从事和宣传的是药品，那么域名应指定相应的商标申请的保护的药品类别。这种域名与商品、服务同类原则，有利于制止经营同类商品、服务的经营者使用竞争对手的域名做自己的商标。

（4）下列域名不得申请为商标：姓氏，因为缺少专有性；描述型申请，即域名直接表示商品的质量、功能、用途或其他特点（这一点与商标要求相同）；通用名称，即对商品或服务的普通称谓。

根据国家工商总局商标局 2006 年 12 月 4 日发出的通知，《商标注册用商品和服务国际分类》（尼斯分类）第九版于 2007 年 1 月 1 日起生效。该分类中的第四十五类（由他人提供的为满足个人需要的私人和社会服务；为保护财产和人身安全的服务；法律服务）增加了一个新的小分类：域名注册[Domain names，450213（法律服务）]。域名注册作为法律服务本身可以作为申请服务商标的指定保护服务类别。

2．具备的条件

《互联网域名管理办法》第十二条规定，申请设立域名注册服务机构的，应当具备以下条件。

（1）在境内设置域名注册服务系统、注册数据库和相应的域名解析系统。

（2）是依法设立的法人，该法人及其主要出资者、主要经营管理人员具有良好的信用记录。

（3）具有与从事域名注册服务相适应的场地、资金和专业人员以及符合电信管理机构要求的信息管理系统。

（4）具有进行真实身份信息核验和用户个人信息保护的能力、提供长期服务的能力及健全的服务退出机制。

（5）具有健全的域名注册服务管理制度和对域名注册代理机构的监督机制。

（6）具有健全的网络与信息安全保障措施，包括管理人员、网络与信息安全管理制度、应急处置预案和相关技术、管理措施等。

拓展阅读：《互联网域名管理办法》全文

（7）法律、行政法规规定的其他条件。

3. 申请许可

1）申请

申请设立域名注册服务机构的，应当向住所地省、自治区、直辖市通信管理局提交申请材料。

申请材料应当包括：第一，申请单位的基本情况及其法定代表人签署的依法诚信经营承诺书；第二，对域名服务实施有效管理的证明材料，包括相关系统及场所、服务能力的证明材料、管理制度、与其他机构签订的协议等；第三，网络与信息安全保障制度及措施；第四，证明申请单位信誉的材料。

2）受理

申请材料齐全、符合法定形式的，电信管理机构应当向申请单位出具受理申请通知书；申请材料不齐全或者不符合法定形式的，电信管理机构应当场或者在 5 个工作日内一次性书面告知申请单位需要补正的全部内容；不予受理的，应当出具不予受理通知书并说明理由。

3）批准许可

电信管理机构应当自受理之日起 20 个工作日内完成审查，做出予以许可或者不予许可的决定。

20 个工作日内不能做出决定的，经电信管理机构负责人批准，可以延长 10 个工作日，并将延长期限的理由告知申请单位。需要组织专家论证的，论证时间不计入审查期限。予以许可的，应当颁发相应的许可文件；不予许可的，应当书面通知申请单位并说明理由。域名注册服务机构的许可有效期为 5 年。

为未经许可的域名注册管理机构提供域名注册服务，或者通过未经许可的域名注册服务机构开展域名注册服务的，以及未按照许可的域名注册服务项目提供服务的，由电信管理机构依据职权责令限期改正，并视情节轻重，处 1 万元以上 3 万元以下罚款，向社会公告。

4）域名注册服务

域名注册服务机构应当向用户提供安全、方便、稳定的服务。在注册服务前，应当根据工业和信息化部《互联网域名管理办法》的规定制定域名注册实施细则并向社会公开。应当按照电信管理机构许可的域名注册服务项目提供服务，不得为未经电信管理机构许可的域名注册管理机构提供域名注册服务。

5）变更和终止服务

域名注册服务机构的名称、住所、法定代表人等信息发生变更的，应当自变更之日起 20 日内向原发证机关办理变更手续。

在许可有效期内，域名注册服务机构拟终止相关服务的，应当提前 30 日书面通知用户，提出可行的善后处理方案,并向原发证机关提交书面申请。原发证机关收到申请后,应当向社会公示3日。公示期结束60日内,原发证机关应当完成审查并做出决定。

6.3.4 域名注册与注销的法律法规

按照国家有关法律法规、工业和信息化部《互联网域名管理办法》的规定,自然人、法人和其他组织申请、注册域名。

1. 原则

域名注册服务原则上实行"先申请先注册",相应域名注册实施细则另有规定的,从其规定。域名注册服务机构不得采用欺诈、胁迫等不正当手段要求他人注册域名。

2. 域名注册时不得包含的内容

《互联网域名管理办法》第二十八条规定,任何组织或者个人注册、使用的域名中,不得含有下列内容。

(1) 反对宪法所确定的基本原则的。
(2) 危害国家安全,泄露国家秘密,颠覆国家政权,破坏国家统一的。
(3) 损害国家荣誉和利益的。
(4) 煽动民族仇恨、民族歧视,破坏民族团结的。
(5) 破坏国家宗教政策,宣扬邪教和封建迷信的。
(6) 散布谣言,扰乱社会秩序,破坏社会稳定的。
(7) 散布淫秽、色情、赌博、暴力、凶杀、恐怖或者教唆犯罪的。
(8) 侮辱或者诽谤他人,侵害他人合法权益的。
(9) 含有法律、行政法规禁止的其他内容的。

域名注册管理机构、域名注册服务机构不得为含有前款所列内容的域名提供服务。

任何组织或者个人违反以上规定注册、使用域名,构成犯罪的,依法追究刑事责任;尚不构成犯罪的,由有关部门依法予以处罚。

3. 提供真实、准确、完整的信息

域名注册服务机构提供域名注册服务,应当要求域名注册申请者提供域名持有者真实、准确、完整的身份信息等域名注册信息。域名注册管理机构和域名注册服务机构应当对域名注册信息的真实性、完整性进行核验。域名注册申请者提供的域名注册信息不准确、不完整的,域名注册服务机构应当要求其予以补正。申请者不补正或者提供不真实的域名注册信息的,域名注册服务机构不得为其提供域名注册服务。

域名注册服务机构未对域名注册信息的真实性、完整性进行核验的,由电信管理机构依据职权责令限期改正,并视情节轻重,处1万元以上3万元以下罚款,向社会公告。

4. 信息公开和保护

域名注册服务机构应当公布域名注册服务的内容、时限、费用,保证服务质量,提供域名注册信息的公共查询服务。域名注册服务机构应当依法存储、保护用户个人信息。未经用户同意不得将用户个人信息提供给他人,但法律、行政法规另有规定的除外。

5. 域名注册变更

域名持有者的联系方式等信息发生变更的,应当在变更后3日内向域名注册服务机构办理域名注册信息变更手续。域名持有者将域名转让给他人的,受让人应当遵守域名注册的相关要求。域名持有者有权选择、变更域名注册服务机构。变更域名注册服务机构的,原域名注册服务机构应当配合域名持有者转移其域名注册相关信息。无正当理由的,域名注册服务机构不得阻止域名持有者变更域名注册服务机构。电信管理机构依法要求停止解析的域名,不得变更域名注册服务机构。

6. 应急处理

域名注册服务机构应当遵守国家相关法律、法规和标准,落实网络与信息安全保障措施,配置必要的网络通信应急设备,建立健全网络与信息安全监测技术手段和应急制度。域名系统出现网络与信息安全事件时,应当在24小时内向电信管理机构报告。因国家安全和处置紧急事件的需要,根域名服务器运行机构、域名注册管理机构和域名注册服务机构应当服从电信管理机构的统一指挥与协调,遵守电信管理机构的管理要求。

7. 域名注销

《互联网域名管理办法》第四十三条规定,已注册的域名有下列情形之一的,域名注册服务机构应当予以注销,并通知域名持有者:第一,域名持有者申请注销域名的;第二,域名持有者提交虚假域名注册信息的;第三,依据人民法院的判决、域名争议解决机构的裁决,应当注销的;第四,法律、行政法规规定予以注销的其他情形。

6.3.5 因域名引起的不正当竞争

1. 域名侵犯他人在先权利

域名侵犯他人在先权利分两种情形:一种侵犯他人在先权利是为了"搭便车"或借他人之名谋取不正当的经营利益,构成一种不正当竞争形态;另一种侵权仅仅是恶意抢注他人在先权利,是恶意占据域名的行为。

将他人的商标或商号注册为域名,容易引起人们的误解,使人们误以为是原商标或商号权人设立的网站或提供的服务。对此可以适用《反不正当竞争法》的规定。域名具有商业价值或商业标识作用,而商标、服务标识和商号最主要的功能也是区分或标识商品生产者或服务提供者,是经营性主体商誉的主要载体,因此,将他人享有在先权利的商标、商号等登记为域名,就容易导致利用他人在现实经济生活中已经积累的商誉实现自己的目的,即构成"搭便车"或寄生性不正当竞争行为。如果是提供同一种性质的网络服务或网上经营活动,那么容易使消费者产生误认或混淆,诱使互联网用户访问域名持有人的网站或者其他联机地址,并从中牟利。

侵犯他人在先权利、引起不正当竞争行为的构成要件可以归结为以下两个方面。

(1)在先权利人享有注册的商标专用权、商号权,而域名持有人对域名不享有正当的权利或合法的利益。

(2)在后注册域名与在先权利人所持有的商标或服务标识相同或具有误导性的相似。

> 知识链接
>
> **《反不正当竞争法》**
>
> 《反不正当竞争法》于1993年9月2日第八届全国人民代表大会常务委员会第三次会议通过，2017年11月4日第十二届全国人民代表大会常务委员会第三十次会议修订。
>
> 根据2019年4月23日第十三届全国人民代表大会常务委员会第十次会议《关于修改〈中华人民共和国建筑法〉等八部法律的决定》修正。

2. 域名占据行为

恶意抢注他人域名是指域名注册人注册域名的目的不是某种经营或服务，而是阻止他人注册或租售域名牟利。由于域名注册机构不进行实质审查，加之域名规范的技术性，一旦自己的商标或商号被他人注册为域名，商标权人就无法使用商标作为域名开展网上经营，其在线下形成的商誉就无法方便地转移到网上。这对于在先权利人来讲是极不公平的。恶意注册和使用域名行为已被《统一域名争议解决办法》所禁止。

在我国的司法实践中，最高人民法院根据《关于审理涉及计算机网络域名民事纠纷案件适用法律若干问题的解释》第五条的规定，认定域名恶意抢注行为。

> 知识链接
>
> **《关于审理涉及计算机网络域名民事纠纷案件适用法律若干问题的解释》**
>
> 《关于审理涉及计算机网络域名民事纠纷案件适用法律若干问题的解释》于2001年6月26日由最高人民法院审判委员会第1182次会议通过，根据2020年12月23日最高人民法院审判委员会第1823次会议通过的《最高人民法院关于修改〈最高人民法院关于审理侵犯专利权纠纷案件应用法律若干问题的解释（二）〉等十八件知识产权类司法解释的决定》修正。

6.3.6 域名纠纷的法律法规

在我国境内发生域名纠纷的解决方法有仲裁和司法两种，即可以向域名争议解决机构申请裁决，也可以依法向人民法院提起诉讼。《互联网域名管理办法》第四十二条规定，任何组织或者个人认为他人注册或者使用的域名侵害其合法权益的，可以向域名争议解决机构申请裁决或者依法向人民法院提起诉讼。

根据最高人民法院《关于审理涉及计算机网络域名民事纠纷案件适用法律若干问题的解释》，关于域名的侵权纠纷案件的司法内容主要如下。

1. 管辖

一般在域名的侵权行为地或者被告住所地的中级人民法院管辖。涉及域名的侵权纠纷案件，由侵权行为地或者被告住所地的中级人民法院管辖。对难以确定侵权行为地和被告住所地的，原告发现该域名的计算机终端等设备所在地可以视为侵权行为地。但是，涉外域名纠纷案件包括当事人一方或者双方是外国人、无国籍人、外国企业或组织、国际组织，或者域名注册地在外国的域名纠纷案件。在中华人民共和国领域内发生的涉外域名纠纷案件,依照《中华人民共和国民事诉讼法》第四编的规定确定管辖。

2. 注册、使用域名侵权或不正当竞争

人民法院审理域名纠纷案件,对符合以下各项条件的,应当认定被告注册、使用域名等行为构成侵权或者不正当竞争:第一,原告请求保护的民事权益合法有效;第二,被告域名或其主要部分构成对原告驰名商标的复制、模仿、翻译或音译;或者与原告的注册商标、域名等相同或近似,足以造成相关公众的误认;第三,被告对该域名或其主要部分不享有权益,也无注册、使用该域名的正当理由;第四,被告对该域名的注册、使用具有恶意。

3. 域名的注册、使用具有恶意

被告的行为被证明具有下列情形之一的,人民法院应当认定其具有恶意。
(1) 为商业目的将他人驰名商标注册为域名的。
(2) 为商业目的注册、使用与原告的注册商标、域名等相同或近似的域名,故意造成与原告提供的产品、服务或者原告网站的混淆,误导网络用户访问其网站或其他在线站点的。
(3) 曾要约高价出售、出租或者以其他方式转让该域名获取不正当利益的。
(4) 注册域名后自己并不使用,也未准备使用,而有意阻止权利人注册该域名的。
(5) 具有其他恶意情形的。

被告举证证明在纠纷发生前其所持有的域名已经获得一定的知名度,且能与原告的注册商标、域名等相区别,或者具有其他情形足以证明其不具有恶意的,人民法院可以不认定被告具有恶意。

4. 法律责任

人民法院认定域名注册、使用等行为构成侵权或者不正当竞争的,可以判令被告停止侵权、注销域名,或者依原告的请求判令由原告注册使用该域名;给权利人造成实际损害的,可以判令被告赔偿损失。

人民法院在审理域名纠纷案件中,对符合使用域名等行为构成侵权或者不正当竞争的规定的情形的,依照有关法律规定构成侵权的,应当适用相应的法律规定;构成不正当竞争的,可以适用《民法典》第五条、《反不正当竞争法》第二条第一款的规定。涉外域名纠纷案件,依照《民法典》,人民法院认定域名注册、使用等行为构成侵权或者不正当竞争的,可以判令被告停止侵权、注销域名,或者依原告的请求判令由原告注册使用该域名;给权利人造成实际损害的,可以判令被告赔偿损失。

6.4 电子商务中其他的法律法规

6.4.1 计算机软件著作权的法律法规

1. 计算机软件的定义

计算机软件是指计算机程序及其有关文档。计算机程序是指为了得到某种结果而可以由计算机等具有信息处理能力的装置执行的代码化指令序列,或者可以被自动转换成代码

化指令序列的符号化指令序列或者符号化语句序列;文档是指用来描述程序的内容、组成、设计、功能规格、开发情况、测试结果及使用方法的文字资料和图表等,如程序设计说明书、流程图、用户手册等(国务院《计算机软件保护条例》第三条第一项、第二项)。

2. 计算机软件著作权的所有者和内容

1) 计算机软件著作权人

计算机软件著作权人是指按照规定对软件享有著作权的自然人、法人或者其他组织。计算机软件著作权属于软件开发者,另有规定的除外。计算机软件开发者是指实际组织开发、直接进行开发,并对开发完成的软件承担责任的法人或者其他组织;或者依靠自己具有的条件独立完成软件开发,并对软件承担责任的自然人。如无相反证明,在软件上署名的自然人、法人或者其他组织为开发者(国务院《计算机软件保护条例》第三条第三项、第四项)。

2) 计算机软件著作权人的特殊情形

(1) 多人开发计算机软件的情形。由两个以上的自然人、法人或者其他组织合作开发的软件,其著作权的归属由合作开发者签订书面合同约定。无书面合同或者合同未做明确约定,合作开发的软件可以分割使用的,开发者对各自开发的部分可以单独享有著作权;但是,行使著作权时,不得扩展到合作开发的软件整体的著作权。合作开发的软件不能分割使用的,其著作权由各合作开发者共同享有,通过协商一致行使;不能协商一致,又无正当理由的,任何一方不得阻止他方行使除转让权以外的其他权利,但是所得收益应当合理分配给所有合作开发者。

(2) 委托开发计算机软件的情形。接受他人委托开发的软件,其著作权的归属由委托人与受托人签订书面合同约定;无书面合同或者合同未作明确约定的,其著作权由受托人享有。

(3) 由国家机关下达任务开发的计算机软件的情形。由国家机关下达任务开发的软件,著作权的归属与行使由项目任务书或者合同规定;项目任务书或者合同中未作明确规定的,软件著作权由接受任务的法人或者其他组织享有。

(4) 在职开发的计算机的情形。《计算机软件保护条例》第十三条规定,自然人在法人或者其他组织中任职期间所开发的软件有下列情形之一的,该软件著作权由该法人或者其他组织享有,该法人或者其他组织可以对开发软件的自然人进行奖励:第一,针对本职工作中明确指定的开发目标所开发的软件;第二,开发的软件是从事本职工作活动所预见的结果或者自然的结果;第三,主要使用了法人或者其他组织的资金、专用设备、未公开的专门信息等物质技术条件所开发并由法人或者其他组织承担责任的软件。

3) 计算机软件著作权的内容

《计算机软件保护条例》第八条规定,软件著作权人享有下列各项权利。

(1) 发表权,即决定软件是否公之于众的权利。

(2) 署名权,即表明开发者身份,在软件上署名的权利。

(3) 修改权,即对软件进行增补、删节,或者改变指令、语句顺序的权利。

(4) 复制权,即将软件制作一份或多份的权利。

(5) 发行权,即以出售或者赠与方式向公众提供软件的原件或者复制件的权利。

(6) 出租权,即有偿许可他人临时使用软件的权利,但是软件不是出租的主要标的的除外。

（7）信息网络传播权，即以有线或者无线方式向公众提供软件，使公众可以在其个人选定的时间和地点获得软件的权利。

（8）翻译权，即将原软件从一种自然语言文字转换成另一种自然语言文字的权利。

（9）应当由软件著作权人享有的其他权利。

软件著作权人可以许可他人行使其软件著作权，并有权获得报酬。

软件著作权人可以全部或者部分转让其软件著作权，并有权获得报酬。

4）计算机软件的合法复制品所有人享有的权利

《计算机软件保护条例》第十六条规定，软件的合法复制品所有人享有下列权利：第一，根据使用的需要把该软件装入计算机等具有信息处理能力的装置内。第二，为了防止复制品损坏而制作备份复制品。这些备份复制品不得通过任何方式提供给他人使用，并在所有人丧失该合法复制品的所有权时，负责将备份复制品销毁。第三，为了把该软件用于实际的计算机应用环境或者改进其功能、性能而进行必要的修改；但是，除合同另有约定外，未经该软件著作权人许可，不得向任何第三方提供修改后的软件。

《计算机软件保护条例》第十七条规定，为了学习和研究软件内含的设计思想和原理，通过安装、显示、传输或者存储软件等方式使用软件的，可以不经软件著作权人许可，不向其支付报酬。

3. 计算机软件著作权的保护期限、许可使用和转让

1）计算机软件著作权的保护期限

《计算机软件保护条例》第十四条规定，软件著作权自软件开发完成之日起产生。自然人的软件著作权，保护期为自然人终生及其死亡后50年，截至自然人死亡后第50年的12月31日；软件是合作开发的，截至最后死亡的自然人死亡后第50年的12月31日。法人或者其他组织的软件著作权，保护期为50年，截至软件首次发表后第50年的12月31日，但软件自开发完成之日起50年内未发表的，本条例不再保护。

《计算机软件保护条例》第十五条规定，软件著作权属于自然人的，该自然人死亡后，在软件著作权的保护期内，软件著作权的继承人可以依照《中华人民共和国民法典》中的有关本条例第八条规定的除署名权以外的其他权利。软件著作权属于法人或者其他组织的，法人或者其他组织变更、终止后，其著作权在本条例规定的保护期内由承受其权利义务的法人或者其他组织享有；没有承受其权利义务的法人或者其他组织的，由国家享有。

2）计算机软件著作权的许可使用和转让

许可他人行使软件著作权的，应当订立许可使用合同。许可使用合同中软件著作权人未明确许可的权利的，被许可人不得行使。许可他人专有行使软件著作权的，当事人应当订立书面合同。没有订立书面合同或者合同中未明确约定为专有许可的，被许可行使的权利应当视为非专有权利。

转让软件著作权的，当事人应当订立书面合同。订立许可他人专有行使软件著作权的许可合同，或者订立转让软件著作权合同，可以向国务院著作权行政管理部门认定的软件登记机构登记。中国公民、法人或者其他组织向外国人许可或者转让软件著作权的，应当遵守《中华人民共和国技术进出口管理条例》的有关规定。

4．计算机著作权的主要法律法规

1）情节较轻的处罚

《计算机软件保护条例》第二十三条规定，除《中华人民共和国著作权法》或者本条例另有规定外，有下列侵权行为的，应当根据情况，承担停止侵害、消除影响、赔礼道歉、赔偿损失等民事责任。

（1）未经软件著作权人许可，发表或者登记其软件的。

（2）将他人软件作为自己的软件发表或者登记的。

（3）未经合作者许可，将与他人合作开发的软件作为自己单独完成的软件发表或者登记的。

（4）在他人软件上署名或者更改他人软件上的署名的。

（5）未经软件著作权人许可，修改、翻译其软件的。

（6）其他侵犯软件著作权的行为。

2）情节较严重的处罚

《计算机软件保护条例》第二十四条规定，除《中华人民共和国著作权法》、本条例或者其他法律、行政法规另有规定外，未经软件著作权人许可，有下列侵权行为的，应当根据情况，承担停止侵害、消除影响、赔礼道歉、赔偿损失等民事责任；同时损害社会公共利益的，由著作权行政管理部门责令停止侵权行为，没收违法所得，没收、销毁侵权复制品，可以并处罚款；情节严重的，著作权行政管理部门并可以没收主要用于制作侵权复制品的材料、工具、设备等；触犯刑律的，依照刑法关于侵犯著作权罪、销售侵权复制品罪的规定，依法追究刑事责任。

（1）复制或者部分复制著作权人的软件的。

（2）向公众发行、出租、通过信息网络传播著作权人的软件的。

（3）故意避开或者破坏著作权人为保护其软件著作权而采取的技术措施的。

（4）故意删除或者改变软件权利管理电子信息的。

（5）转让或者许可他人行使著作权人的软件著作权的。

有前款第一项或者第二项行为的，可以并处每件 100 元或者货值金额 1 倍以上 5 倍以下的罚款；有前款第三项、第四项或者第五项行为的，可以并处 20 万元以下的罚款。

3）计算机软件复制品的法律责任

软件复制品的出版者、制作者不能证明其出版、制作有合法授权的，或者软件复制品的发行者、出租者不能证明其发行、出租的复制品有合法来源的，应当承担法律责任。

软件的复制品持有人不知道，也没有合理理由应当知道该软件是侵权复制品的，不承担赔偿责任，但是，应当停止使用、销毁该侵权复制品。如果停止使用并销毁该侵权复制品将给复制品使用人造成重大损失的，复制品使用人可以在向软件著作权人支付合理费用后继续使用。

4）计算机软件著作权纠纷的解决途径

软件著作权侵权纠纷可以调解。软件著作权合同纠纷可以依据合同中的仲裁条款或者事后达成的书面仲裁协议，向仲裁机构申请仲裁。当事人没有在合同中订立仲裁条款，事后又没有书面仲裁协议的，可以直接向人民法院提起诉讼。

6.4.2 注册商标专用权的法律法规

1. 商标及其权利

1）商标的认定

商标是用以区别所提供商品及服务的标记,分为商品商标和服务商标两种。经营者使用商标以区别于他人提供的商品或服务。在认定是否属于商标时,主要看以下几点。

（1）商标是适用于商品或者服务上的标志。如果标志并不是与商品或者服务相联系,如国家、军队、政党等团体的标志,朝代的年号,等等,不能认为是商标。

（2）商标是区别商品或者服务来源的标志。标志虽然使用在商品或者服务上,如果不是生产经营者的区别性标志,这些标志不能认为是商标,如产品的通用名称、生产日期、普通包装等,都不是商标。因为商标是一种识别不同生产经营者的标志,故商标必须具有显著特征。

（3）商标是由文字、图形、字母、数字、三维标志和颜色组合以及上述要素的组合构成的识别标志。国际上对商标的构成要素扩大至声音、气味、触觉、味觉等识别性标志作为商标,但我国法律规定可视性标志可以作为商标。

2）商标权

商标权是指商标所有人依法对商标所享有的权利,通常是指注册商标所有人在法定期限内对于注册商标所具有的一种排他性的权利。它包括对注册商标的专用权、处分权、许可权、续展权、转让权和禁止他人侵害的权利。其中,商标的专用权是商标权人最基本的一项权利,即商标权人有权将核准注册的商标使用在核定使用的商品或者服务上,其他权利均是从商标专用权衍生出来的。商标权具有以下特点。

（1）商标权是基于识别性标识而设立的权利。所以各国商标法都要求商标应具有显著性,以便于识别。

（2）商标权具有专有性。商标权人对其注册商标享有专属于自己的权利,未经其许可非专有权人不得随意使用。

（3）商标权的保护期限具有不确定性。根据《中华人民共和国商标法》第四十条的规定:"注册商标有效期满,需要继续使用的,商标注册人应当在期满前十二个月内按照规定办理续展手续;在此期间未能办理的,可以给予六个月的宽展期。每次续展注册的有效期为十年,自该商标上一届有效期满次日起计算。期满未办理续展手续的,注销其注册商标。"所以,如果商标权的有效期届满,商标权人有权请求续展,并且续展次数不限。当然,商标权人也可以不续展,还可以主动放弃商标权。

（4）商标权具有地域性。商标权通常只限于授予这项权利的国家领域之内有效,即商标权人只能在授予该商标权的国家行使商标权,其权利仅受该国家的法律保护。

2. 网络商标侵权行为

传统商标侵权行为主要指侵害他人商标专用权的行为。《中华人民共和国商标法》第五十七条规定,有下列行为之一的,均属侵犯注册商标专用权。

（1）未经商标注册人的许可,在同一种商品上使用与其注册商标相同的商标的。

（2）未经商标注册人的许可,在同一种商品上使用与其注册商标近似的商标,或者在

第6章 电子商务中的知识产权法律法规

类似商品上使用与其注册商标相同或者近似的商标，容易导致混淆的。

（3）销售侵犯注册商标专用权的商品的。

（4）伪造、擅自制造他人注册商标标识或者销售伪造、擅自制造的注册商标标识的。

（5）未经商标注册人同意，更换其注册商标并将该更换商标的商品又投入市场的。

（6）故意为侵犯他人商标专用权行为提供便利条件，帮助他人实施侵犯商标专用权行为的。

（7）给他人的注册商标专用权造成其他损害的。

随着网络运用的普及，商标侵权行为迅速渗透至网络领域。本节内容将网络商标侵权行为定义为：以网络和与网络有关的技术工具为载体或手段来实施的侵犯他人商标专用权的行为。与传统商标侵权相比较，不仅有实施领域的改变，更有侵权手段的演变。具体包括但不限于以下几种表现形式。

1）利用网络销售侵犯商标权的商品

从侵权认定方面分析，这是最简单、直接的网络商标侵权形式。这种商标侵权和我们在现实生活中出现的销售侵犯商标权的商品的行为性质是一样的，在法律适用上应遵循相同的条款。只是网络销售突破了时空的限制，使侵权产品的销售变得更加容易。很显然，这对于商标权人利益的侵害更为严重。

另外，与网络销售侵犯商标权的产品息息相关的当属网络交易平台提供商商标侵权。网络交易平台提供商是指没有直接参与买卖双方的交易，只是为商户提供信息上传通道和技术中介服务。网络交易平台提供商的商标侵权与传统商标侵权相比，具有其自身的特点，但归根结底仍然是一种侵权行为。侵权责任一般适用过错责任原则，因此对于网络交易平台提供商的商标间接侵权行为应适用过错责任原则。这有利于保护和鼓励"网购"这一新兴产业的进一步发展与壮大，是各国的立法趋势。

网络交易平台提供商仅仅是网络服务的提供者，为交易双方提供一个商业平台，而非交易的中介方，要求其承担主动监控义务既费时又费力，是不存在现实可能性的。网络交易平台提供商明知其平台上存在侵权商品信息，而故意不采取措施移除信息，放任其继续存在，则认为其主观上具有过错；或者网络交易平台提供商不知道侵权商品的存在，但在得到商标权利人符合条件的通知后，仍怠于履行职责，则认定其存在主观过错。在判断网络交易平台提供商主观过错时，应在其承担义务的能力范围内，对于无法预见，也不能控制的行为不能认定其存在过错，否则将有可能违反公平原则和合理性。

2）网页上的商标侵权

网页上的商标侵权又称为"网页商标侵权"，即行为人选取、使用他人注册商标的图形、图像并入自己的网页，或将他人商标的图形设计成自己网页的图标而引起的纠纷。这种侵权方式与传统的商标侵权行为相似，只不过是将其侵权行为从现实延伸到了网络虚拟世界，纠纷处理的规则也与传统商标侵权纠纷没有原则上的区别。

3）域名引起的商标侵权

根据侵权目的的不同，可以将由域名引发的商标侵权分成三种类型：① 行为人明知他人享有权利的知名商标、商号或其他标识的文字组成，却故意将他人的知名商标、商号涵盖的文字注册为自己的域名，再以高价将这些域名回卖给该知识产权所有人。② 抢注者不是为了转卖谋利，而是抢注代表竞争对手的企业名称或商标的域名，在抢注的域名网站上

· 153 ·

发布对竞争对手不利的消息,达到排挤竞争对手的目的。以上两类都是"注"而不"用",因此统称为域名抢注商标侵权。③域名盗用商标侵权。与前两类情况不同,域名盗用商标侵权是指故意注册并使用与他人在先注册的商标相同或近似的域名而引起的商标侵权。

另外,域名已经成为企业从事电子商务活动的重要商业标识,企业大多选择与自己商标相同或近似的域名。相比一般商标,驰名商标潜藏着更为巨大的商业价值,因而也更容易成为那些域名抢注者的劫持目标,受到攻击最多的也正是在国内外享有较高声誉的驰名商标。一些别有用心的人专门抢占或者囤积那些享有知名度的商标作为域名,以期高价出售。

4)网络链接引起的商标侵权

网络链接是互联网用户每天都会用到的一种接收信息的方式,它使存在于不同服务器上的信息在互联网上实现链接,用户通过点击链接即可从一个网站跳到另一个网站。其基本原理是:设链者在自己的网页上设置的各种图标或者文字标志后面储存了其他网站的地址。当互联网用户点击链接标志时,计算机就自动转向预先储存好的网址。

链接标志中储存的是被链接网站中的某一页而不是网站的首页。当用户点击链接标志时,计算机就会自动绕过被链接网站的首页,直接指向具体内容页。这种绕过被链接网站主页的行为误导了消费者,使消费者认为还停留在原来的网站,导致使用者对网页内容的所有权产生误判,或认为设链者与被链接网站的所有者存在某种合作关系,同时也减少了被链接网站的访问量,使该被链接网站的经济利益受到损害。这种行为就有借他人商标的知名度来增加自己点击率和浏览量的"搭便车"的嫌疑,也就涉及链接商标侵权的问题。

5)搜索引擎引起的商标侵权

搜索引擎的运作机理是:根据用户输入的想要查找搜索的某个关键词,迅速扫描、搜索网页源代码的元标记(metatag),从而找到与用户想要搜索的关键词相匹配的网页。其中,元标记是网页源代码中用来描述网页特征和主要内容的软件参数,它不仅向浏览者提供某一页面的附加信息,也帮助一些搜索引擎进行页面分析,使导出的某一页面检索信息能正确地放入合适的目录中。它的特殊之处在于,其文字并不显示在网页上,而只是表明该网页的主要内容,专门作为网页索引之用。由于它并不会在页面的任何地方显示出来,一般的网页浏览者并不会看到它的存在,因此它仅仅是一段埋入网页头部以供机器阅读的程序代码,只有网络管理者可以控制搜索引擎来识别它。元标记中的"description""keywords"两项设置的目的在于为搜索引擎提供网页描述和关键字,使得搜索引擎能够阅读识别此字符并检索到该网站。

搜索引擎商标侵权是指将他人商标,尤其是知名商标用作元标记,以混淆消费者(网民),谋取不正当利益的行为。许多网站经营者为了吸引更多用户,开始重视对元标记的使用。有的经营者将自己的商标埋入元标记中,有的经营者则将他人商标甚至是竞争对手的商标埋入自己网站的元标记中,试图招来其他经营者的客户。这种在元标记中使用他人商标的行为很可能产生搜索引擎商标侵权,因为是以用户难以看见的方式对商标进行使用,所以又被称为"商标隐形侵权"。

网页广告费、销售收入是与访问其网页的用户数成正比的。为了吸引用户,网页制作者便尽可能地设置响亮而又知名的关键词来招揽用户。因此知名商标常常成为侵权的首选目标。当用户一查询这些关键词时就被搜索引擎指引到了该网页,尽管该网页的内容甚至与这些关键词无关。从权利人方面来说，商标尤其是知名商标的权利人喜欢将自己的商标设置为关键词，当用户通过搜索引擎查找其商标时，能及时便捷地找到。这就使得关键词与商标间产生了某种关联，具有某种识别、联系功能。从非权利人方面来说，使用他人商标，尤其是知名商标用作元标记，其目的正是混淆公众，凭借知名商标的高度影响力及元标记在实践中产生的识别、联系功能来谋取不正当利益。这显然损害了商标权人的合法权益，也损害了消费者的利益。

随着电子商务形式的不断发展，还会有更多新形式的网络商标侵权纠纷出现。现行商标法律制度在解决这些网络商标侵权纠纷时显得步履维艰，这就需要我们针对网络新情况适时地提出新的规则和理论来解决网络商标侵权的认定问题。

3. 网络商标侵权的法律责任

《中华人民共和国商标法》第七章注册商标专用权的保护中规定，存在侵犯注册商标专用权行为引起纠纷的，由当事人协商解决；不愿协商或者协商不成的，商标注册人或者利害关系人可以向人民法院起诉，也可以请求工商行政管理部门处理。

工商行政管理部门处理时，认定侵权行为成立的，责令立即停止侵权行为，没收、销毁侵权商品和主要用于制造侵权商品、伪造注册商标标识的工具，违法经营额达 5 万元以上的，可以处违法经营额 5 倍以下的罚款，没有违法经营额或者违法经营额不足 5 万元的，可以处 25 万元以下的罚款。对 5 年内实施两次以上商标侵权行为或者有其他严重情节的，应当从重处罚。销售不知道是侵犯注册商标专用权的商品，能证明该商品是自己合法取得并说明提供者的，由工商行政管理部门责令停止销售。

对侵犯商标专用权的赔偿数额的争议，当事人可以请求进行处理的工商行政管理部门调解，也可以依照《中华人民共和国民事诉讼法》向人民法院起诉。经工商行政管理部门调解，当事人未达成协议或者调解书生效后不履行的，当事人可以依照《中华人民共和国民事诉讼法》向人民法院起诉。

侵犯商标专用权的赔偿数额，按照权利人因被侵权所受到的实际损失确定；实际损失难以确定的，可以按照侵权人因侵权所获得的利益确定；权利人的损失或者侵权人获得的利益难以确定的，参照该商标许可使用费的倍数合理确定。对恶意侵犯商标专用权，情节严重的，可以在按照上述方法确定数额的 1 倍以上 3 倍以下确定赔偿数额。赔偿数额应当包括权利人为制止侵权行为所支付的合理开支。

人民法院为确定赔偿数额，在权利人已经尽力举证，而与侵权行为相关的账簿、资料主要由侵权人掌握的情况下，可以责令侵权人提供与侵权行为相关的账簿、资料；侵权人不提供或者提供虚假的账簿、资料的，人民法院可以参考权利人的主张和提供的证据判定赔偿数额。

权利人因被侵权所受到的实际损失、侵权人因侵权所获得的利益、注册商标许可使用费难以确定的，由人民法院根据侵权行为的情节判决给予 300 万元以下的赔偿。

注册商标专用权人请求赔偿，被控侵权人以注册商标专用权人未使用注册商标提出抗辩的，人民法院可以要求注册商标专用权人提供此前 3 年内实际使用该注册商标的证据。注册商标专用权人不能证明此前 3 年内实际使用过该注册商标，也不能证明因侵权行为受到其他损失的，被控侵权人不承担赔偿责任。

销售不知道是侵犯注册商标专用权的商品，能证明该商品是自己合法取得并说明提供者的，不承担赔偿责任。

未经商标注册人许可，在同一种商品上使用与其注册商标相同的商标，构成犯罪的，除赔偿被侵权人的损失外，依法追究刑事责任。

伪造、擅自制造他人注册商标标识，或者销售伪造、擅自制造的注册商标标识，构成犯罪的，除赔偿被侵权人的损失外，依法追究刑事责任。

销售明知是假冒注册商标的商品，构成犯罪的，除赔偿被侵权人的损失外，依法追究刑事责任。

但纵观我国整个商标法的部门立法，对网络商标侵权行为的规定较为薄弱，尚没有针对网络商标侵权出台专门的法律或司法解释。非严格法律意义上规则和责任并存，这在一定程度上体现出网络自治的特点。少量关于网络环境下对商标权的保护的规定零散存在于《中华人民共和国商标法实施条例》《最高人民法院关于审理商标民事纠纷案件适用法律若干问题的解释》《关于审理涉及计算机网络域名民事纠纷案件适用法律若干问题的解释》《第三方电子商务交易平台服务规范》之中，而且并未对具体责任认定和承担等问题进行阐述。在司法实践中主要还是依据传统的法律对新型的商标侵权行为加以规制。由于网络服务中涉及的商标问题形式多样，现行的法律法规缺乏明确的规定予以规范，调整范围也很有限。

现行法律法规对网络链接、搜索引擎等引起的商标侵权都没有提到，也没有关于网络环境下商标权保护的特别规定。因此，处理这类纠纷最经常的做法就是援引《反不正当竞争法》的相关规定来进行兜底保护。例如发生隐形商标侵权诉讼，根据我国《中华人民共和国商标法》的规定，商标必须使消费者能从外观上加以辨识，而元标记中使用他人的商标缺乏这种可辨性，所以并不适用《中华人民共和国商标法》，这就只剩下《反不正当竞争法》可以适用了。

拓展阅读：《反不正当竞争法》全文

🛠 拓展实训

【实训目标】

通过实训使学生初步了解电子商务中的知识产权法律法规，包括网络著作权的法律法规、域名知识产权的法律法规以及电子商务中其他的法律法规。

【实训内容】

了解并掌握电子商务中的网络著作权、域名知识产权以及其他电子商务知识产权的法律法规。

【实训步骤】

（1）以2~3人为单位组成一个团队，设负责人一名，负责整个团队的分工协作。

（2）团队成员通过分工协作，多渠道搜集相关资料。

（3）团队成员对搜集的材料进行整理，总结并分析网络著作权的法律法规、域名知识产权的法律法规以及计算机软件著作权的法律法规、注册商标专用权的法律法规。

（4）各团队将总结制作成表格，派出一人作为代表上台演讲，阐述自己团队的成果。

（5）教师对各团队的成果进行总结评价，指出不足与改进措施。

【实训要求】

（1）考虑到课堂时间有限，实训可采取"课外+课内"的方式进行，即团队组成、分工、讨论和方案形成在课外完成，成果展示安排在课内。

（2）每个团队方案展示时间为 10 分钟左右，教师和学生提问时间为 5 分钟左右。

复习思考题

1. 电子商务知识产权的定义是什么？
2. 网络著作权的法律法规包括哪些内容？
3. 域名权人的权利有哪些？
4. 计算机软件的定义是什么？
5. 网络商标侵权行为有哪些？

第 7 章

电子商务消费者权益保护法

知识目标

- ☑ 了解电子商务消费者权益保护的相关知识,包括电子商务消费者的定义、电子商务消费者的特点以及电子商务消费者权益保护的基本原则;
- ☑ 掌握电子商务消费者权益保护的法律法规,包括电子商务消费者的安全权、知情权、选择权、公平交易权、退货权、索赔权、个人信息权以及其他权利及其保护;
- ☑ 掌握产品质量与互联网广告的法律法规,包括与产品质量和经销商相关的法律法规、与互联网广告相关的法律法规;
- ☑ 掌握我国电子商务消费者权益保护面临的挑战、存在的问题与对策,包括我国电子商务消费者权益保护面临的挑战、我国电子商务消费者权益保护存在的问题以及我国电子商务消费者权益保护的对策。

思维导图

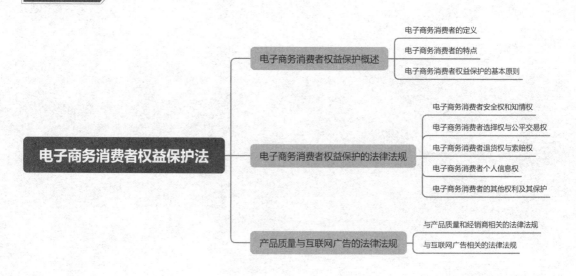

第7章 电子商务消费者权益保护法

> **引导案例**
>
> **重庆市一中院 2021 年审结消费者权益保护民事案件 703 件**
>
> 中新网重庆新闻 3 月 9 日电（梁钦卿）记者 9 日在重庆市第一中级人民法院获悉，该法院 2021 年共审结消费者权益保护民事案件 703 件，同比增加 368 件，涉案标的约 2870 余万元（人民币，下同）。
>
> 重庆市一中院审理发现，该类案件呈现四个特点：一是食品类案件中标签不当情况占比高；二是消费者胜诉或部分胜诉率较高，合法权益得到充分保障；三是涉网络消费纠纷增加，跨区域纠纷案件数量上升；四是消费民事公益诉讼案件增多，对社会公共利益保护力度加大。
>
> 重庆市一中院相关负责人介绍，2021 年审结因网络购物引发诉讼案件 175 件，较 2020 年增加 117 件，同比增长约 200%。网络消费持续升温，但消费者交易时难以全面掌握产品详细信息，加之部分经营者未尽到充分、全面的告知义务，还有个别经营者存在销售"三无产品"等不法行为，侵害消费者权益，进而引发诉讼。
>
> 2021 年以来，重庆市一中院审理的市消费者权益保护委员会诉扬啟公司消费民事公益诉讼案，保护万余名消费者权益；审理的重庆市人民检察院第一分院诉何某等消费民事公益诉讼案被市高法院评为消费者权益保护典型案例；审理的胡某与两江新区某副食品经营店等产品责任纠纷案被市高级法院评为消费者权益保护典型案例和 2020 年度重庆法院民事审判十大典型案例。
>
> 重庆市一中院提示生产者，要严格遵守生产许可相关制度，遵守国家、地方和行业的生产技术标准规范，不得以次充好、以假充真，产品的包装和标识应符合规范，如实标注生产信息，不得伪造或者冒用生产者信息。
>
> 重庆市一中院还提醒消费者，在交易过程中，注意审查生产者、经营者信息和相应资格，深入了解产品和服务信息，在签订合同时应明确产品材质、执行标准、数量等重要信息，注意阅读双方的权利义务和责任条款；注意保留宣传介绍、收/送货凭单、订/销货单、支付货款凭证、转账明细、产品说明书、加盖经营者印章的发票、购物小票等证据，网络消费时注意保留交易快照、聊天记录、快递单、验货视频等。
>
> 此外，发生纠纷后消费者可与经营者协商解决或向相关行政监管部门求助，以尽快解决争议，网络消费发生纠纷时可及时与电商平台联系，要求其提供经营者的相关信息资料，以备诉讼需要；消费者在消费时应增强自我保护意识和规则意识，如发生人身、财产损害，视情况及时就医或报警，保留病历、医疗费用凭据、报警回执等资料。
>
> 资料来源：重庆市一中院 2021 年审结消费者权益保护民事案件 703 件[EB/OL].（2022-03-09）. http://www.cq.chinanews.com.cn/news/2022/0309/21-6288.html.

7.1 电子商务消费者权益保护概述

7.1.1 电子商务消费者的定义

电子商务消费者又称为网络消费者、互联网消费者,是指通过网络、现代信息技术手段,为生活需要而购买、使用商品或接受服务的,由国家法律法规确定消费权益的单位和个人。

7.1.2 电子商务消费者的特点

与传统商务的消费者相比较,电子商务消费者具有需求的个性化和差异性、选择的理性化和主动性、购物的快捷化和体验性等主要特点。

> **思政小课堂:**
> 通过电子商务消费者权益保护的学习,树立学生在电子商务的学习中关于消费者权益的观念,为我国培养更优秀的、有着消费者权益保护意识的电子商务人才。

1. 需求的个性化和差异性

电子商务消费者需求的个性化和差异性,是由网络消费的特殊性决定的。网络更大限度地对不同消费者的个性予以申张和实现。网络市场的可定制性,以能满足个性化的需求,同时网络市场的可扩充性强,丰富的商品和服务内容及方式,为消费者满足个性化和差异性需求提供了条件。同时,电子商务消费者需求的个性化和差异性促进了电子商务市场的发展,电子商务的经营者必须考虑和满足电子商务消费者的个性化和差异性需求,在商品生产中的构思、设计、制造、包装、销售等方面,充分考虑消费者的个性化和差异性,以能采取可行手段,满足消费者需求的同时,扩大销售,增加利润。

2. 选择的理性化和主动性

电子商务消费者能够充分利用所掌握的网络上的商品和服务的信息,进行比对、衡量、权衡,最后做出购买的决策。这种理性化和主动性的购买,不仅具有了基础和条件,而且根据现在的网络技术完全可以实现。电子商务消费者主动提出对商品和服务的需求,对商品和服务的制作、加工、包装要求,甚至是一些详细的规格型号、设计思路方法,都是可以实现的。

3. 购物的快捷化和体验性

电子商务消费者在网络上购物和消费,不仅仅是满足一般的购物需求,更多的是追求购买的方便和购物乐趣。一方面,由于生活节奏加快,消费者会对购物的方便性有越来越高的要求,追求时间和劳动成本的尽量节省,希望购物能用较少的时间获得更高的价值,希望少一点麻烦,多一些选择,特别是对需求和品牌选择都相对稳定的日常消费者;另一方面,由于劳动生产率的提高,人们可供自由支配的时间增加,网络购物已经成为电子商务消费者的一种生活乐趣。

7.1.3 电子商务消费者权益保护的基本原则

我国《消费者权益保护法》于 1994 年 1 月 1 日开始实施，并于 2013 年进行修改，此次修改的目的是，原有的《消费者权益保护法》的基本内容不能适应快速发展的交易市场。现行《消费者权益保护法》的基本原则包括：诚实信用原则、对消费者特别保护原则、国家保护与社会监督相结合原则等。在网络市场迅速发展的今天，网络交易市场所占份额不断提高，成为国民经济的重要组成部分，在原有的消费者权益保护原则的基础上，基于网络消费的特殊性，电子商务消费者权益保护的基本原则应该与时俱进并不断扩大其内涵。

1. 诚实守信原则

作为中华民族传统美德之一的诚实守信，也是商品交易所应遵循的基本原则，虽然我们反复强调诚实守信，但是在网络交易中仍需要强化和扩大其内涵。由于网络自身所具有的虚拟性的特点，网络交易对诚实守信的要求更多、更高。电子商务经营者是否秉持诚信、恪守承诺，对交易的达成具有至关重要的作用。网络交易者在交易中的失信行为，不仅会侵害消费者的合法权益，使得消费者丧失继续进行网络交易的信心，更会严重扰乱网络交易市场的经济秩序。

因此，电子商务消费者权益保护上应继续秉持诚实信用原则，并不断扩大网络交易行为的诚实守信的内容，因为电子商务消费者的知情权、隐私权、自主选择权等权益的保护均是建立在电子商务经营者诚实守信的基础之上，上述权利的保护使得电子商务经营者诚信经营的内容大大增多，例如要全面披露商品交易信息，不擅自获取消费者的个人信息，充分保障消费者的知情权和隐私权。

2. 给予电子商务消费者特殊保护原则

《消费者权益保护法》中对消费者给予特殊保护，由于网络交易的特殊性，电子商务消费者在网络交易中处于弱势地位，其弱势地位不仅体现在交易过程中，还体现在消费者维权过程中。在交易过程中，电子商务消费者要根据电子商务经营者所提供的商品或服务的文字、图片或者视频等信息来进行购买决定，电子商务经营者处于优势地位。在消费者维权过程中，消费者作为损失方不仅面临着技术困难，还面临着取证难等问题，所以必须在立法上等多方面对电子商务消费者更要给予特殊保护。对电子商务消费者给予特殊保护，是指在立法中应当充分认识到消费者的弱势地位，并在此基础上站在电子商务消费者的立场上，对经营者的活动进行一定的限制与约束，在法律中应当体现对电子商务消费者利益的倾斜，全面规定电子商务消费者的权利，并为电子商务消费者的权利提供严密的保障机制。

3. 国家与社会适度干预原则

电子商务消费者与电子商务经营者相比较处于弱势地位，在财力、能力等方面都不足以和经营者相抗衡，因此在消费者合法权益保护方面需要国家和社会两个方面的适度干预。一方面，国家的干预体现在，完善立法，通过法律制度对网络交易进行宏观规范，同时加强监管部门的监管，国家和政府要花力气对网络交易的各个环节进行监督和规制，发现违法行为及时处理，全面地保护电子商务消费者的合法权益。另一方面，社会的适度干预体现在，随着网络科技的发展，多种社交媒体已成为人们日常生活中不可缺少的一部分，消费者作为社会成员的一分子，当合法权益受到侵害时，通过社交媒体、正当利用舆论等方式维护自身权益已成为目前的普遍现象。

7.2 电子商务消费者权益保护的法律法规

7.2.1 电子商务消费者安全权和知情权

1. 电子商务消费者安全权及其保护

1）消费者安全权的定义

消费者安全权是指消费者购买商品或接受服务中所涉及的生命安全权、健康安全权、财产安全权等权利。消费者安全权包括生命安全权、健康安全权、财产安全权三个方面的内容，前两项称为人身权，第三项称为财产权。

（1）消费者的生命安全权。消费者的生命安全权是指消费者的生命不受危害的权利。例如，因商品内含有的部件或整件爆炸而致使消费者身体乃至生命受到损害，就是侵害了消费者的生命安全权。

（2）消费者的健康安全权。消费者的健康安全权是指消费者的身体健康不受损害的权利。例如，因商品含有的有毒物质超标而致使消费者身体受到损害，就是侵害了消费者的健康安全权。

（3）消费者的财产安全权。消费者的财产安全权是指消费者的财产不受损失的权利。例如，财产的外观损毁、财产的价值减少等。

《消费者权益保护法》第七条规定，消费者在购买、使用商品和接受服务时享有人身、财产安全不受损害的权利。消费者有权要求经营者提供的商品和服务，符合保障人身、财产安全的要求。《民法典》第三条规定，民事主体的人身权利、财产权利以及其他合法权益受法律保护，任何组织或者个人不得侵犯。《民法典》第一百一十条规定，自然人享有生命权、身体权、健康权、姓名权、肖像权、名誉权、荣誉权、隐私权、婚姻自主权等权利。法人、非法人组织享有名称权、名誉权和荣誉权。

2）消费者安全权的保护

人身权和财产权是民事主体的重要民事权利，人身权和人身紧密相连，包括人身健康权、姓名权、名誉权、肖像权等权利内容。财产权是与人身权相对的，与人身无关，含有财产内容的权利。

侵犯消费者安全权的行为，主要有经营者出售过期的商品、出售变质的食品或食品中含有对身体有害的物质、出售伪劣产品等，因为这些行为易使消费者的人身和财产受到损害。

《消费者权益保护法》第十一条规定，消费者因购买、使用商品或者接受服务受到人身、财产损害的，享有依法获得赔偿的权利。对消费者安全权造成损害的，关于具体赔偿的内容，也有明确规定。《消费者权益保护法》第四十九条规定，经营者提供商品或者服务，造成消费者或者其他受害人人身伤害的，应当赔偿医疗费、护理费、交通费等为治疗和康复支出的合理费用，以及因误工减少的收入。造成残疾的，还应当赔偿辅助器具费和残疾赔偿金。造成死亡的,还应当赔偿丧葬费和死亡赔偿金。

2. 电子商务消费者知情权及其保护

1) 消费者知情权的定义

消费者知情权是指消费者享有知悉其购买、使用的商品或者接受的服务的真实情况的权利。

根据商品或者服务的具体情形不同,对商品或服务的信息的要求也会有所差别,在选择、购买、使用商品或服务过程中,与消费者做出正确的判断有直接联系的信息,消费者都应有权了解。消费者知情权的内容包括商品或者服务的基本信息、技术信息和销售信息三个方面。

(1) 商品或者服务的基本信息。商品或者服务的基本信息主要包括商品名称、商标、产地、生产者名称、生产日期等。例如,电子商务平台上列示的商品的产地、生产者等,都应该是明确的,因为产地、生产者不同,可能决定着商品的品质和性能也不同。

(2) 技术信息。技术信息主要包括商品用途、性能、规格、等级、所含成分、有效期限、使用说明书、检验合格证书等,如食品的生产日期、有效期限等。涉及商品的使用中可能出现不当的,在说明书中应该明确,如可能会给消费者的人身健康和安全带来危害的电器等。

(3) 销售信息。销售信息主要包括商品或服务的价格、运输、安装、售后服务等,如商品的价格,特别是服务的收费等。售后服务也是与消费者联系比较密切的事项,如保修期、服务站点、收费等内容,应该明确。

《消费者权益保护法》第八条规定,消费者享有知悉其购买、使用的商品或者接受的服务的真实情况的权利。消费者有权根据商品或者服务的不同情况,要求经营者提供商品的价格、产地、生产者、用途、性能、规格、等级、主要成分、生产日期、有效期限、检验合格证明、使用方法说明书、售后服务,或者服务的内容、规格、费用等有关情况。《消费者权益保护法》第二十八条规定,采用网络、电视、电话、邮购等方式提供商品或者服务的经营者,以及提供证券、保险、银行等金融服务的经营者,应当向消费者提供经营地址、联系方式、商品或者服务的数量和质量、价款或者费用、履行期限和方式、安全注意事项和风险警示、售后服务、民事责任等信息。

2) 消费者知情权的保护

生产者、经营者违反法律法规的规定,没有向消费者公开或宣告商品、服务相关信息的,应该受到处罚。《电子商务法》第十九条规定,电子商务经营者搭售商品或者服务,应当以显著方式提请消费者注意,不得将搭售商品或者服务作为默认同意的选项。工商总局发布的《侵害消费者权益行为处罚办法》第六条规定,经营者向消费者提供有关商品或者服务的信息应当真实、全面、准确,不得有下列虚假或者引人误解的宣传行为:第一,不以真实名称和标记提供商品或者服务;第二,以虚假或者引人误解的商品说明、商品标准、实物样品等方式销售商品或者服务;第三,作虚假或者引人误解的现场说明和演示;第四,采用虚构交易、虚标成交量、虚假评论或者雇佣他人等方式进行欺骗性销售诱导;第五,以虚假的"清仓价""甩卖价""最低价""优惠价"或者其他欺骗性价格表示销售商品或者服务;第六,以虚假的"有奖销售""还本销售""体验销售"等方式销售商品或者服务;第七,谎称正品销售"处理品""残次品""等外品"等商品;第八,夸大或隐瞒所提供的商品或者服务的数量、质量、性能等与消费者有重大利害关系的信息误导消费者；第九，以其他虚假或者引人误解的宣传方式误导消费者。经营者违反以上规定和其他法律、法规规定的，依照法律法规的规定执行；法律法规未作规定的，由工商行政管理部门依照《消费者权益保护法》第五十六条予以处罚。

《消费者权益保护法》第五十六条规定，经营者有下列情形之一，除承担相应的民事责任外，其他有关法律、法规对处罚机关和处罚方式有规定的，依照法律、法规的规定执行；法律、法规未作规定的，由工商行政管理部门或者其他有关行政部门责令改正，可以根据情节单处或者并处警告、没收违法所得、处以违法所得1倍以上10倍以下的罚款，没有违法所得的，处以50万元以下的罚款；情节严重的，责令停业整顿、吊销营业执照：第一，提供的商品或者服务不符合保障人身、财产安全要求的；第二，在商品中掺杂、掺假，以假充真，以次充好，或者以不合格商品冒充合格商品的；第三，生产国家明令淘汰的商品或者销售失效、变质的商品的；第四，伪造商品的产地，伪造或者冒用他人的厂名、厂址，篡改生产日期，伪造或者冒用认证标志等质量标志的；第五，销售的商品应当检验、检疫而未检验、检疫或者伪造检验、检疫结果的；第六，对商品或者服务作虚假或者引人误解的宣传的；第七，拒绝或者拖延有关行政部门责令对缺陷商品或者服务采取停止销售、警示、召回、无害化处理、销毁、停止生产或者服务等措施的；第八，对消费者提出的修理、重作、更换、退货、补足商品数量、退还货款和服务费用或者赔偿损失的要求，故意拖延或者无理拒绝的；第九，侵害消费者人格尊严、侵犯消费者人身自由或者侵害消费者个人信息依法得到保护的权利的；第十，法律、法规规定的对损害消费者权益应当予以处罚的其他情形。经营者有前款规定情形的，除依照法律、法规规定予以处罚外，处罚机关应当记入信用档案，向社会公布。

7.2.2 电子商务消费者选择权与公平交易权

1. 电子商务消费者选择权及其保护

1）消费者选择权的定义

消费者选择权是指消费者根据自己的需要，自主选择自己愿意的商品或服务，然后决定是否购买或接受的权利。消费者有权根据自己的情况和意愿，包括收入、需要、意向、兴趣等来自主地选择自己愿意购买的商品或接受的服务。《消费者权益保护法》第九条规定，消费者享有自主选择商品或者服务的权利。消费者有权自主选择提供商品或者服务的经营者，自主选择商品品种或者服务方式，自主决定购买或者不购买任何一种商品、接受或者不接受任何一项服务。消费者在自主选择商品或者服务时，有权进行比较、鉴别和挑选。

2）消费者选择权的保护

任何经营者、组织，乃至政府及其部门，强行或者违背购买者的意愿，销售、搭售商品或其他不合理的条件等，都是对消费者选择权的侵害。《电子商务法》第十七条规定，电子商务经营者应当全面、真实、准确、及时地披露商品或者服务信息，保障消费者的知情权和选择权。电子商务经营者不得以虚构交易、编造用户评价等方式进行虚假或者引人误解的商业宣传，欺骗、误导消费者。《消费者权益保护法》第十六条第三款规定，经营者向消费者提供商品或者服务，应当恪守社会公德，诚信经营，保障消费者的合法权益；

不得设定不公平、不合理的交易条件，不得强制交易。

2. 电子商务消费者公平交易权及其保护

1）消费者公平交易权的定义

交易公平性的保证，是维护消费者权益的重要内容。公平交易权是消费者在购买商品或者接受服务时所享有的与经营者进行公平交易的权利，具体包括获得质量保障和价格合理、计量正确等公平交易条件的权利。《消费者权益保护法》第十条规定，消费者享有公平交易的权利。消费者在购买商品或者接受服务时，有权获得质量保障、价格合理、计量正确等公平交易条件，有权拒绝经营者的强制交易行为。

2）消费者公平交易权的保护

公平交易的关键是消费者以一定数量的货币换得同等价值的商品或服务。消费者有权拒绝经营者的强制交易行为。《消费者权益保护法》第十六条规定，经营者向消费者提供商品或者服务，应当依照本法和其他有关法律、法规的规定履行义务。经营者和消费者有约定的，应当按照约定履行义务，但双方的约定不得违背法律、法规的规定。

7.2.3 电子商务消费者退货权与索赔权

1. 电子商务消费者退货权及其保护

1）消费者退货权的定义

消费者退货权是指消费者按照法律规定或者约定，在期限内对所购买商品无条件要求退货，而经营者应当无条件予以退货的权利。退货权是消费者的一种特殊权利，其实质是消费者知情权和选择权的延伸，有人称之为"反悔权"，是对处于弱势地位的消费者的保护方法。

2）消费者退货权的保护

《消费者权益保护法》第二十四条规定，经营者提供的商品或者服务不符合质量要求的，消费者可以依照国家规定、当事人约定退货，或者要求经营者履行更换、修理等义务。没有国家规定和当事人约定的，消费者可以自收到商品之日起七日内退货；七日后符合法定解除合同条件的，消费者可以及时退货，不符合法定解除合同条件的，可以要求经营者履行更换、修理等义务。依照前款规定进行退货、更换、修理的，经营者应当承担运输等必要费用。《消费者权益保护法》第二十五条规定，经营者采用网络、电视、电话、邮购等方式销售商品，消费者有权自收到商品之日起七日内退货，且无须说明理由，但下列商品除外：第一，消费者定做的；第二，鲜活易腐的；第三，在线下载或者消费者拆封的音像制品、计算机软件等数字化商品；第四，交付的报纸、期刊。除前款所列商品外，其他根据商品性质并经消费者在购买时确认不宜退货的商品，不适用无理由退货。消费者退货的商品应当完好。经营者应当自收到退回商品之日起七日内返还消费者支付的商品价款。退回商品的运费由消费者承担；经营者和消费者另有约定的，按照约定。国家工商总局发布的《网络购买商品七日无理由退货暂行办法》第三条规定，网络商品销售者应当依法履行七日无理由退货义务。网络交易平台提供者应当引导和督促平台上的网络商品销售者履行七日无理由退货义务，进行监督检查，并提供技术保障。

2. 电子商务消费者索赔权及其保护

1）消费者索赔权的定义

消费者索赔权是指消费者购买、使用商品或者接受服务，合法权利受到损害时享有依法获得赔偿的权利。在《消费者权益保护法》和相关法律法规中，规定的消费者索赔权主要包括：消费者安全权（人身损害和财产损害）受到损害的索赔权；超时服务的索赔权（事后索赔、事中索赔）；产品存在缺陷造成损害的索赔权；等等。

2）消费者索赔权的保护

《消费者权益保护法》第五十五条规定，经营者提供商品或者服务有欺诈行为的，应当按照消费者的要求增加赔偿其受到的损失，增加赔偿的金额为消费者购买商品的价款或者接受服务的费用的 3 倍；增加赔偿的金额不足 500 元的，为 500 元。法律另有规定的，依照其规定。经营者明知商品或者服务存在缺陷，仍然向消费者提供，造成消费者或者其他受害人死亡或者健康严重损害的，受害人有权要求经营者依照本法第四十九条、第五十一条等法律规定赔偿损失，并有权要求所受损失 2 倍以下的惩罚性赔偿。

《消费者权益保护法》第四十八条规定，经营者提供商品或者服务有下列情形之一的，除本法另有规定外，应当依照其他有关法律、法规的规定，承担民事责任。

（1）商品或者服务存在缺陷的。

（2）不具备商品应当具备的使用性能而出售时未做说明的。

（3）不符合在商品或者其包装上注明采用的商品标准的。

（4）不符合商品说明、实物样品等方式表明的质量状况的。

（5）生产国家明令淘汰的商品或者销售失效、变质的商品的。

（6）销售的商品数量不足的。

（7）服务的内容和费用违反约定的。

（8）对消费者提出的修理、重做、更换、退货、补足商品数量、退还货款和服务费用或者赔偿损失的要求，故意拖延或者无理拒绝的。

（9）法律、法规规定的其他损害消费者权益的情形。

经营者对消费者未尽到安全保障义务，造成消费者损害的，应当承担侵权责任。《消费者权益保护法》第四十四条规定，消费者通过网络交易平台购买商品或者接受服务，其合法权益受到损害的，可以向销售者或者服务者要求赔偿。网络交易平台提供者不能提供销售者或者服务者的真实名称、地址和有效联系方式的，消费者也可以向网络交易平台提供者要求赔偿；网络交易平台提供者作出更有利于消费者的承诺的，应当履行承诺。网络交易平台提供者赔偿后，有权向销售者或者服务者追偿。网络交易平台提供者明知或者应知销售者或者服务者利用其平台侵害消费者合法权益，未采取必要措施的，依法与该销售者或者服务者承担连带责任。

7.2.4 电子商务消费者个人信息权

1. 消费者个人信息权的定义

1）个人信息

个人信息是指能够直接或间接地识别个人的属于个人所有的信息。个人信息包括个人的姓名、身份证号码（护照号）、年龄、血型、DNA、指纹、生活习性、婚姻状况、财产、病史、宗教信仰、职业、职务、学历、专业资格、工作经历、家庭住址、工作单位、手机号码、信用卡号、电子邮箱、网上登录账号和密码等。

最高人民法院《关于审理利用信息网络侵害人身权益民事纠纷案件适用法律若干问题的规定》第十二条规定，网络用户或者网络服务提供者利用网络公开自然人基因信息、病历资料、健康检查资料、犯罪记录、家庭住址、私人活动等个人隐私和其他个人信息，造成他人损害，被侵权人请求其承担侵权责任的，人民法院应予支持。这是我国法律第一次明确个人信息的内涵。在法律上关于个人信息的定义，比较全面的是《中华人民共和国网络安全法》第七十六条第五项的规定，个人信息，是指以电子或者其他方式记录的能够单独或者与其他信息结合识别自然人个人身份的各种信息，包括但不限于自然人的姓名、出生日期、身份证件号码、个人生物识别信息、住址、电话号码等。

个人信息又称为个人数据、个人资料等，与个人隐私的概念有差别。隐私包括私人信息、私人空间、私人活动，而个人信息包括隐私的信息（例如个人生理信息、财产信息等），也包括公开的信息（例如年龄、联系方式等）。所以，个人隐私与个人信息的范围存在交叉，但各有独立的内容。

2）个人信息权

个人信息权是指个人享有的对本人信息的支配、控制和排除他人侵害的权利。个人信息权的内容主要包括信息决定权、信息保密权、信息查询权、信息更正权、信息封锁权、信息删除权和信息报酬请求权等。

关于个人信息权，《民法典》第一百一十一条规定，自然人的个人信息受法律保护。任何组织或者个人需要获取他人个人信息的，应当依法取得并确保信息安全，不得非法收集、使用、加工、传输他人个人信息，不得非法买卖、提供或者公开他人个人信息。

2. 消费者个人信息权的保护

消费者个人信息是指经营者在提供商品或者服务活动中收集的消费者姓名、性别、职业、出生日期、身份证件号码、住址、联系方式、收入和财产状况、健康状况、消费情况等能够单独或者与其他信息结合识别消费者的信息（国家工商总局《侵害消费者权益行为处罚办法》第十一条第二款规定）。消费者权益保护法对个人信息的保护做出了明确的规定。对于消费者个人信息保护，特别是在网络环境下保护消费者个人信息，提供了重要的法律依据和支撑。

微课：消费者个人信息权的保护

《电子商务法》第二十三条规定，电子商务经营者收集、使用其用户的个人信息，应当遵守法律、行政法规有关个人信息保护的规定。《电子商务法》第二十四条规定，电子商务经营者应当明示用户信息查询、更正、删除以及用户注销的方式、程序，不得对用户信息查询、更正、删除以及用户注销设置不合理条件。电子商务经营者收到用户信息查询或者更正、删除的申请的，应当在核实身份后及时提供查询或者更正、删除用户信息。用户注销的，电子商务经营者应当立即删除该用户的信息；依照法律、行政法规的规定或者双方约定保存的，依照其规定。《电子商务法》第二十五条规定，有关主管部门依照法律、行政法规的规定要求电子商务经营者提供有关电子商务数据信息的，电子商务经营者应当提供。有关主管部门应当采取必要措施保护电子商务经营者提供的数据信息的安全，并对其中的个人信息、隐私和商业秘密严格保密，不得泄露、出售或者非法向他人提供。

《消费者权益保护法》第二十九条规定，经营者收集、使用消费者个人信息，应当遵循合法、正当、必要的原则，明示收集、使用信息的目的、方式和范围，并经消费者同意。经营者收集、使用消费者个人信息，应当公开其收集、使用规则，不得违反法律、法规的规定和双方的约定收集、使用信息。经营者及其工作人员对收集的消费者个人信息必须严格保密，不得泄露、出售或者非法向他人提供。经营者应当采取技术措施和其他必要措施，确保信息安全，防止消费者个人信息泄露、丢失。在发生或者可能发生信息泄露、丢失的情况时，应当立即采取补救措施。经营者未经消费者同意或者请求，或者消费者明确表示拒绝的，不得向其发送商业性信息。

《消费者权益保护法》第五十六条规定了"侵害消费者人格尊严、侵犯消费者人身自由或者侵害消费者个人信息依法得到保护的权利的"，除承担相应的民事责任外，其他有关法律、法规对处罚机关和处罚方式有规定的，依照法律、法规的规定执行；法律、法规未作规定的，由工商行政管理部门或者其他有关行政部门责令改正，可以根据情节单处或者并处警告、没收违法所得、处以违法所得1倍以上10倍以下的罚款，没有违法所得的，处以50万元以下的罚款；情节严重的，责令停业整顿、吊销营业执照。

《侵害消费者权益行为处罚办法》第十一条规定，经营者收集、使用消费者个人信息，应当遵循合法、正当、必要的原则，明示收集、使用信息的目的、方式和范围，并经消费者同意。经营者不得有下列行为：第一，未经消费者同意，收集、使用消费者个人信息；第二，泄露、出售或者非法向他人提供所收集的消费者个人信息；第三，未经消费者同意或者请求，或者消费者明确表示拒绝，向其发送商业性信息。

7.2.5 电子商务消费者的其他权利及其保护

消费者的其他权利主要包括消费者的结社权、知识获取权、受尊重权、监督权和检举权等。

1. 消费者结社权及其保护

消费者的结社权是消费者为了维护自身的合法权益而依法组织社会团体的权利。《消费者权益保护法》第十二条规定，消费者享有依法成立维护自身合法权益的社会组织的权利。

2. 消费者知识获取权及其保护

消费者知识获取权是指消费者享有获得有关消费和消费者权益保护方面的知识的权利。消费者获取有关知识，接受相关教育，是权利，同时也是义务。《消费者权益保护法》第十三条规定，消费者享有获得有关消费和消费者权益保护方面的知识的权利。消费者应当努力掌握所需商品或者服务的知识和使用技能，正确使用商品，增强自我保护意识。

3. 消费者受尊重权及其保护

消费者受尊重权是指消费者在购买、使用商品和接受服务时，享有其人格尊严、民族风俗习惯得到尊重的权利。经营者应该尊重消费者的姓名权、名誉权、肖像权等。消费者的人格权主要包括生命健康权、姓名权、肖像权、名誉权、荣誉权等，《中华人民共和国宪法》第三十七条规定，公民的人身自由不受侵犯，禁止非法拘禁和其他方法非法剥夺或者限制公民的人身自由，禁止非法搜查公民的身体。

公民的人格尊严不受侵犯，禁止以任何方法对公民进行侮辱、诽谤和诬告陷害。《民法典》又对公民的各种人格权做了具体的规定。

《消费者权益保护法》第十四条规定，消费者在购买、使用商品和接受服务时，享有人格尊严、民族风俗习惯得到尊重的权利，享有个人信息依法得到保护的权利。《消费者权益保护法》第五十条规定，经营者侵害消费者的人格尊严、侵犯消费者人身自由或者侵害消费者个人信息依法得到保护的权利的，应当停止侵害、恢复名誉、消除影响、赔礼道歉，并赔偿损失。《消费者权益保护法》第五十一条规定，经营者有侮辱诽谤、搜查身体、侵犯人身自由等侵害消费者或者其他受害人人身权益的行为，造成严重精神损害的，受害人可以要求精神损害赔偿。

4．消费者监督权和检举权及其保护

消费者监督权是指消费者享有对商品和服务以及保护消费者权利工作进行监督的权利。监督权的内容主要包括消费者对商品和服务的质量、价格、计量、品种、供应、服务态度、售后服务等进行监督的权利。

消费者检举权是指消费者有权检举工作人员在保护消费者权益工作中的违法失职行为，同时有权对消费者权益工作提出批评和建议的权利。

《消费者权益保护法》第十五条规定，消费者享有对商品和服务以及保护消费者权益工作进行监督的权利。消费者有权检举、控告侵害消费者权益的行为和国家机关及其工作人员在保护消费者权益工作中的违法失职行为，有权对保护消费者权益工作提出批评、建议。

7.3 产品质量与互联网广告的法律法规

7.3.1 与产品质量和经销商相关的法律法规

电子商务消费者权益保护的好坏与网络产品和服务经营者以及网站应尽的义务和责任是相关联的。为了保障电子商务消费者的基本权益和网络消费的健康发展，有必要规定网络产品和服务经销商应尽的义务和责任。

1．销售者的产品质量义务

《中华人民共和国产品质量法》规定，生产者应当对其生产的产品质量负责，要在产品或者其包装上加贴产品质量检验合格证明，要有中文标明的产品名称、生产厂厂名和厂址，限期使用的产品要标明生产日期和安全使用期或者失效日期；使用不当，容易造成产品本身损坏或者可能危及人身、财产安全的，要有警示标志或者中文警示说明；生产者不得生产国家明令淘汰的产品，不得伪造产地，不得伪造或者冒用他人的厂名、厂址，不得伪造或者冒用认证标志等质量标志。

知识链接

《中华人民共和国产品质量法》

《中华人民共和国产品质量法》是为了加强对产品质量的监督管理，提高产品质量水

平，明确产品质量责任，保护消费者的合法权益，维护社会经济秩序而制定。

《中华人民共和国产品质量法》于1993年2月22日第七届全国人民代表大会常务委员会第三十次会议通过，自1993年9月1日起施行。

当前版本是2018年12月29日第十三届全国人民代表大会常务委员会第七次会议通过，第十三届全国人民代表大会常务委员会第七次会议修改。

对于销售者对产品质量的责任和义务，《中华人民共和国产品质量法》也规定，销售者应当建立并执行进货检查验收制度，验明产品合格证明和其他标识，并应当采取措施保持销售产品的质量。销售者不得销售失效、变质的产品，不得伪造或者冒用认证标志等质量标志，不得掺杂、掺假，不得以假充真、以次充好，不得以不合格产品冒充合格产品。

《消费者权益保护法》第十九条规定："经营者发现其提供的商品或者服务存在缺陷，有危及人身、财产安全危险的，应当立即向有关行政部门报告和告知消费者，并采取停止销售、警示、召回、无害化处理、销毁、停止生产或者服务等措施。采取召回措施的，经营者应当承担消费者因商品被召回支出的必要费用。"与修改前相比，新《消费者权益保护法》删除了"严重"这一限制词，明确只要经营者发现其提供的商品或者服务存在缺陷，有危及人身、财产安全危险的，要做三件事情：一是要立即报告有关行政部门和告知消费者；二是要采取停止销售、警示、召回、无害化处理、销毁、停止生产或者服务等措施；三是消费者因商品被召回支出的必要费用要由经营者承担。

《消费者权益保护法》第三十三条规定，有关行政部门在各自的职责范围内，应当定期或者不定期对经营者提供的商品和服务进行抽查检验，并及时向社会公布抽查检验结果。

有关行政部门发现并认定经营者提供的商品或者服务存在缺陷，有危及人身、财产安全危险的，应当立即责令经营者采取停止销售、警示、召回、无害化处理、销毁、停止生产或者服务等措施。

这是《消费者权益保护法》首次以法律形式明确行政部门负有对商品或服务进行抽查检验后及时向社会公布的责任，同时多款规定强调存在缺陷的商品须及时召回，并对召回的方式、费用、不召回的处罚以及有关行政部门的职责等召回过程涉及的问题予以了详细、明确的规定。

拓展阅读：《消费者权益保护法》全文

2．网络产品和服务经营者的基本义务

《消费者权益保护法》第十六条规定："经营者向消费者提供商品或者服务，应当依照本法和其他有关法律、法规的规定履行义务。"基本法律义务要求经营者严格履行其与消费者预定的义务。经营者向消费者提供商品或者服务，应当恪守社会公德，诚信经营，保障消费者的合法权益；不得设定不公平、不合理的交易条件，不得强制交易。

3．提供商品信息的义务

《消费者权益保护法》第二十条第一款规定："经营者向消费者提供有关商品或者服务的质量、性能、用途、有效期限等信息，应当真实、全面，不得作虚假或者引人误解的宣传。"网络产品和服务经营者以及网站对提供的信息要充分，不能对产品轻描淡写，也不能过于夸张，特别提出了"明码标价"。

4．商品质量保障以及售后服务义务

《消费者权益保护法》第二十四条规定："经营者提供的商品或者服务不符合质量要

求的，消费者可以依照国家规定、当事人约定退货，或者要求经营者履行更换、修理等义务。没有国家规定和当事人约定的，消费者可以自收到商品之日起七日内退货；七日后符合法定解除合同条件的，消费者可以及时退货，不符合法定解除合同条件的，可以要求经营者履行更换、修理等义务。"网络服务经营者一定要保证向消费者提供的商品有质量保障，还要保证其广告和产品描述方式、向消费者提供的质量状况和商品实际的质量状况相符。

2014年修订的《消费者权益保护法》也提出了除一些特殊物品外，经营者采用网络、电视、电话、邮购等方式销售商品，消费者有权自收到商品之日起七日内退货，且无须说明理由。当然，消费者退货的商品应当完好。经营者应当自收到退回商品之日起七日内返还消费者支付的商品价款。退回商品的运费由消费者承担；经营者和消费者另有约定的，按照约定执行。

5. 不得不当免责义务

《消费者权益保护法》第二十六条规定："经营者在经营活动中使用格式条款的，应当以显著方式提请消费者注意商品或者服务的数量和质量、价款或者费用、履行期限和方式、安全注意事项和风险警示、售后服务、民事责任等与消费者有重大利害关系的内容，并按照消费者的要求予以说明。经营者不得以格式条款、通知、声明、店堂告示等方式，作出排除或者限制消费者权利、减轻或者免除经营者责任、加重消费者责任等对消费者不公平、不合理的规定，不得利用格式条款并借助技术手段强制交易。格式条款、通知、声明、店堂告示等含有前款所列内容的，其内容无效。"

6. 保护消费者安全和隐私的义务

目前各界都在呼吁保护消费者网络消费过程中的安全和隐私问题，网络产品和服务经营者的责任集中表现于：保证消费者的消费安全，保证消费者的个人信息不滥用、不泛用、不被第三者非法使用。这在《消费者权益保护法》的第十八条、第二十七条以及第二十九条中都有明确规定。

7.3.2 与互联网广告相关的法律法规

1. 互联网广告的定义和形式

1) 广告的定义

广告是指商品经营者或者服务提供者通过一定媒介和形式直接或者间接地介绍自己所推销的商品或者服务的商业活动。广义的广告是指不以营利为目的的广告，如政府公告，政党、宗教、教育、文化、市政、社会团体等方面的启事、声明，等等；狭义的广告是指以营利为目的的广告，包括商业广告、经济广告等，是工商企业为推销商品或提供服务，以付费方式，通过广告媒体向消费者或用户传播商品或服务信息的手段。例如，常见的网络上的商品广告属于商业广告的范围。《中华人民共和国广告法》（以下简称《广告法》）第二条第一款规定，在中华人民共和国境内，商品经营者或者服务提供者通过一定媒介和形式直接或者间接地介绍自己所推销的商品或者服务的商业广告活动，适用本法。《广告法》第四十四条第一款规定，利用互联网从事广告活动，适用本法的各项规定。

> **知识链接**

《中华人民共和国广告法》

《中华人民共和国广告法》于1994年10月27日第八届全国人民代表大会常务委员会第十次会议通过,2015年4月24日第十二届全国人民代表大会常务委员会第十四次会议修订,根据2018年10月26日第十三届全国人民代表大会常务委员会第六次会议《关于修改〈中华人民共和国野生动物保护法〉等十五部法律的决定》第一次修正,根据2021年4月29日第十三届全国人民代表大会常务委员会第二十八次会议《关于修改〈中华人民共和国道路交通安全法〉等八部法律的决定》第二次修正。

2)互联网广告的定义

互联网广告是指商品经营者或者服务提供者通过网络媒介和形式直接或者间接地介绍自己所推销的商品或者服务的商业活动。广义的网络广告包括各种网络上的广告活动;狭义的网络广告是指互联网广告。网络广告利用网络的各种投放平台和手段,包括网站、电商平台、政府网络平台等网站,博客、微博、微信、QQ等社交网络,电子邮件、短信等电子手段,刊登、发布文字、图像、音像、多媒体等形式的信息,因此,网络广告是一种现代化的高科技广告方式,广告效率高,监管难度大。

工商总局发布的《互联网广告管理暂行办法》第三条规定,本办法所称互联网广告,是指通过网站、网页、互联网应用程序等互联网媒介,以文字、图片、音频、视频或者其他形式,直接或者间接地推销商品或者服务的商业广告。

3)互联网广告的形式

(1)推销商品或者服务的含有链接的文字、图片或者视频等形式的广告。这是互联网广告最普通、普遍的形式,在网页中大量存在此类广告。例如,在网页中带有链接的广告,当打开广告,会链接到一个目标网站(通常是购物网站)。

(2)推销商品或者服务的电子邮件广告。这是一种通过电子邮件形式发送到电子邮箱的一种广告形式。例如邮箱中收到的商品介绍和信息。

(3)推销商品或者服务的付费搜索广告。这是一种在搜索引擎中加入的互联网广告形式,通过搜索而传播。例如百度搜索等。

(4)推销商品或者服务的商业性展示中的广告。这是一种在互联网上利用网络特殊的优势,对商品或服务进行展示的网络广告形式。例如,在综合性网站的汽车栏目,用Flash展示的汽车新品等。

(5)其他通过互联网媒介推销商品或者服务的商业广告。

2. 互联网广告的特点

互联网广告与传统的四大传播媒体(报纸、杂志、电视、广播)广告相比较,主要具有多样性、针对性、广泛性、便捷性和交互性等特点。

1)多样性

所谓互联网广告的多样性,是指互联网广告在形式上、内容上、载体上、功能上具有的多样化特点。互联网广告的形式多种多样,随着信息技术和网络技术的发展,更加多彩的吸引力强的互联网广告被制作和投放到互联网上。内容可以根据广告主的要求,在设计和制作中确定。

载体、功能可以根据广告主不同的需要、投放的位置和方式不同来具体确定,例如旗帜广告、网页广告、横幅广告、动画广告、视频广告等载体,可以有收听、收看、试用、体验、调查问卷的功能。

2)针对性

所谓互联网广告的针对性,是指互联网广告的投放可以更好地选择对象。根据网站及其数据分析,有利于掌握不同方式、网页中受众的情况,例如年龄、性别、爱好、收入、职业、婚姻、消费习惯等,然后确定广告投放的时间、位置、网站、网页,因此,针对性强,效益高。

3)广泛性

所谓互联网广告的广泛性,是指互联网广告的传播范围非常广泛,通过互联网络把广告信息全天候24小时不间断地传播到地球的各个地方。例如,一则互联网广告在网上发布后,互联网广告的受众遍布世界各地,世界上只要能连接互联网的任何地方,都能够随时随意浏览互联网广告信息。这是互联网广告的时空优势。

4)便捷性

所谓互联网广告的便捷性,是指互联网广告的制作、发布、投放、收看等各个环节快速及时、费用低。互联网广告制作周期短、费用低;互联网广告发布轻松、快速;互联网广告的投放准确、及时;互联网广告的收看随时随地。与传统广告相比,互联网广告不仅制作成本低,而且发布、投放等费用低。

5)交互性

所谓互联网广告的交互性,是指广告发布后,可以与广告的受众实现互动和交流,这是互联网络媒体优势的体现。例如,互联网广告在网页上线后,设置信息反馈功能,受众对广告所涉及的信息,可以进一步提问、留言、提出建议和意见。

3. 互联网广告管辖权的法律法规

1)广告的行政管辖权

广告的行政管辖权,是指对行政管理监督主体的广告相应的行政事务的管理监督处罚等划分的首次处置权。首次处置权交由哪个监管机构或部门,看似是个简单的问题,其实行政管辖权不仅确定行政事务首次处置权的行政监管主体,有利于监管行政事务,而且也会使行政监管的相对人事先知道行政事务的受理的行政主体,便于问题的处理和解决。广义的行政管辖权,应该包括行政事务监管办法的制定、行政事务的监督管理和行政事务的违法违规的查处等权力。狭义的行政管辖权,一般包括级别管辖权、地域管辖权和特别管辖权。

《广告法》第五十三条规定,任何单位或者个人有权向市场监督管理部门和有关部门投诉、举报违反本法的行为。市场监督管理部门和有关部门应当向社会公开受理投诉、举报的电话、信箱或者电子邮件地址,接到投诉、举报的部门应当自收到投诉之日起七个工作日内,予以处理并告知投诉、举报人。市场监督管理部门和有关部门不依法履行职责的,任何单位或者个人有权向其上级机关或者监察机关举报。接到举报的机关应当依法作出处理,并将处理结果及时告知举报人。有关部门应当为投诉、举报人保密。《广告法》第五十四条规定,消费者协会和其他消费者组织对违反本法规定,发布虚假广告侵害消费者合法权益，以及其他损害社会公共利益的行为，依法进行社会监督。

2）互联网广告管辖权的相关法律法规

（1）以广告发布者所在地管辖为主。《互联网广告管理暂行办法》第十八条第一款规定，对互联网广告违法行为实施行政处罚，由广告发布者所在地工商行政管理部门管辖。广告发布者所在地工商行政管理部门管辖异地广告主、广告经营者有困难的，可以将广告主、广告经营者的违法情况移交广告主、广告经营者所在地工商行政管理部门处理。这是根据《工商行政管理机关行政处罚程序规定》中确定的广告发布者所在地管辖的原则为基础，对互联网广告管辖权的确定。

知识链接

《互联网广告管理暂行办法》

《互联网广告管理暂行办法》是为规范互联网广告活动，保护消费者的合法权益，促进互联网广告业的健康发展，维护公平竞争的市场经济秩序，根据《中华人民共和国广告法》等法律、行政法规制定。由国家工商行政管理总局局务会议审议通过，现予公布，自2016年9月1日起施行。

（2）以广告主所在地、广告经营者所在地管辖为辅。《互联网广告管理暂行办法》第十八条第二款规定，广告主所在地、广告经营者所在地工商行政管理部门先行发现违法线索或者收到投诉、举报的，也可以进行管辖。这是考虑到互联网广告发布链条长、广告资源碎片化、广告精准投放带来的不同浏览者同一时间在同一网站上看到的是完全不同的广告等特征，而对网络广告管辖权的确定。

（3）广告主自行发布广告的，由广告主所在地管辖。《互联网广告管理暂行办法》第十八条第三款规定，对广告主自行发布的违法广告实施行政处罚，由广告主所在地工商行政管理部门管辖。

从互联网广告的情况看，大量的互联网广告是由广告主在自设网站或者其拥有合法使用权的互联网媒介上自行发布的，这一部分广告出现违法，由互联网广告的广告主所在地管辖。这样规定的优点是，发现违法线索或者接投诉、举报后，由广告主或者广告经营者所在地管辖，有利于更快断开违法广告链接，形成"一处违法被查，全网清扫干净"的高效监管局面，更具可操作性。

4. 互联网广告主体的法律法规

1）广告主体的法律法规

（1）广告主体的定义。广告主体是指广告主和参与设计、制作、发布广告的自然人、法人或者其他组织，主要包括广告主、广告经营者、广告发布者和广告代言人。广告主是指为推销商品或者服务，自行或者委托他人设计、制作、发布广告的自然人、法人或者其他组织。广告经营者是指接受委托提供广告设计、制作、代理服务的自然人、法人或者其他组织。广告发布者是指为广告主或者广告主委托的广告经营者发布广告的自然人、法人或者其他组织。广告代言人是指广告主以外的，在广告中以自己的名义或者形象对商品、服务做推荐、证明的自然人、法人或者其他组织。

（2）广告主体的法律法规。广告主、广告经营者、广告发布者从事广告活动，应当遵守法律、法规，诚实信用，公平竞争，不得在广告活动中进行任何形式的不正当竞争。《广告法》第三十条规定，广告主、广告经营者、广告发布者之间在广告活动中应当依法订立书面合同。根据《广告法》和相关法律法规的规定，涉及广告主体的内容主要包括以下几点。

① 广告主的广告业务委托。广告主委托设计、制作、发布广告，应当委托具有合法经营资格的广告经营者、广告发布者。广告主或者广告经营者在广告中使用他人名义或者形象的，应当事先取得其书面同意；使用无民事行为能力人、限制民事行为能力人的名义或者形象的，应当事先取得其监护人的书面同意。

② 广告经营者、广告发布者的广告业务承接。广告经营者、广告发布者应当按照国家有关规定，建立、健全广告业务的承接登记、审核、档案管理制度，依据法律、行政法规查验有关证明文件，核对广告内容。对内容不符或者证明文件不全的广告，广告经营者不得提供设计、制作、代理服务，广告发布者不得发布。收费标准和收费办法，应当事先公布。广告发布者向广告主、广告经营者提供的覆盖率、收视率、点击率、发行量等资料应当真实。

③ 广告代言人的活动。广告代言人在广告中对商品、服务做推荐、证明，应当依据事实，符合广告法和有关法律、行政法规规定，并不得为其未使用过的商品或者未接受过的服务做推荐、证明。

不得利用不满 1 周岁的未成年人作为广告代言人。对在虚假广告中做推荐、证明受到行政处罚未满 3 年的自然人、法人或者其他组织，不得利用其作为广告代言人。

不得在中小学校、幼儿园内开展广告活动，不得利用中小学生和幼儿的教材、教辅材料、练习册、文具、教具、校服、校车等发布或者变相发布广告，但公益广告除外。

2）互联网广告主体的相关法律法规

根据《广告法》《互联网广告管理暂行办法》和相关法律法规，涉及互联网广告主体的规定主要包括以下几点。

（1）互联网广告订立书面合同。互联网广告主、广告经营者、广告发布者之间在互联网广告活动中应当依法订立书面合同。

（2）广告主发布互联网广告。互联网广告主发布互联网广告需具备的主体身份、行政许可、引证内容等证明文件，应当真实、合法、有效。互联网广告主应当对广告内容的真实性负责。广告主可以通过自设网站或者拥有合法使用权的互联网媒介自行发布广告，也可以委托互联网广告经营者、广告发布者发布广告。互联网广告主委托互联网广告经营者、广告发布者发布广告，修改广告内容时，应当以书面形式或者其他可以被确认的方式通知为其提供服务的互联网广告经营者、广告发布者。

（3）互联网广告发布者。为广告主或者广告经营者推送或者展示互联网广告，并能够核对广告内容、决定广告发布的自然人、法人或者其他组织，是互联网广告的发布者。

（4）互联网广告发布者、广告经营者的义务。互联网广告发布者、广告经营者应当按照国家有关规定建立健全互联网广告业务的承接登记、审核、档案管理制度；审核查验并登记广告主的名称、地址和有效联系方式等主体身份信息，建立登记档案并定期核实更新。应当查验有关证明文件，核对广告内容，对内容不符或者证明文件不全的广告，不得设计、制作、代理、发布。应当配备熟悉广告法规的广告审查人员；有条件的还应当设立专门机构，负责互联网广告的审查。

(5)互联网广告的程序化购买广告方式及其法律法规。

互联网广告可以程序化购买广告的方式,通过广告需求方平台、媒介方平台以及广告信息交换平台等所提供的信息整合、数据分析等服务进行有针对性的发布。通过程序化购买广告方式发布的互联网广告,广告需求方平台经营者应当清晰标明广告来源。

广告需求方平台是指整合广告主需求,为广告主提供发布服务的广告主服务平台。广告需求方平台的经营者是互联网广告发布者、广告经营者。媒介方平台是指整合媒介方资源,为媒介所有者或者管理者提供程序化的广告分配和筛选的媒介服务平台。广告信息交换平台是提供数据交换、分析匹配、交易结算等服务的数据处理平台。

广告需求方平台经营者、媒介方平台经营者、广告信息交换平台经营者以及媒介方平台的成员,在订立互联网广告合同时,应当查验合同相对方的主体身份证明文件、真实名称、地址和有效联系方式等信息,建立登记档案并定期核实更新。媒介方平台经营者、广告信息交换平台经营者以及媒介方平台成员,对其明知或者应知的违法广告,应当采取删除、屏蔽、断开链接等技术措施和管理措施予以制止。

5. 虚假广告的法律法规

1)虚假广告的定义

虚假广告,指广告内容是虚假的或引人误解的广告。所谓"虚"是指广告夸大其词,与商品或服务的实际质量、效果、水平等不符合;所谓"假"是指广告中的商品或服务不存在。查处虚假广告,是保证公平竞争、维护社会主义市场秩序、保障消费者权益的重要途径。虚假广告是广告中经常遇到的现象,对于如何判别并进行处罚,《民法典》和相关法律法规做出了规定。

虚假广告的主要表现形式有夸大失实、语言模糊、令人误解、不公正、消息虚假。夸大失实的广告,一般是对销售商品的质量、成分、性能、用途、产地等情况,生产工艺、技术水平、技术标准等进行的夸大;语言模糊、令人误解的广告,是指用词难理解,明示或暗示、省略或含糊使人容易产生误解的广告;不公正的广告,是指通过诽谤、诋毁竞争对手的商品或服务来宣传自己商品或服务的广告;消息虚假的广告,是指商品或者服务根本不存在的广告。

2)虚假广告的法律界定

《广告法》第二十八条规定,广告以虚假或者引人误解的内容欺骗、误导消费者的,构成虚假广告。广告有下列情形之一的,为虚假广告。

(1)商品或者服务不存在的。

(2)商品的性能、功能、产地、用途、质量、规格、成分、价格、生产者、有效期限、销售状况、曾获荣誉等信息,或者服务的内容、提供者、形式、质量、价格、销售状况、曾获荣誉等信息,以及与商品或者服务有关的允诺等信息与实际情况不符,对购买行为有实质性影响的。

(3)使用虚构、伪造或者无法验证的科研成果、统计资料、调查结果、文摘、引用语等信息做证明材料的。

(4)虚构使用商品或者接受服务的效果的。

(5)以虚假或者引人误解的内容欺骗、误导消费者的其他情形。

《反不正当竞争法》第八条规定,经营者不得对其商品的性能、功能、质量、销售状况、用户评价、曾获荣誉等作虚假或者引人误解的商业宣传,欺骗、误导消费者。经营者不得通过组织虚假交易等方式,帮助其他经营者进行虚假或者引人误解的商业宣传。

3)虚假广告的处罚

违法违规广告的查处,是广告行政管辖权的重要内容。对违反广告法规定,发布虚假广告的,不仅由工商行政管理部门负责处罚,还涉及卫生行政等部门,情节严重者,构成犯罪的,由司法部门依法追究刑事责任。

(1)行政处罚。《广告法》第五十五条第一款规定,违反本法规定,发布虚假广告的,由市场监督管理部门责令停止发布广告,责令广告主在相应范围内消除影响,处广告费用3倍以上5倍以下的罚款,广告费用无法计算或者明显偏低的,处20万元以上100万元以下的罚款;两年内有3次以上违法行为或者有其他严重情节的,处广告费用5倍以上10倍以下的罚款,广告费用无法计算或者明显偏低的,处100万元以上200万元以下的罚款,可以吊销营业执照,并由广告审查机关撤销广告审查批准文件,一年内不受理其广告审查申请。

《广告法》第五十五条第二款规定,医疗机构有前款规定违法行为,情节严重的,除由市场监督管理部门依照本法处罚外,卫生行政部门可以吊销诊疗科目或者吊销医疗机构执业许可证。

《广告法》第五十五条第三款规定,广告经营者、广告发布者明知或者应知广告虚假仍设计、制作、代理、发布的,由市场监督管理部门没收广告费用,并处广告费用3倍以上5倍以下的罚款,广告费用无法计算或者明显偏低的,处20万元以上100万元以下的罚款;两年内有3次以上违法行为或者有其他严重情节的,处广告费用5倍以上10倍以下的罚款,广告费用无法计算或者明显偏低的,处100万元以上200万元以下的罚款,并可以由有关部门暂停广告发布业务、吊销营业执照。

《消费者权益保护法》第四十五条规定,消费者因经营者利用虚假广告或者其他虚假宣传方式提供商品或者服务,其合法权益受到损害的,可以向经营者要求赔偿。广告经营者、发布者发布虚假广告的,消费者可以请求行政主管部门予以惩处。广告经营者、发布者不能提供经营者的真实名称、地址和有效联系方式的,应当承担赔偿责任。广告经营者、发布者设计、制作、发布关系消费者生命健康商品或者服务的虚假广告,造成消费者损害的,应当与提供该商品或者服务的经营者承担连带责任。社会团体或者其他组织、个人在关系消费者生命健康商品或者服务的虚假广告或者其他虚假宣传中向消费者推荐商品或者服务,造成消费者损害的,应当与提供该商品或者服务的经营者承担连带责任。

(2)追究刑事责任。《广告法》第五十五条第四款规定,广告主、广告经营者、广告发布者有本条第一款、第三款规定行为,构成犯罪的,依法追究刑事责任。

《中华人民共和国刑法》第二百二十二条规定,广告主、广告经营者、广告发布者违反国家规定,利用广告对商品或者服务作虚假宣传,情节严重的,处二年以下有期徒刑或者拘役,并处或者单处罚金。《中华人民共和国刑法》第二百三十一条规定,单位犯本节第二百二十一条至第二百三十条规定之罪的,对单位判处罚金,并对其直接负责的主管人员和其他直接责任人员,依照该条的规定处罚。

6. 互联网广告内容的法律法规

广告内容的法律法规是广告法和相关法律法规的重要内容。根据《广告法》《互联网广告管理暂行办法》和相关法律法规，关于广告内容的规定主要有以下几个方面。

1）广告不得有的情形的规定

《广告法》第九条规定，广告不得有下列情形。

（1）使用或者变相使用中华人民共和国的国旗、国歌、国徽、军旗、军歌、军徽。

（2）使用或者变相使用国家机关、国家机关工作人员的名义或者形象。

（3）使用"国家级""最高级""最佳"等用语。

（4）损害国家的尊严或者利益，泄露国家秘密。

（5）妨碍社会安定，损害社会公共利益。

（6）危害人身、财产安全，泄露个人隐私。

（7）妨碍社会公共秩序或者违背社会良好风尚。

（8）含有淫秽、色情、赌博、迷信、恐怖、暴力的内容。

（9）含有民族、种族、宗教、性别歧视的内容。

（10）妨碍环境、自然资源或者文化遗产保护。

（11）法律、行政法规规定禁止的其他情形。

2）互联网广告活动中不得有的行为规定

《互联网广告管理暂行办法》第十六条规定，互联网广告活动中不得有下列行为。

（1）提供或者利用应用程序、硬件等对他人正当经营的广告采取拦截、过滤、覆盖、快进等限制措施。

（2）利用网络通路、网络设备、应用程序等破坏正常广告数据传输，篡改或者遮挡他人正当经营的广告，擅自加载广告。

（3）利用虚假的统计数据、传播效果或者互联网媒介价值，诱导错误报价，谋取不正当利益或者损害他人利益。

3）行政许可、专利等事项的规定

广告内容涉及的事项需要取得行政许可的，应当与许可的内容相符合。广告使用数据、统计资料、调查结果、文摘、引用语等引证内容的，应当真实、准确，并标明出处。引证内容有适用范围和有效期限的，应当明确表示。广告中涉及专利产品或者专利方法的，应当标明专利号和专利种类。

未取得专利权的，不得在广告中谎称取得专利权。禁止使用未授予专利权的专利申请和已经终止、撤销、无效的专利做广告。

4）广告标识的法律法规

（1）广告的识别性。广告应当具有可识别性，能够使消费者辨明其为广告。大众传播媒介不得以新闻报道形式变相发布广告。通过大众传播媒介发布的广告应当显著标明"广告"，与其他非广告信息相区别，不得使消费者产生误解。广播电台、电视台发布广告，应当遵守国务院有关部门关于时长、方式的规定，并应当对广告时长做出明显提示。

（2）互联网广告的识别性。《互联网广告管理暂行办法》第七条规定，互联网广告应当具有可识别性，显著标明"广告"，使消费者能够辨明其为广告。付费搜索广告应当与自然搜索结果明显区分。《互联网广告管理暂行办法》第八条规定，利用互联网发布、发送广告，不得影响用户正常使用网络。在互联网页面以弹出等形式发布的广告，应当显著标明关闭标志，确保一键关闭。不得以欺骗方式诱使用户点击广告内容。未经允许，不得在用户发送的电子邮件中附加广告或者广告链接。

5）广告内容的禁止规定

法律、行政法规规定禁止生产、销售的产品或者提供的服务，以及禁止发布广告的商品或者服务，任何单位或者个人不得设计、制作、代理、发布广告。

麻醉药品、精神药品、医疗用毒性药品、放射性药品等特殊药品，药品类易制毒化学品，以及戒毒治疗的药品、医疗器械和治疗方法，不得做广告。规定以外的处方药，只能在国务院卫生行政部门和国务院药品监督管理部门共同指定的医学、药学专业刊物上做广告。广播电台、电视台、报刊音像出版单位、互联网信息服务提供者不得以介绍健康、养生知识等形式变相发布医疗、药品、医疗器械、保健食品广告。

禁止在大众传播媒介或者公共场所、公共交通工具、户外发布烟草广告。禁止向未成年人发送任何形式的烟草广告。禁止利用其他商品或者服务的广告、公益广告，宣传烟草制品名称、商标、包装、装潢以及类似内容。烟草制品生产者或者销售者发布的迁址、更名、招聘等启事中，不得含有烟草制品名称、商标、包装、装潢以及类似内容。

6）互联网广告内容的禁止和审查规定

法律、行政法规规定禁止生产、销售的商品或者提供的服务，以及禁止发布广告的商品或者服务，任何单位或者个人不得在互联网上设计、制作、代理、发布广告。禁止利用互联网发布处方药和烟草的广告。医疗、药品、特殊医学用途配方食品、医疗器械、农药、兽药、保健食品广告等法律、行政法规规定须经广告审查机关进行审查的特殊商品或者服务的广告，未经审查，不得发布。

7. 电子邮件广告的法律法规

1）电子邮件广告的含义

（1）电子邮件的定义。电子邮件（electronic mail，e-mail），是指利用计算机网络所提供的一种媒体信件信息系统。电子邮件服务系统是处理邮件交换的软件、硬件设备，包括邮件程序、电子邮箱等。电子邮件是计算机网络中最广泛和最普通的、使用最频繁的一项服务。因为电子邮件具有应用范围广泛、通信性能优越和通信手段简便等特点，所以得以广泛应用。

（2）电子邮件广告的定义。电子邮件广告（e-mail advertising），是指以电子邮件的形式通过互联网将广告发到电子邮箱用户的一种网络广告形式。电子邮件广告以电子邮件为传播载体，是通过网络发送电子邮件广告信息，以此来达到宣传和推销商品或者服务目的的相关信息。电子邮件广告具有针对性强、传播面广、费用低、信息量大的特点，所以，商家喜欢采用此方式，但是电子邮件接收方并非同意和喜欢。

2）电子邮件广告的法律法规限制

根据相关法律法规的规定，电子邮件制作人、发送者，未经允许不得向他人发送电子邮件广告，否则要受到处罚。《广告法》第四十三条规定，任何单位或者个人未经当事人同意或者请求，不得向其住宅、交通工具等发送广告，也不得以电子信息方式向其发送广告。以电子信息方式发送广告的，应当明示发送者的真实身份和联系方式，并向接收者提供拒绝继续接收的方式。《互联网广告管理暂行办法》第八条第三款规定，未经允许，不得在用户发送的电子邮件中附加广告或者广告链接。

《互联网电子邮件服务管理办法》第十三条规定，任何组织或者个人不得有下列发送或者委托发送互联网电子邮件的行为：第一，故意隐匿或者伪造互联网电子邮件信封信息；第二，未经互联网电子邮件接收者明确同意，向其发送包含商业广告内容的互联网电子邮件；第三，发送包含商业广告内容的互联网电子邮件时，未在互联网电子邮件标题信息前部注明"广告"或者"AD"字样。

违反上述规定的，应依据职权责令改正，并处 1 万元以下的罚款；有违法所得的，并处 3 万元以下的罚款。

拓展实训

【实训目标】

通过实训使学生初步了解电子商务消费者权益保护的相关知识，包括电子商务消费者权益保护的法律法规、产品质量与互联网广告的法律法规。

【实训内容】

了解并掌握电子商务消费者权益保护的相关知识。

【实训步骤】

（1）以 2～3 人为单位组成一个团队，设负责人一名，负责整个团队的分工协作。

（2）团队成员通过分工协作，多渠道搜集相关资料。

（3）团队成员对搜集的材料进行整理，总结并分析电子商务消费者权益保护的法律法规。

（4）各团队将总结制作成表格，派出一人作为代表上台演讲，阐述自己团队的成果。

（5）教师对各团队的成果进行总结评价，指出不足与改进措施。

【实训要求】

（1）考虑到课堂时间有限，实训可采取"课外+课内"的方式进行，即团队组成、分工、讨论和方案形成在课外完成，成果展示安排在课内。

（2）每个团队方案展示时间为 10 分钟左右，教师和学生提问时间为 5 分钟左右。

复习思考题

1．电子商务消费者的权益保护的基本原则有哪些？
2．消费者安全权的定义是什么？
3．个人信息权的定义是什么？
4．网络产品和服务经营者的基本义务有哪些？

第 8 章

电子商务纠纷与解决机制

知识目标

- ☑ 了解电子商务纠纷,包括电子商务纠纷的概念和电子商务纠纷的案例类型;
- ☑ 掌握电子商务纠纷解决机制,包括争议在线解决机制、在线仲裁以及在线诉讼。

思维导图

引导案例

平台调处过程中商家起诉,调处程序应当中止

【基本案情】

蔡某是某公司运营的电商平台内商家,2017年因商品材质问题与消费者发生纠纷。电商平台介入调处纠纷后,根据检测报告认定商品材质与描述不符,冻结了蔡某店铺的保证金,并告知如蔡某未按期向平台提交与买家进行司法处理的函件证明,将根据平台规则进行退赔。蔡某将该平台公司诉至法院,要求解冻保证金并向平台公司提交了法院受理通知书。之后,平台公司未中止调处,扣划了蔡某的保证金向消费者进行了赔付。蔡某诉请该平台公司对划扣款项进行赔偿。

法院经审理认为:在蔡某对平台公司起诉后,平台调处服务应当中止。本案平台公司在蔡某提供法院受案通知书后继续扣划冻结款项,有损蔡某权益,亦有损司法权威。平台公司未及时中止调处服务,致使蔡某本应处于冻结的钱款被划扣,鉴于货款及赔偿金已支付至交易相对方,故平台公司应当采取补救措施,使用自有资金将等额款项返还至蔡某账户并恢复至冻结状态。至于钱款何时解冻及实际归属应视蔡某后续维权结果而定。遂判决该平台公司返还扣划款至蔡某账户并恢复至冻结状态。某平台公司不服上诉，双方二审达成和解。

【法官说法】

电商平台经营者作为网络平台服务提供商为平台交易各方提供争议调处服务，该服务性质与人民调解类似，在当事方自愿选择并接受调处服务的前提下，其快速厘清责任、化解纠纷的社会功能应予肯定。但电商平台提供的争议调处服务始终带有民间性、自治性，是非官方的，亦非终局性的，调处服务本身亦属于司法评价的对象，应对司法机关的介入给予充分尊重。同时，此类因买卖合同纠纷衍生的网络服务合同纠纷，其纠纷根源仍在于买卖合同基础法律关系中权利义务的争议，从诉讼选择来说，当事人应直接对交易相对方提起诉讼以便在买卖合同纠纷中确定双方权利义务关系，进而定分止争。

资料来源：【盘点】2018年杭州互联网法院十大电子商务审判典型案例[EB/OL].（2019-04-10）.https://www.163.com/dy/article/ECBMR6BP0514BOS2.html。

8.1 电子商务纠纷概述

8.1.1 电子商务纠纷的概念

《现代汉语词典》对"纠纷"给出的解释是"争执的事情"。生活中的纠纷主要有经济纠纷、民事纠纷、医疗纠纷、劳动纠纷、合同纠纷、交易纠纷、旅游纠纷等。

电子商务纠纷指的是交易过程中所产生的纠纷，属于交易纠纷，即在交易过程中产生了误会，或者一方刻意隐瞒，从而无法使交易顺利完成。

思政小课堂：

通过电子商务纠纷与解决机制的学习，掌握电子商务纠纷解决机制，引导学生正确地解决电子商务纠纷，做新时代合格职业人。

8.1.2 电子商务纠纷的案件类型

微课：电子商务纠纷的案件类型

买家在交易中提起退款申请时有两类纠纷：一类是买家未收到货物而产生的纠纷，俗称未收到货；另一类是买家收到货物，但货物与约定不符导致的纠纷，俗称货不对板。

1. 未收到货

平台未收到货的纠纷主要涵盖查无物流信息、物流显示已妥投（买家仍投诉未收到货物）、货物在运输途中、货物原件退回、卖家私自更改物流方式、货物破损、买家收到货物后退货、赠品问题纠纷等。下面将一一介绍。

（1）查无物流信息。卖家填写的运单号在物流网站上查不到跟踪信息。

（2）物流显示已妥投（买家仍投诉未收到货物）。这种类型分为以下两种情况：①物流妥投地址与买家下单地址匹配,即物流信息显示已妥投,且物流妥投国家与买家下单地址国家一致,省份、城市、邮编和签收人均一致;②物流妥投地址与买家下单地址不匹配,即物流信息显示已妥投,但物流妥投信息与买家下单地址不一致。

(3)货物在运输途中。包裹在物流公司官方网站的物流追踪信息介于"收寄"和货物"妥投"之间的情形,包括但不限于以下几种情形:发往某地、到达某邮局、未妥投。

(4)货物原件退回。物流有跟踪信息,且跟踪信息显示货物被退回。

(5)卖家私自更改物流方式。未经买家允许,卖家使用与买家下单时选择的不同物流方式发货。

(6)货物破损。买家所收到的货物存在不同程度的外包装(限产品自身包装,如手机产品的外包装,且邮局、卖家使用的外包装除外)或者产品本身有损坏的情况。

(7)买家收到货物后退货。买家收到货物后,经买卖双方达成协议后退货,或者买家未与卖家协商即自行退货。

(8)赠品问题纠纷。卖家没有按照约定寄送赠品而导致的纠纷。

2. 买家拒签

买家拒签包括有理由拒签和无理由拒签。有理由拒签是指当货物递送至买家(包括买家代表)时,买家发现货物存在肉眼可见的货物损坏或与订单不符的情况,如货物破损、短装货不对板等情况,买家当场拒绝签收;无理由拒签,即货物递送到买家(包括买家代表)时,买家无任何理由拒绝签收。

3. 货不对板

货不对板是买家收到货物但货物与约定不符,包括货物与描述不符、质量问题、销售假货、发错货物、货物短装、货物破损、退货等。

(1)货物与描述不符类。买家收到的货物与卖家在网站相应的产品详情页面的描述存在颜色、尺寸、产品包装、品牌、款式/型号等方面的差距。

① 颜色不符是指所收到货物的颜色与产品描述(图片和描述)不符。

② 尺寸不符是指所收到货物的尺寸与产品描述不符。

③ 产品包装不符是指所收到货物的内包装与描述有不符(无包装、包装不符、包装破损和污渍)。产品包装是指产品本身所有的包装(邮局、卖家使用的外包装除外)。

④ 品牌不符是指所收到货物的品牌与描述不符。

⑤ 款式/型号不符是指所收到货物的款式/型号与产品描述(图片和描述)不符。款式/型号是指产品的性能、规格和大小等。

(2)质量问题。买家所收到的货物出现品质、使用方面的问题,如电子设备无法工作、产品的质地差等。

(3)销售假货。买家收到货物后因货物为侵权假冒产品或涉嫌侵权假冒产品而提起退款。

(4)货物短装。买家所收到货物的数量少于订单上约定的数量。

(5)货物破损。买家所收到的货物存在不同程度的外包装(限产品自身包装,如手机产品的外包装,且邮局、卖家使用的外包装除外)或者产品本身有损坏的情况。

(6)买家收到货物后退货。买家收到货物后,经买卖双方达成协议后退货,或者买家未与卖家协商即自行退货。

（7）赠品问题纠纷。卖家没有按照约定寄送赠品而导致的纠纷。

8.2 电子商务纠纷解决机制

8.2.1 争议在线解决机制

伴随着电子商务交易量的快速增长，交易纠纷大量产生。这些纠纷常常发生在地理位置相距遥远的交易当事人之间。这些纠纷如果通过传统的方法，如消费者协会的调解和法院诉讼等解决，在很大程度上是不经济的，如往来的差旅费、律师费、诉讼费，还要浪费大量的时间和精力。这意味着只有那些数额较大的索赔补救才能通过法院制度得以实现，否则将得不偿失。

1. 争议在线解决机制的概念

鉴于电子商务纠纷频出，急需一种有效、公平、快捷、低成本的纠纷解决机制，人们会很自然地想到用非诉讼方式保护自己的权益，并解决纠纷。于是，替代性争议解决方法（alternative dispute resolution，ADR）被引入网络，产生了在线ADR，即争议在线解决机制（online dispute resolution，ODR）这一非诉讼纠纷解决的新形式。

ODR是建立在ADR基础之上的。ADR起源于美国，在我国通常翻译为替代性争议解决方法或可选择性争议解决方法。ODR是指利用互联网进行全部或主要程序的各种争议解决方式的总称，主要包括在线仲裁（online arbitration）、在线调解（online mediation）和在线和解（online negotiation）等方式。仅利用网络技术实现文件管理功能，程序的其他部分仍用传统离线方式进行，不属于ODR范畴。

2. 争议在线解决机制的特征

ODR将网络资源充分引入争议解决方法中，与传统争议解决方法相比，其具有以下特征。

（1）采用计算机及网络技术的科技手段，改变各种争议和纠纷的解决途径和形式，产生更加多样的模式和解决方案。

（2）以业界自律为基础的运行机制，建立企业与消费者之间的信任关系，提供有利于网络纠纷快速、便宜、公正地解决的可选择途径。

（3）全球化的解决方案和运行模式，这就使ODR可以在任何国家聘用任何国籍的仲裁员或者调解员，通过任何语言解决争议，具有快速、费用低廉、便利等网络空间争议解决所必需的各类重要价值因素。

3. 争议在线解决机制的优点

网络空间具有全球性、虚拟性、管理的非中心化和高度的自治性的特点，网络空间争议的解决也具有不同离线争议的特殊要求，效率、成本和便利性成为网络空间争议解决方式的首要价值因素。其通过网络为当事人提供了便捷的争议解决途径，节省了纠纷解决的成本，给当事人以最大限度的自主权，体现出"虚拟世界"自主、自愿、自律、诚实信用和符合实际的基本理念,极大地支持了电子商务的发展。在网络虚拟世界,ODR对于建立互联网中的信赖关系是非常必要的,是有利于实现双赢的争议解决方式,越来越受到国际组织和世界各国的重视。

4. 电子商务争议解决的法律依据及方法

《电子商务法》第六十三条规定,电子商务平台经营者可以建立争议在线解决机制,制定并公示争议解决规则,根据自愿原则,公平、公正地解决当事人的争议。电子商务消费者和电子商务经营者发生纠纷的,可以通过下列途径解决:与电子商务经营者协商和解;请求相关组织或平台进行调解;向有关行政部门投诉;根据仲裁协议提请线上仲裁机构仲裁;向人民法院提起诉讼,既可以提起传统诉讼,进行线下诉讼,也可以向互联网法院提起诉讼(仅限于北京、杭州和广州地区)。

5. 在线协商和解

和解是争议当事人在没有第三方介入的情况下协商谈判解决其争议,而在线协商和解则是争议当事人通过网络平台,在没有第三方介入的情况下协商谈判解决其争议的和解方式。

在线协商和解具有借助于互联网络平台、只有双方当事人自己参加、和解没有强制力、和解协议不具有强制执行力等特点。

6. 在线投诉

电子商务纠纷的在线投诉是指电子商务消费者为生活消费需要购买、使用商品或者接受服务,与电子商务经营者发生消费者权益争议,请求市场监督管理部门解决该争议的行为。

下面以全国12315平台为例,说明在线投诉的内容和规则。

(1)在线投诉人填写的投诉内容应当符合平台要求的格式,事实清楚、实事求是,并根据平台和处理单位要求提供电话号码和其他有效联系方式,以便市场监督管理部门在处理时可以及时与投诉人取得联系。

(2)对电子商务平台经营者及通过自建网站、其他网络服务销售商品或者提供服务的电子商务经营者的投诉,由其住所地县级市场监督管理部门处理。对平台内经营者的投诉,由其实际经营地或者平台经营者住所地县级市场监督管理部门处理。

(3)按《市场监督管理投诉举报处理暂行办法》的规定,具有处理权限的市场监督管理部门,将自收到投诉之日起七个工作日内做出受理或者不予受理的决定,并告知投诉人。

(4)投诉有下列情形之一的,市场监督管理部门不予受理:投诉事项不属于市场监督管理部门职责,或者本行政机关不具有处理权限的;法院、仲裁机构、市场监督管理部门或者其他行政机关、消费者协会或者依法成立的其他调解组织已经受理或者处理过同一消费者权益争议的;不是为生活消费需要购买、使用商品或者接受服务,或者不能证明与被投诉人之间存在消费者权益争议的;除法律另有规定外,投诉人知道或者应当知道自己的权益受到被投诉人侵害之日起超过三年的;未提供《市场监督管理投诉举报处理暂行办法》规定的材料的;法律、法规、规章规定不予受理的其他情形。

(5)市场监督管理部门经投诉人和被投诉人同意,采用调解的方式处理投诉,但法律、法规另有规定的,依照其规定。鼓励投诉人和被投诉人平等协商,自行和解。

(6)投诉对象在ODR企业名录内的,投诉人选择处理单位时,平台会自动显示"绿色通道企业"勾选项。投诉人勾选后，即表示投诉人同意与被投诉人进入和解程序，直接通过平台 ODR 投诉，适用平台 ODR 解决的有关规定。被投诉人将在十个工作日内与投诉人进行协商和解。投诉人和被投诉人双方和解的时间不计入市场监督管理部门的处理时限。和解不成的，投诉人还可以向市场监督管理部门进行投诉。

（7）投诉事项一事一单，请勿就同一事项重复投诉，请勿在一个投诉单中对不同被投诉人提出诉求。由于投诉、举报的处理程序不同，请勿在投诉中含有举报内容。

7. 在线调解

调解是指中立的第三方在当事人之间调停疏导，帮助交换意见，提出解决建议，促成双方化解矛盾的活动。一般而言，调解包括法院在诉讼过程中的调解（诉内调解）、行政机关在执法过程中的调解、仲裁机关在仲裁过程中的调解和人民调解等。

在电子商务中用于解决纠纷的调解，通常是指在线调解，即调解从程序的发起至争议解决协议的达成全部在线进行。在线调解机制的纠纷解决过程必须由中立第三方主持，双方当事人并不直接接触，减少了进一步冲突和对抗的可能性。在本质上，在线调解仍然遵循传统的第三方调解模式，在线调解中的中立第三方多为一些电子商务平台或电商建立的社会组织。

8.2.2 在线仲裁

在线 ODR 并不是某种单一的争议解决方式，在线仲裁是其最常用的形式之一。

1. 在线仲裁的概念

在线仲裁（online arbitration）是指仲裁协议的订立、仲裁申请的提交与受理、仲裁庭的审理以及仲裁裁决的做出等仲裁程序的主要环节都在互联网上进行，充分利用现代互联网技术解决网上争议的国际商事仲裁新方式。

从在线仲裁的概念上可以看出，在线仲裁能快捷、经济地解决争议，尤其是能给当事人提供极大的便利，适应了网络环境的要求。

2. 在线仲裁的基本程序

在线仲裁的方法与程序因仲裁机构的不同而不同。但其基本程序大都包括如下步骤。

1）提交在线仲裁申请书

首先应当由仲裁申请人以适当的格式向在线仲裁机构提出申请，要求在线仲裁，仲裁机构随之发放固定格式的仲裁申请书，由申请方进行填写与提交。仲裁机构一般以收到仲裁申请书的日期为仲裁开始日期，在收到仲裁申请书并经审查后规定期间内，仲裁机构应通知申请人所涉争议是否属于裁判庭的管辖范围。随后传送仲裁申请确认通知，同时向被申请人传送申请人的仲裁申请书及相关通知。在被申请人答辩之前，有的在线仲裁机构会邀请双方进行网上调解，但调解不是必经程序。

2）由在线仲裁机构组成仲裁庭

在线仲裁机构受理申请后，调阅案件的卷宗，并在仲裁程序正式开始后，双方当事人应在限期内共同指定仲裁员组成仲裁庭。对于仲裁员的选定，如果当事人未能达成一致，或没有明示约定，仲裁员将由仲裁中心指定。仲裁庭由一人或三人组成，但仲裁员必须经申请人与被申请人确认。

3) 由申请人与被申请人提交相关证据

在线仲裁要求当事人双方提交有利于自己的证据及证人证言，这些均应通过电子形式提供。其他的书面材料和物证可以通过计算机扫描转换成电子文本提交，同时允许线下方式传送。

4) 在线审理

在线庭审时，仲裁庭可决定举行在线听证会，利用多媒体技术通过网上电话会议或语音视频系统开庭审理案件。网上开庭审理需要案件各方参与人具备技术设备。在线审理可以不受时间和地点的限制，事实上的审理地点不影响裁决地的确定。

5) 做出在线裁决

在线审理后，仲裁庭以多数意见做出裁决。裁决需附有仲裁员的电子签名，经加密邮件传递给双方当事人，并存入案件的专用网址，保存在仲裁机构的电子档案数据库。裁决的结果，除非当事人一方反对，否则应公布并要求双方当事人共同遵守。

8.2.3 在线诉讼

基于网络空间的特性，电子商务与传统民商事活动有很大差别，由此决定了电子商务案件诉讼管辖与传统民商事案件的诉讼管辖存在很大的不同，传统诉讼管辖的理论已不能完全有效地应对电子商务案件诉讼面临的问题。线上诉讼和互联网法院成为解决电子商务诉讼问题的有效方法。

1. 传统诉讼概述

电子商务诉讼属于经济诉讼，经济诉讼一般适用于民事诉讼法。

1) 民事诉讼法的基本制度

（1）公开审判制度。公开审判制度是指人民法院的审判活动，除合议庭评议案件外，应向群众和社会公开的制度。所谓公开，一是向群众公开，即允许群众旁听法院对案件的审判；二是向社会公开，即允许新闻记者对案件审理的情况进行报道并将案情公之于众。依照法律的规定，除不予公开和可以不公开审理的案件外，一律依法公开审理。

（2）合议制度。合议制度是相对于独任制而言的，是指由3名以上单数审判人员组成合议庭对民事案件进行审理的制度。

（3）回避制度。回避制度是指审判人员和其他有关人员遇到法律规定不宜参加案件审理的情形时，退出案件审理活动的制度。

（4）两审终审制度。两审终审制度是指一个民事案件经过两级法院的审判，案件的审判即宣告终结的制度。根据该制度，一个民事案件经第一审人民法院审判后，当事人如果不服，有权依法向上一级人民法院提出上诉，上一级人民法院对上诉案件审理后做出的判决和裁定，是终审判决、裁定，当事人不得再提起上诉。

2) 民事诉讼管辖

民事诉讼管辖是指各级法院之间和同级法院之间受理第一审民事案件的分工和权限。诉讼管辖是一国民事诉讼法的重要内容。我国的民事诉讼管辖分为级别管辖和地域管辖。

（1）级别管辖。级别管辖是指各级法院之间受理第一审民事案件的分工和权限。通常基层人民法院管辖第一审民事案件，但重大涉外案件、在本辖区有重大影响的案件和最高人民法院确定由中级人民法院管辖的案件由中级人民法院受理。高级人民法院管辖在本辖区有重大影响的第一审民事案件，在全国有重大影响的案件；认为应当由最高人民法院审理的案件作为最高人民法院管辖的第一审民事案件。我国对民事案件实行两审终审制。

（2）地域管辖。地域管辖是指同级人民法院间在各自辖区受理第一审民事案件的分工和权限。在地域管辖问题上一般采用"原告就被告"的原则，即通常由被告住所地人民法院管辖；被告住所地与经常居住地不一致的，由经常居住地人民法院管辖。

3）第一审普通程序

第一审普通程序是人民法院审理第一审民事案件所适用的最基本的程序。它具体包括起诉、受理、审理前的准备、开庭审理。

（1）起诉。起诉必须具备的条件：原告是与本案有直接利害关系的公民、法人或其他组织；有明确的被告；有具体的诉讼请求和事实、理由；属于人民法院受理民事诉讼的范围和受诉人民法院管辖。

（2）受理。人民法院收到民事诉状或者口头起诉，经审查符合起诉条件的，应当在七日内立案，并及时通知当事人；认为不符合起诉条件的，应当在七日内裁定不予受理。原告对裁定不服的，可以提起上诉。

（3）审理前的准备。审理前的准备主要有以下几项：送达起诉状副本和提出答辩状；告知当事人诉讼权利义务及合议庭组成人员；审阅诉讼材料，调查收集必要的证据；追加当事人。

（4）开庭审理。开庭审理主要包括开庭准备、法庭调查、法庭辩论和评议及宣判。

2．在线诉讼的基本内容

近年来，人民法院充分运用信息化成果，不断推进智慧法院建设，促使互联网与司法深度融合。特别是新冠肺炎疫情发生以来，各地法院积极转变工作方式，纷纷推行在线诉讼，确保疫情防控与执法办案两不误。一时间，掌上立案、远程调解、隔空开庭、云端执行等线上司法服务风生水起。2021年5月，《人民法院在线诉讼规则》的颁布，进一步推进和规范了在线诉讼活动，完善了在线诉讼规则。

1）在线诉讼的概念

在线诉讼是指依托中国移动微法院、诉讼服务网、12368诉讼服务热线等在线诉讼平台，全面开展网上立案、调解、证据交换、庭审、宣判、送达等在线诉讼活动。在线诉讼能够有效满足人民群众司法需求，确保人民法院审判工作平稳有序运行。在线诉讼与传统诉讼具有同等法律效力。

2）是否采用在线诉讼，坚持尊重当事人意愿原则

人民法院推进在线诉讼，既要充分考虑案件类型、难易程度、轻重缓急等因素，又要切实维护当事人的合法诉讼权益，尊重当事人对案件办理模式的选择权，全面告知当事人在线诉讼的权利义务和法律后果。当事人同意案件在线办理的，应当在信息系统确认、留痕，确保相关诉讼活动的法律效力。当事人不同意案件在线办理，依法申请延期审理的，人民法院应当准许，不得强制适用在线诉讼。案件符合诉讼法律关于中止审理有关规定的，人民法院可以中止诉讼。

各级人民法院在线办理案件，要确保各方诉讼参与人身份的真实性，通过证件证照比

对、生物特征识别、实名手机号码关联等方式在线完成身份认证，提供各方诉讼参与人诉讼平台专用账号，实现"人、案、账号"匹配一致。

3）在线诉讼的立案环节

当事人及其诉讼代理人通过在线方式提交立案申请的，人民法院应当在收到起诉材料后七日内进行审核，符合法律规定起诉条件的，应当登记立案；提交材料不符合要求的，人民法院应当通过在线诉讼平台及时要求补正，并一次性告知应当补正的内容和期限，逾期未补正的，起诉材料做退回处理；不符合起诉条件，经人民法院释明后，原告坚持继续起诉的，裁定或者决定不予受理、不予立案。

当事人及其诉讼代理人在线提交立案材料确有困难的，可以选择就近一家法院提交立案材料。相关人民法院应当按照跨域立案的工作机制和程序，及时办理立案手续。

4）在线诉讼的庭审环节

综合考虑技术条件、案件情况和当事人意愿等因素，确定是否采取在线庭审方式。人民法院开展在线诉讼，应当征得当事人同意，并告知适用在线诉讼的具体环节、主要形式、权利义务、法律后果和操作方法等。民商事、行政案件一般均可以采取在线方式开庭，但案件存在双方当事人不同意在线庭审、不具备在线庭审技术条件、需现场查明身份、核对原件、查验实物等情形的，不适用在线庭审。刑事案件可以采取远程视频方式讯问被告人、宣告判决、审理减刑、假释案件等。对适用简易程序、速裁程序的简单刑事案件、认罪认罚从宽案件，以及妨害疫情防控的刑事案件，可以探索采取远程视频方式开庭。

在线庭审活动应当遵循诉讼法律及司法解释的相关规定，充分保障当事人申请回避、举证、质证、陈述、辩论等诉讼权利。在线庭审应当以在线视频方式进行，不得采取书面或者语音方式。

当事人明确同意在线庭审，但不按时参加或者庭审中擅自退出的，除经查明确属网络故障、设备损坏、电力中断或者不可抗力等原因外，可以认定为"拒不到庭"和"中途退庭"，分别按照诉讼法律及相关司法解释的规定处理。

人民法院应当积极运用语音识别技术同步生成庭审电子笔录，由审判人员、法官助理、书记员、当事人及其他诉讼参与人等在线确认，确保在线庭审的效力。在线庭审过程中，应当按照《最高人民法院关于人民法院庭审录音录像的若干规定》，全程录音录像并存储归档。

5）送达环节

人民法院可以采取电子送达。经受送达人同意，可以通过中国移动微法院、中国审判流程信息公开网、全国统一送达平台、传真、电子邮件、即时通信账号等电子方式送达诉讼文书和当事人提交的证据材料。

6）人民法院应保证全方位诉讼服务

人民法院推进一站式多元纠纷解决机制和一站式诉讼服务中心建设，升级在线诉讼服务平台，拓展在线诉讼服务功能，向当事人和社会公众在线提供诉讼咨询、交费退费、信息查询、联系法官、申诉信访、举报投诉等全方位诉讼服务，保障当事人足不出户即可获取司法信息、办理诉讼事项，切实减少人员出行和聚集，服务疫情防控工作。

7）在线诉讼的发展方向

研究制定电子诉讼平台技术标准和数据安全标准，加大诉讼统一平台的建设和监督管理力度。指导互联网法院加强与政府机关、互联网企业交流合作，打通数据共享渠道，建立数据共享平台，实现内外网数据安全交互。积极协调相关部门在人员编制、机构设置、技术支持、专门人才培养等方面加大配套支持，推动互联网法院建设迭代升级。

拓展实训

【实训目标】

通过实训使学生初步了解电子商务纠纷解决机制，包括争议在线解决机制、在线仲裁和在线诉讼。

【实训内容】

了解并掌握电子商务争议在线解决机制、在线仲裁和在线诉讼的内容。

【实训步骤】

（1）以2~3人为单位组成一个团队，设负责人一名，负责整个团队的分工协作。

（2）团队成员通过分工协作，多渠道搜集相关资料。

（3）团队成员对搜集的材料进行整理，总结并分析电子商务争议解决的法律依据和方法、在线仲裁的基本程序。

（4）各团队将总结制作成表格，派出一人作为代表上台演讲，阐述自己团队的成果。

（5）教师对各团队的成果进行总结评价，指出不足与改进措施。

【实训要求】

（1）考虑到课堂时间有限，实训可采取"课外+课内"的方式进行，即团队组成、分工、讨论和方案形成在课外完成，成果展示安排在课内。

（2）每个团队方案展示时间为10分钟左右，教师和学生提问时间为5分钟左右。

复习思考题

1．电子商务纠纷的案件类型有哪些？
2．争议在线解决机制的特征有哪些？
3．在线仲裁的概念是什么？
4．在线仲裁的基本程序有哪些？
5．在线诉讼的概念是什么？

第 9 章

电子商务新型法律法规

知识目标

- ☑ 了解跨境电子商务的法律法规，包括跨境电子商务的定义、跨境电子商务主体的法律法规、跨境电子商务通关的法律法规、跨境电子商务零售进口经营活动的特殊规定、跨境电子商务税收的法律法规以及跨境电子商务的纠纷解决制度等；
- ☑ 掌握直播电子商务的法律法规，包括直播电子商务的定义、直播电子商务的特点以及直播电子商务的法律法规；
- ☑ 掌握移动电子商务的法律法规，包括移动电子商务的认知、移动电子商务经营活动的法律法规以及典型移动电子商务应用的法律法规等；
- ☑ 掌握农村电子商务的法律法规，包括农村电子商务的认知和农村电子商务的相关法律法规。

思维导图

```
                                        ┌─ 跨境电子商务的定义
                                        ├─ 跨境电子商务主体的法律法规
                                        ├─ 跨境电子商务通关的法律法规
                     ┌─ 跨境电子商务的法律法规 ─┼─ 跨境电子商务零售进口经营活动的特殊规定
                     │                  ├─ 跨境电子商务税收的法律法规
                     │                  └─ 跨境电子商务的纠纷解决制度
                     │
                     │                  ┌─ 直播电子商务的定义
电子商务新型法律法规 ─┼─ 直播电子商务的法律法规 ─┼─ 直播电子商务的特点
                     │                  └─ 直播电子商务的相关法律法规
                     │
                     │                  ┌─ 移动电子商务的认知
                     ├─ 移动电子商务的法律法规 ─┼─ 移动电子商务经营活动的法律规范
                     │                  └─ 典型移动电子商务应用的法律法规
                     │
                     └─ 农村电子商务的法律法规 ─┬─ 农村电子商务的认知
                                        └─ 农村电子商务的相关法律法规
```

> 引导案例

全国政协委员马进：惩处偷逃税头部主播起到警示作用
应将主播个人收入关联起来

2021年，多位头部网络主播因偷逃税相继被处罚，直播行业迎来一场"大地震"。国家税务总局办公厅此前发出通知，要求进一步加强文娱领域从业人员税收管理。

2021年，曾在两会中建议网络主播黑名单制度的全国政协委员、致公党上海市委专职副主委马进认为，加强对主播的税收监管，对正在转型新经济模式非常重要，对头部主播的处罚将起到警示作用，会使得新经济模式健康公平地发展。

谈及薇娅等头部主播因偷逃税被处罚，马进认为，这些主播取得了很高的收入，那么他们有责任向国家缴纳相应的税款，严格处罚也是非常必要的。

马进告诉北京青年报记者，随着互联网的发展，特别是移动互联网的发展，线上的交易、服务变得非常普遍，此时如果不加强监管，那么就会破坏正在转型的新经济模式和秩序，"因此对这些头部主播的处罚会起到警示作用，能够使得我们的新经济模式健康公平地发展。"

此前马进曾建议，税务部门要加强对直播平台和网络主播纳税情况的监管。对有严重偷逃个人所得税的主播，要予以补缴税款和处罚，并在相关媒体上进行公示。

"我提出实行黑名单制度，就是要对重点监管对象给予重视。"马进认为，诚实报税是每个公民应尽的义务，如果有网络主播填报的不符合事实，就要受到重罚，还要上黑名单。

对于网络直播行业偷税漏税案件频发，马进认为这与网络主播利用税收政策不完善"钻空子"有关。马进介绍，国家对于大的互联网平台会进行监管，一些互联网小微企业属于互联网创新企业，国家相关政策也为其减免了一些税款。一些主播利用这种政策上的不完善，注册了很多公司，以达到其偷逃税的目的。

对于这种行为，马进建议：一是法律要到位；二是平台要尽到监管责任。

马进认为，网上交易行为其实与线下交易行为是完全一样的，只不过是换了一个地方。那么线上交易和线下交易都要遵守相关法律法规要求，如经营者资质、产品质量、服务行为的要求等。他告诉北京青年报记者，"对线上交易行为，过去我们可能没有考虑到，监管相对滞后，现在我们的法律法规都要完善起来。"

而平台掌握着交易数据，要切实履行监管责任。马进表示，平台就像一个大商场，无论是产品质量还是纳税情况，平台掌握的信息和数据最多，平台要对商户进行监管，鼓励诚信经营的商户，对违法犯罪的商户要进行驱逐。"比如一个网红主播，他可能建立很多工作室，那么监管时就需要跟着这个人走，无论他在哪儿，他的收入都应该关联起来，而不是他换一个工作室，就给予税收减免，这是不行的。"

资料来源：全国政协委员马进：惩处偷逃税头部主播起到警示作用　应将主播个人收入关联起来[EB/OL].（2022-03-08）. https://baijiahao.baidu.com/s?id=17267280927289 36335&wfr=spider&for=pc.

9.1 跨境电子商务的法律法规

9.1.1 跨境电子商务的定义

跨境电子商务是指分属不同关境交易主体进行的或交易标的跨越关境的电子商务活动。具体而言，跨境电子商务是分属不同关境的交易主体，通过电子商务平台达成交易、进行支付结算，并通过跨境物流送达商品、完成交易的商品交易、服务交易及相关服务。

> 思政小课堂：
> 通过对电子商务新型法律法规的学习与了解，加强对电子商务新型法律法规的认知，培养遵纪守法的电子商务人才。

9.1.2 跨境电子商务主体的法律法规

1. 跨境电子商务主体

跨境电子商务涉及多个交易、服务和监管主体。其相关方可分为以下三类。

1) 跨境电子商务交易主体

跨境电子商务交易主体即直接参与交易的相关方，主要包括跨境电子商务服务商（自营服务商、第三方交易平台服务商）、跨境电子商务平台内经营者、跨境电子商务客户。

2) 跨境电子商务支撑服务提供者

跨境电子商务支撑服务提供者是为电子商务交易提供支撑的相关方，主要包括支付服务提供商、物流服务提供商、报关代理、网络提供商、IT基础设施服务提供商（如云平台运营商）、身份认证服务提供商、征信服务提供商、信息安全服务运营商等。

3) 跨境电子商务监管机构

跨境电子商务监管机构为对跨境电子商务交易活动进行监管的相关机构，主要包括商务部、海关总署、中国人民银行、国家市场监督管理总局、工业和信息化部等。

2. 跨境电子商务交易的主要环节

以跨境电子商务交易买方为主要视角，人们可以把一般跨境电子商务交易的过程分为注册/登录环节、契约/交易环节、支付环节、通关环节、物流环节、评价结算环节。不同类型的跨境电子商务交易的交易过程有所区别，可能不需要完整包括全部的环节，或跳过某些环节直接进入关键环节，各个环节之间也可灵活组合。

3. 国家对跨境电子商务交易的支持

《电子商务法》第二十六条规定，电子商务经营者从事跨境电子商务，应当遵守进出口监督管理的法律、行政法规和国家有关规定。

《电子商务法》第七十一条规定，国家促进跨境电子商务发展，建立健全适应跨境电子商务特点的海关、税收、进出境检验检疫、支付结算等管理制度，提高跨境电子商务各环节便利化水平，支持跨境电子商务平台经营者等为跨境电子商务提供仓储物流、报关、报检等服务。国家支持小型微型企业从事跨境电子商务。

《电子商务法》第七十二条规定，国家进出口管理部门应当推进跨境电子商务海关申报、纳税、检验检疫等环节的综合服务和监管体系建设，优化监管流程，推动实现信息共享、监管互认、执法互助，提高跨境电子商务服务和监管效率。跨境电子商务经营者可以凭电子单证向国家进出口管理部门办理有关手续。

4．跨境电子商务经营活动的主要法律规范

近年来，我国跨境电子商务呈现爆发式增长，增速明显高于传统贸易，使得传统贸易企业也加快了向电子商务转型的步伐。从2013年起，国务院和各相关部委纷纷出台针对跨境电子商务行业的配套政策和法律规范，这不仅对行业发展起到了积极的推动作用，也有效地保证了跨境电子商务的健康发展。

1）跨境电子商务经营者从事经营活动的一般要求

（1）实名登记和注册。跨境电子商务经营者属于电子商务经营者的范畴，根据《电子商务法》第十条的规定，电子商务经营者应当依法办理市场主体登记。但是，个人销售自产农副产品、家庭手工业产品，个人利用自己的技能从事依法无须取得许可的便民劳务活动和零星小额交易活动，以及依照法律、行政法规不需要进行登记的除外。

（2）备案、通关信息申报或联网、数据共享。跨境电子商务参与者应当向海关、进出口商检、外汇、流通主管和行政执法部门备案，及时准确地向跨境通关服务平台传输商品信息、支付信息、物流信息和其他必要的交易信息。

（3）交易警示与协助。跨境电子商务经营者应当了解跨境商品所在地和进出关境的法律政策及变动情况，及时向消费者发布相关信息。

（4）商品报关。跨境电子商务经营者应当通过跨境通关服务平台向海关如实申报，履行代缴关税义务。对于境内消费者直接向境外购买的商品，跨境物流经营者有权代消费者进行通关申报、代缴关税的义务。

（5）信息保存。跨境电子商务参与者应当妥善保存在平台上发布的交易及服务的全部信息，包括各自系统上生成的商品信息、交易信息、物流信息、支付信息以及日志信息；应当采取相应的技术手段保证上述资料的完整性、准确性和安全性。跨境电子商务参与者对客户身份信息的保存时间自其最后一次登录之日起不少于4年；交易信息保存时间自发生之日起不少于4年。

2）跨境电子商务平台经营者的特别义务

（1）跨境电子商务平台经营者应详细告知用户跨境电子商务交易流程、提示跨境电子商务交易的商业风险和法律风险，积极协助当事人进行沟通，或协助安排翻译、物流、支付、通关等第三方机构提供的专业服务。

（2）跨境电子商务平台服务商和境外代购服务提供者对于境外交易当事人的身份信息应当进行必要的核查，警示跨境电子商务交易中常见的欺诈行为，提示境内电子商务交易当事人注意防范风险。

（3）跨境电子商务平台服务商根据本平台的交易特点，可向相关主管部门申请为本平台的跨境电子商务交易提供人民币结算的便利，鼓励跨境电子商务交易各方使用人民币进行跨境结算。

(4)跨境电子商务平台经营者不得在平台上进行禁止入境商品的交易,对其他风险等级较高的入境商品应明确商品登录和风险担保规则。对于违反我国法律禁止性规定的跨境电子商务交易,应当及时向监管机构报告。

(5)跨境电子商务平台内经营者应遵守消费者权益保障规则,接受消费者符合法律法规规定的退换货请求。平台内经营者拒绝或超过时限未办理消费者合法的请求事项的,跨境电子商务平台服务商应协助处理。

3)跨境电子商务物流规范

跨境电子商务物流服务提供者可以接受当事人的委托提供一站式服务。境内物流服务商需要将境外物流转委托给其他人的,委托方仍应对货物承运承担法律责任。

跨境电子商务物流服务提供者应当符合两个方面的要求:第一,应当提供"门到门"的一站式服务;第二,如果将境外物流转委托给其他人的,委托方仍应对货物承运承担全部法律责任。因为委托方有义务对被委托方的资质、服务水平进行认真的调查,以避免在物流过程中发生差错。

跨境电子商务物流服务商应当允许收货人在签字收货之前查验货物,在发现货物损坏或其他意外情况时,应当及时告知发货人或前手承运人及保险公司,协助收货人或交易买方办理相关证明等事宜。

跨境电子商务物流服务商在接受委托前应了解货物情况,告知委托人通关流程和基本规则,对于限制通关或禁止通关的货物应及时告知委托人。

9.1.3 跨境电子商务通关的法律法规

国务院办公厅转发商务部等部门《关于实施支持跨境电子商务零售出口有关政策的意见》提出,要建立电子商务出口新型海关监管模式,对出口商品进行集中监管,并采取清单核放、汇总申报的方式办理通关手续。为进一步落实这一要求,2014年7月,海关总署发布了《关于跨境贸易电子商务进出境货物、物品有关监管事宜的公告》,明确规定了监管范围、企业注册和备案要求、电子商务进出境货物和物品通关管理、电子商务进出境货物和物品物流监控等方面的事项。

1. 监管方面

(1)同时满足以下三个条件的纳入调整范围:第一,主体上,主要包括境内通过互联网进行跨境电子商务交易的消费者、开展跨境电子商务业务的境内企业、为交易提供服务的跨境电子商务第三方平台;第二,渠道上,仅指通过已与海关联网的电子商务平台进行的交易;第三,性质上,应为跨境交易。

(2)海关对电子商务出口商品采取"清单核放、汇总申报"的方式办理通关手续。电子商务企业可以向海关提交《中华人民共和国海关跨境贸易电子商务进出境货物申报清单》(以下简称《货物清单》),采取"清单核放、汇总申报"方式办理电子商务进出境货物报关手续;个人应提交《中华人民共和国海关跨境贸易电子商务进出境物品申报清单》(以下简称《物品清单》),采取"清单核放"方式办理电子商务进出境物品报关手续。

(3)存放电子商务进出境货物、物品的海关监管场所的经营人,应向海关办理开展电子商务业务的备案手续,并接受海关监管。未办理备案手续的,不得开展电子商务业务。

(4) 电子商务企业或个人、支付企业、海关监管场所经营人、物流企业等，应按照规定通过电子商务通关服务平台适时向电子商务通关管理平台传送交易、支付、仓储和物流等数据。

2．电子商务进出境货物、物品通关管理

（1）电子商务企业或个人、支付企业、物流企业应在电子商务进出境货物、物品申报前，分别向海关提交订单、支付、物流等信息。

（2）电子商务企业或其代理人应在运载电子商务进境货物的运输工具申报进境之日起14日内，电子商务出境货物运抵海关监管场所后、装货24小时前，按照已向海关发送的订单、支付、物流等信息，如实填制《货物清单》，逐票办理货物通关手续。

个人进出境物品，应由本人或其代理人如实填制《物品清单》，逐票办理物品通关手续。

（3）开展电子商务业务的海关监管场所经营人应建立完善的电子仓储管理系统，将电子仓储管理系统的底账数据通过电子商务通关服务平台与海关联网对接；电子商务交易平台应将平台交易的电子底账数据通过电子商务通关服务平台与海关联网对接；电子商务企业、支付企业、物流企业应将电子商务进出境货物、物品交易的原始数据通过电子商务通关服务平台与海关联网对接。除特殊情况外，《货物清单》《物品清单》《进出口货物报关单》应采取通关无纸化作业方式进行申报。

（4）电子商务企业或其代理人未能按规定将《货物清单》汇总形成《进出口货物报关单》向海关申报的，海关将不再接受相关企业以"清单核放、汇总申报"方式办理电子商务进出境货物报关手续，直至其完成相应汇总申报工作。

3．电子商务进出境货物、物品物流监控

（1）电子商务进出境货物、物品的查验、放行均应在海关监管场所内完成。

（2）海关监管场所经营人应通过已建立的电子仓储管理系统，对电子商务进出境货物、物品进行管理，向海关传送上月进出海关监管场所的电子商务货物、物品总单和明细单等数据。

（3）海关按规定对电子商务进出境货物、物品进行风险布控和查验。海关实施查验时，电子商务企业、个人、海关监管场所经营人应按照现行海关进出境货物查验等有关规定提供便利，电子商务企业或个人应到场或委托他人到场配合海关查验。

（4）电子商务进出境货物、物品需转至其他海关监管场所验放的，应按照现行海关关于转关货物有关管理规定办理手续。

4．跨境电子商务物品申报

2015年3月，国家质量监督检验检疫总局发布《中国（杭州）跨境电子商务综合试验区检验检疫申报与放行业务流程管理规程》，对跨境电子商务物品申报和物品放行做出规定。

跨境电子商务物品分别按以下情况实行全申报。

（1）属于网购保税模式的入境物品，应由电子商务经营企业提前7个工作日向检验检疫机构进行申报。

（2）属于直邮模式的入境物品，应由电子商务经营企业提前3个工作日向检验检疫机

构申报。

（3）电子商务经营企业在申报时应明确物品名称、入境数量、输入国别或地区、销售者名称等。

（4）出境物品提前申报，按照"先出后报，集中办理"的原则，电子商务经营企业根据需要每月集中向检验检疫机构办理相关手续。

5. 跨境电子商务物品申报与检验检疫

以下物品禁止以跨境电子商务形式进境。

（1）《中华人民共和国进出境动植物检疫法》规定的禁止进境物品。

（2）未获得检验检疫准入的动植物商品及动植物源性食品。

（3）列入《危险化学品目录》《危险货物品名表》《〈联合国关于危险货物运输建议书规章范本〉附录三〈危险货物一览表〉》《易制毒化学品的分类和品种名录》《中国严格限制的有毒化学品名录》的物品。

（4）特殊物品（取得进口药品注册证书的生物制品除外）。

（5）含有可能危及公共安全的核生化有害因子的商品。

（6）废旧物品。

（7）法律法规禁止进境的其他商品和国家质检总局公告禁止进境的商品。

凡是符合检验检疫监督管理要求的跨境电子商务物品予以放行。对检疫不合格的物品，检验检疫机构可以进行检疫处理后放行。经检疫处理后仍未能满足检疫要求的，予以退运或者销毁。现场核查不符合要求的物品，责成由电子商务相关企业进行整改，整改合格后予以放行。无法进行整改的，予以退运或者销毁。

9.1.4 跨境电子商务零售进口经营活动的特殊规定

2018年11月28日，商务部、发展改革委、财政部、海关总署、国家税务总局、市场监督管理总局发布了《关于完善跨境电子商务零售进口监管有关工作的通知》，明确了跨境电子商务零售进口的参与主体与相关责任。

1. 跨境电子商务零售进口的参与主体

跨境电子商务零售进口的参与主体主要包括以下几个。

（1）跨境电子商务零售进口经营者：自境外向境内消费者销售跨境电子商务零售进口商品的境外注册企业，为商品的货权所有人。

（2）跨境电子商务第三方平台经营者：在境内办理工商登记，为交易双方（消费者和跨境电子商务企业）提供网页空间、虚拟经营场所、交易规则、交易撮合、信息发布等服务，设立供交易双方独立开展交易活动的信息网络系统的经营者。

（3）境内服务商：在境内办理工商登记，接受跨境电子商务企业委托，为其提供申报、支付、物流、仓储等服务，具有相应的运营资质，直接向海关提供有关支付、物流和仓储信息，接受海关、市场监管等部门的后续监管，承担相应责任的主体。

（4）消费者：跨境电子商务零售进口商品的境内购买人。

2. 跨境电子商务企业的行为规范

有关跨境电子商务企业的行为规范的内容涉及以下几个方面。

1)跨境电子商务企业

(1)承担商品质量安全的主体责任,并按规定履行相关义务。应委托一家在境内办理工商登记的企业,由其在海关办理注册登记,承担如实申报责任,依法接受相关部门监管,并承担民事连带责任。

(2)承担消费者权益保障责任,包括但不限于商品信息披露、提供商品退换货服务、建立不合格或缺陷商品召回制度、对商品质量侵害消费者权益的赔付责任等。当发现相关商品存在质量安全风险或发生质量安全问题时,应立即停止销售,召回已销售商品并妥善处理,防止其再次流入市场,并及时将召回和处理情况向海关等监管部门报告。

(3)履行对消费者的提醒告知义务,会同跨境电子商务平台在商品订购网页或其他醒目位置向消费者提供风险告知书,消费者确认同意后方可下单购买。告知书应至少包括以下内容:第一,相关商品符合原产地有关质量、安全、卫生、环保、标识等标准或技术规范要求,但可能与我国标准存在差异。消费者自行承担相关风险。第二,相关商品直接购自境外,可能无中文标签,消费者可通过网站查看商品的中文电子标签。第三,消费者购买的商品仅限个人自用,不得再次销售。

(4)建立商品质量安全风险防控机制,包括收发货质量管理、库内质量管控、供应商管理等。

(5)建立健全网购保税进口商品质量追溯体系,追溯信息应至少涵盖国外起运地至国内消费者的完整物流轨迹,鼓励向境外发货人、商品生产商等上游溯源。

(6)向海关实时传输施加电子签名的跨境电子商务零售进口交易电子数据,可自行或委托代理人向海关申报清单,并承担相应责任。

2)跨境电子商务平台

(1)平台运营主体应在境内办理工商登记,并按相关规定在海关办理注册登记,接受相关部门监管,配合开展后续管理和执法工作。

(2)向海关实时传输施加电子签名的跨境电子商务零售进口交易电子数据,并对交易的真实性、消费者身份的真实性进行审核,承担相应责任。

(3)建立平台内交易规则、交易安全保障、消费者权益保护、不良信息处理等管理制度。对申请入驻平台的跨境电子商务企业进行主体身份真实性审核,在网站公示主体身份信息和消费者评价、投诉信息,并向监管部门提供平台入驻商家等信息。与申请入驻平台的跨境电子商务企业签署协议,就商品质量安全主体责任、消费者权益保障以及本通知其他相关要求等方面明确双方责任、权利和义务。

(4)平台入驻企业中既有跨境电子商务企业,也有国内电子商务企业的,应建立相互独立的区块或频道,为跨境电子商务企业和国内电子商务企业提供平台服务,或以明显标识对跨境电子商务零售进口商品和非跨境商品予以区分,避免误导消费者。

(5)建立消费纠纷处理和消费维权自律制度,消费者在平台内购买商品,其合法权益受到损害时,平台须积极协助消费者维护自身合法权益,并履行先行赔付责任。

(6)建立商品质量安全风险防控机制,在网站醒目位置及时发布商品风险监测信息、监管部门发布的预警信息等。督促跨境电子商务企业加强质量安全风险防控,当商品发生质量安全问题时,敦促跨境电子商务企业做好商品召回、处理,并做好报告工作。对不采取主动召回处理措施的跨境电子商务企业,可采取暂停其跨境电子商务业务的处罚措施。

（7）建立防止跨境电子商务零售进口商品虚假交易及二次销售的风险控制体系，加强对短时间内同一购买人、同一支付账户、同一收货地址、同一收件电话反复大量订购，以及盗用他人身份进行订购等非正常交易行为的监控，采取相应措施予以控制。

（8）根据监管部门的要求，对平台内在售商品进行有效管理，及时关闭平台内禁止以跨境电子商务零售进口形式入境商品的展示及交易页面，并将有关情况报送相关部门。

3）境内服务商

（1）在境内办理工商登记，向海关提交相关资质证书并办理注册登记。其中，提供支付服务的银行机构应具备银保监会或原银监会颁发的《金融许可证》，非银行支付机构应具备人民银行颁发的《支付业务许可证》，支付业务范围应包括"互联网支付"；物流企业应取得国家邮政局颁发的《快递业务经营许可证》。

（2）支付、物流企业应如实向监管部门实时传输施加电子签名的跨境电子商务零售进口支付、物流电子信息，并对数据的真实性承担相应责任。

（3）报关企业接受跨境电子商务企业委托向海关申报清单，承担如实申报责任。

（4）物流企业应向海关开放物流实时跟踪信息共享接口，严格按照交易环节所制发的物流信息开展跨境电子商务零售进口商品的国内派送业务。对于国内实际派送与通关环节所申报物流信息（包括收件人和地址）不一致的，应终止相关派送业务，并及时向海关报告。

3. 消费者的行为规范

（1）消费者为跨境电子商务零售进口商品税款的纳税义务人。跨境电子商务平台、物流企业或报关企业为税款代扣代缴义务人，向海关提供税款担保，并承担相应的补税义务及相关法律责任。

（2）消费者在购买前应当认真、详细阅读电子商务网站上的风险告知书内容，结合自身风险承担能力做出判断，同意告知书内容后方可下单购买。

（3）对于已购买的跨境电子商务零售进口商品，消费者不得再次销售。

4. 政府监管

（1）海关对跨境电子商务零售进口商品实施质量安全风险监测，在商品销售前按照法律法规实施必要的检疫，并视情发布风险警示。建立跨境电子商务零售进口商品重大质量安全风险应急处理机制，市场监管部门加大跨境电子商务零售进口商品召回监管力度，督促跨境电子商务企业和跨境电子商务平台消除已销售商品的安全隐患，依法实施召回，海关责令相关企业对不合格或存在质量安全问题的商品采取风险消减措施，对尚未销售的商品按货物实施监管，并依法追究相关经营主体的责任。对食品类跨境电子商务零售进口商品优化完善监管措施，做好质量安全风险防控。

（2）原则上不允许对网购保税进口商品在海关特殊监管区域外采取"网购保税+线下自提"模式。

（3）将跨境电子商务零售进口相关企业纳入海关信用管理，根据信用等级的不同实施差异化的通关管理措施。对认定为诚信企业的，依法实施通关便利；对认定为失信企业的，依法实施严格监管措施。将高级认证企业信息和失信企业信息共享至全国信用信息共享平台，通过"信用中国"网站和国家企业信用信息公示系统向社会公示，并依照有关规定实施联合激励与联合惩戒。

（4）涉嫌走私或违反海关监管规定的跨境电子商务企业、平台、境内服务商，应配合海关调查，开放交易生产数据（ERP数据）或原始记录数据。

（5）海关对违反本通知规定参与制造或传输虚假"三单"信息、为二次销售提供便利、未尽责审核订购人身份信息真实性等，导致出现个人身份信息或年度购买额度被盗用、进行二次销售及其他违反海关监管规定情况的企业依法进行处罚。对涉嫌走私或违规的，由海关依法处理；构成犯罪的，依法追究刑事责任。对利用其他公民身份信息非法从事跨境电子商务零售进口业务的，海关按走私违规处理，并按违法利用公民信息的有关法律规定移交相关部门处理。对不涉嫌走私违规、首次发现的，进行约谈或暂停业务责令整改；对再次发现的，在一定时期内不允许其从事跨境电子商务零售进口业务，并交由其他行业主管部门按规定实施查处。

（6）对企业和个体工商户在国内市场销售的《跨境电子商务零售进口商品清单》范围内的、无合法进口证明或相关证明显示采购自跨境电子商务零售进口渠道的商品，市场监管部门依职责实施查处。

9.1.5 跨境电子商务税收的法律法规

1. 跨境电子商务零售出口税收政策

2013年12月，财政部、国家税务总局发布《关于跨境电子商务零售出口税收政策的通知》。该通知提出了对符合条件的电子商务出口货物实行增值税和消费税免税或退税政策。这些条件包括以下内容。

（1）电子商务出口企业属于增值税一般纳税人，并已向主管税务机关办理出口退（免）税资格认定。

（2）出口货物取得海关出口货物报关单（出口退税专用），且与海关出口货物报关单电子信息一致。

（3）出口货物在退（免）税申报期截止之日内收汇。

（4）电子商务出口企业属于外贸企业的，购进出口货物取得相应的增值税专用发票、消费税专用缴款书（分割单）或海关进口增值税、消费税专用缴款书，且上述凭证有关内容与出口货物报关单（出口退税专用）有关内容相匹配。

部分电子商务出口企业出口货物，不符合上述规定条件，但同时符合下列条件的，适用增值税、消费税免税政策。

（1）电子商务出口企业已办理税务登记。

（2）出口货物取得海关签发的出口货物报关单。

（3）购进出口货物取得合法有效的进货凭证。

2. 跨境电子商务零售进口税收政策

2016年3月，财政部、海关总署、国家税务总局发布《关于跨境电子商务零售进口税收政策的通知》，决定自2016年4月8日起实施跨境电子商务零售进口税收政策并调整行邮税政策。

由于《关于跨境电子商务零售进口税收政策的通知》所颁布的有关监管要求在执行过程中出现较多问题，2016年5月11日，商务部宣布有关监管要求给予一年的过渡期；2016

年11月15日，监管过渡期政策进一步延长至2017年年底；2017年3月17日，过渡期监管安排自2018年1月1日起实施；2017年9月20日，国务院决定将进口监管过渡期政策再延长至2018年年底。

2018年11月，财政部、海关总署、国家税务总局印发《关于完善跨境电子商务零售进口税收政策的通知》，决定自2019年1月1日起，调整跨境电子商务零售进口税收政策，提高享受税收优惠政策的商品限额上限，扩大清单范围。具体内容如下。

（1）将跨境电子商务零售进口商品的单次交易限值由人民币2000元提高至5000元，年度交易限值由人民币20 000元提高至26 000元。

（2）完税价格超过5000元单次交易限值但低于26 000元年度交易限值，且订单下仅一件商品时，可以自跨境电子商务零售渠道进口，按照货物税率全额征收关税和进口环节增值税、消费税，交易额计入年度交易总额，但年度交易总额超过年度交易限值的，应按一般贸易管理。

（3）已经购买的电子商务进口商品属于消费者个人使用的最终商品，不得进入国内市场再次销售；原则上不允许网购保税进口商品在海关特殊监管区域外开展"网购保税+线下自提"模式。

上述政策反映了国家为鼓励跨境电子商务发展，对跨境电子商务采取的包容审慎的监管态度。

9.1.6 跨境电子商务的纠纷解决制度

1. 《联合国国际贸易法委员会关于网上争议解决的技术指引》起草的目的与原则

跨境电子商务的纠纷解决是一个非常复杂的问题。各国都在积极探索和建立纠纷处理机制，明确处理流程和规则，积极响应和保护消费者的合法权益，维护经营者的合法权益。2016年12月13日，联合国通过了《联合国国际贸易法委员会关于网上争议解决的技术指引》（以下简称《技术指引》）文件。

《技术指引》起草的目的是建立一种解决机制，促进网上争议解决的发展，协助网上解决管理人、网上解决平台、中立人以及网上解决程序各方当事人以简单、快捷、灵活和安全的方式解决争议。《技术指引》反映了对网上解决系统采取的方针，这些方针体现了公正、独立、高效、实效、正当程序、公平、问责和透明原则。《技术指引》使利用电子通信订立的跨境低价值销售或服务合同所产生的争议得以解决。

《技术指引》是一部说明性文件，既不着眼于具有穷尽性或排他性，也不适合用作任何网上解决程序的规则。《技术指引》并不提出对当事人或者对管理网上解决程序或者使之得以进行的任何人和（或）任何实体具有约束力的任何法律要求，也不意味着对当事人可能选用的任何网上解决规则做任何修改。

2. 《联合国国际贸易法委员会关于网上争议解决的技术指引》的主要条款

1）基本概念

跨境网上交易迅速增加，需要有对于此种交易所产生争议的解决机制，其中的一种争议解决机制就是网上争议解决。

"网上争议解决"（online dispute resolution，ODR）是一种争议解决机制，通过这种争议解决机制，借助电子通信以及其他信息和通信技术，便利各式各样传统的争议解决方式（包括但不限于谈判、调停、调解、仲裁、裁判和专家鉴定），依适用情况而定。

《技术指引》所使用的"申请人"是指提起网上解决程序的当事人，"被申请人"是指接收申请人通知的当事人，这与传统的、非网上、非诉讼争议解决办法的用语一致。中立人是协助当事人调解争议或解决争议的个人。

网上争议解决要求有一个基于技术的中间环节。换言之，与非网上的非诉讼争议解决办法不同的是，网上争议解决程序是不可能在只有争议当事人和中立人（即没有管理人）的情况下专门实施的。相反，为了允许使用技术手段，从而能够进行争议调解程序，网上争议解决过程要求必须有一套以确保数据安全的方式生成、发送、接收、存储、交换或以其他手段处理通信的系统，这种系统在此处称作"网上争议解决平台"。

网上争议解决平台应当是加以管理和协调的。执行此种管理和协调功能的实体在此处称作"网上争议解决管理人"。网上争议解决管理人可以独立于网上争议解决平台，也可以是平台的组成部分。

2）网上争议解决程序的主要阶段

网上争议解决程序的过程可由不同阶段组成，其中主要包括技术导引下谈判、协助下调解、最后阶段。

跨境交易发生争议，申请人首先通过网上争议解决平台向网上争议解决管理人提交通知，随后，网上争议解决管理人向被申请人通知申请事宜，并向申请人通知答复事宜。

（1）技术导引下谈判。这是程序的第一阶段，在这一阶段中，申请人和被申请人经由网上争议解决平台直接进行谈判。

（2）协助下调解。如果谈判未果（即未能就申请事宜达成和解），程序可进入第二阶段，即"协助下调解"阶段。在网上争议解决程序的这一阶段，网上争议解决管理人指定一位中立人与各方当事人沟通，以期达成和解。

（3）最后阶段。如果协助下调解未果，可以启动网上争议解决程序的第三阶段，即最后阶段，在这种情况下，网上争议解决管理人或中立人可向当事人告知这一阶段的性质。

3）网上争议解决程序的启动

为开始网上争议解决程序，由申请人向网上争议解决管理人发送一份载有下列内容的通知。

（1）申请人和授权代表申请人行事的申请人代表（如果有的话）的名称和电子地址。

（2）申请人所了解的被申请人以及被申请人代表（如果有的话）的名称和电子地址。

（3）提出申请的依据。

（4）为解决争议提出的任何办法。

（5）申请人首选的程序语文。

（6）申请人和（或）申请人代表的签名或其他身份识别和认证手段。

申请人将通知发送给网上争议解决管理人后，网上争议解决管理人通知各方当事人可在网上争议解决平台检索该通知之时，可视为网上争议解决程序启动的时间。

被申请人在被通知可在网上争议解决平台检索申请人通知的合理时限内向网上争议解决管理人发送其答复，该答复包括下述内容。

（1）被申请人和授权代表被申请人行事的被申请人代表（如果有的话）的名称和电子

地址。

(2) 对提出申请的依据的答复。

(3) 为解决争议提出的任何办法。

(4) 被申请人和（或）被申请人代表的签名和（或）其他身份识别和认证手段。

(5) 载明反请求所依据的理由的任何反请求通知。

4) 技术导引下谈判

第一阶段可以是当事人之间经由网上争议解决平台进行谈判。程序第一阶段的启动时间可以是在被申请人的答复发至网上争议解决平台之后，并且：

(1) 该答复的通知已发给申请人，或者不做答复的，通知发给被申请人后的一段合理时间内。

(2) 谈判未在合理时限内达成和解的，程序进入下一阶段。

5) 协助下调解

网上争议解决程序的第二阶段可以是协助下调解，在这一阶段指定一位中立人，由其与各方当事人沟通，设法达成和解。

如果经由平台的谈判，由于任何原因（包括未参加或者未在某一合理时限内达成和解）未果，或者争议一方或双方请求直接进入程序的下一阶段，这一阶段即可启动。

程序的协助下调解阶段启动时，可取的做法是，由网上争议解决管理人指定一位中立人，通知各方当事人该指定事宜，并提供关于中立人身份的某些具体情况。

在协助下调解阶段，中立人与各方当事人沟通，设法达成和解。

未能在合理时限内实现协助下和解的，程序可以进入最后阶段。

6) 最后阶段

中立人协助调解未成功的，可取的做法是，网上争议解决管理人或中立人向当事人告知最后阶段的性质，以及这一阶段可采取的形式。

这里可采取的形式包括但不限于监察员、投诉局、谈判、调解、调停、协助下调解、仲裁及其他，以及采用既含网上部分又含非网上部分的混合程序的可能性。

3. 国际合作

加强有关国际合作的规范，有利于我国跨境电子商务的更快发展。《电子商务法》第七十三条规定，国家推动建立与不同国家、地区之间跨境电子商务的交流合作，参与电子商务国际规则的制定，促进电子签名、电子身份等国际互认。

国家推动建立与不同国家、地区之间的跨境电子商务争议解决机制。

9.2 直播电子商务的法律法规

9.2.1 直播电子商务的定义

直播电子商务是指通过互联网以直播的方式销售商品的方式，这里的商品包括实体商品和虚拟商品。从本质上讲，它是"直播"与"电商"的结合，消费者可以通过观看主播的推荐和展示以及直播间其他人的互动来决定是否购买商品。

9.2.2 直播电子商务的特点

直播电子商务所具有的平民化、共时性与灵活性、真实性与丰富性、互动性与不确定性等特点，都使得用户对其异常喜爱。

1. 平民化

随着智能手机的普及以及无线通信技术的发展，网络直播内容生产和发布的门槛越来越低，甚至可以说，直播已经不仅仅是一种娱乐方式，更成为网络大众普遍使用的表达方式。网络直播摆脱了传统视频直播对场景的限制。同时，直播内容的碎片化，使得用户只要打开直播平台，就能随意选择喜欢的内容观看。

另外，视频直播将"去中心化"落到了实处，任何人都能成为内容的生产者，都能在法律允许的范围内自由地表达自己，将自己的想法及观点传播给他人，实现了人与人之间的有效沟通，增强了交互的丰富性，提升了传播效率。

2. 共时性与灵活性

随着互联网及移动网络的发展，手机、笔记本电脑、平板电脑等通信设备逐渐普及，人们越来越倾向于通过以上设备获取信息。如今，无线局域网（Wi-Fi）的覆盖范围逐步扩大，手机、平板电脑等对流媒体信息的接收能力显著提升。

众所周知，很多大事件的直播有时间限制，若不能在指定的时间内观看，只能等待重播。网络直播出现之前，人们若想观看体育赛事、重大事件的直播，身边没有电视机是不能实现的，这给观众带来极大的不便。网络直播的出现则给观众带来极大的便利。用户如果有观看直播的需求，可拿出随身携带的通信设备（如手机或平板电脑），连接 Wi-Fi，搜索直播链接，即可进行观看。也就是说，在网络直播模式中，视频采集、发布、收看可同时进行。

同时，伴随网络媒体的兴起，观众的选择自主性逐渐提升，这取决于视频经网络直播后便储存于该平台，观众即使错过直播，也可在任何时段登录网络平台进行点播。可见，网络直播具有很强的灵活性，可更好地满足受众的观看需求。

具体而言，网络直播的灵活性可以体现在以下三个方面。

（1）网络直播内容的采集非常灵活。用户需求的多样性决定网络直播内容的丰富性，吃饭、旅游、购物等各种不同的活动都可以成为直播的内容，而且内容采集时一般仅需一部智能手机就可以操作。

（2）网络直播内容的发布非常灵活。无论是专门的直播平台，还是电子商务平台，只要申请入驻并通过审核，便可以轻松发布自己的直播内容。

（3）网络直播内容的接收非常灵活。对用户而言，只要有平板电脑、智能手机等相关设备，就可以登录直播平台寻找自己感兴趣的内容。

3. 真实性与丰富性

相较于经过层层包装的人与物来说，人们更希望看到真实的场景。直播将真实的生活场景展现在观众面前，满足了观众对真实性的需求。另外，直播可以与生活全面结合，"直播+旅游""直播+吃饭"等，使得直播内容极大丰富，从而提升了直播的观赏性。

4. 互动性与不确定性

互动性是网络直播与传统直播的最大区别。传统媒体在直播事件时只能采用文字、图片、音频、视频等，将现场事件的发展传递给观众，观众之间是不能进行交流的。而对于网络直播来说，能实时互动是其天然优势。网络直播不仅可以让用户及时掌握事件的动态信息，而且可以与观看同一直播的用户进行沟通，用户将自己的想法、观点、感受等发表在即时留言板、论坛、弹幕等上面，实现与其他用户的互动，有效增强了观众的参与感。直播平台也因实时互动的存在具备了社交属性，以视频为节点形成了社区。

直播过程中的互动将人与人之间的连接变得更加人性化。当然，视频直播除了具有强大的互动性，还具有极大的不确定性。直播没有彩排，呈现出来的是主播及观众的真实反映，因此，在直播的过程中经常发生"意外"，尤其是户外直播及生活直播。当然，很多直播也因这些"意外"的出现而备受欢迎，因为这种不确定性使用户的猎奇心理得以满足。

知识链接

你知道直播电子商务的模式吗

目前来说，直播电子商务主要有两种模式：一种是与传统电子商务和社交电子商务合作，例如淘宝直播、天猫直播、蘑菇街直播等；另一种是与内容平台合作，例如抖音直播、快手直播、YY直播等。直播电子商务使得传统电子商务和社交电子商务（如淘宝、京东）的物品更容易售卖，起到存量盘活的作用；同时有利于开拓下沉市场，提高电子商务的渗透率。

9.2.3 直播电子商务的相关法律法规

1. 网络直播基础层面的相关规定

"网络直播"作为一种新型传播形式迅猛发展，对于如何规范和引导直播行业的良性健康发展，已成为政府相关职能部门重点关注的问题。"网络直播"涉及《电子商务法》《中华人民共和国网络安全法》《互联网信息服务管理办法》等基础层面的相关规定。

1）《电子商务法》

《电子商务法》是指调整平等主体之间通过电子行为设立、变更和消灭财产关系和人身关系的法律规范的总称；是政府调整企业和个人以数据电文为交易手段，通过信息网络所产生的，因交易形式所引起的各种商事交易关系，以及与这种商事交易关系密切相关的社会关系、政府管理关系的法律规范的总称。

2013年12月27日，中国全国人大常委会正式启动了《中华人民共和国电子商务法》的立法进程。2018年8月31日，十三届全国人大常委会第五次会议表决通过《中华人民共和国电子商务法》，自2019年1月1日起施行。

2）《中华人民共和国网络安全法》

《中华人民共和国网络安全法》是为保障网络安全，维护网络空间主权和国家安全、社会公共利益，保护公民、法人和其他组织的合法权益，促进经济社会信息化健康发展而制定的法律。

《中华人民共和国网络安全法》由中华人民共和国第十二届全国人民代表大会常务委

员会第二十四次会议于 2016 年 11 月 7 日通过，自 2017 年 6 月 1 日起施行。

《中华人民共和国网络安全法》一共有七章内容，包括总则、网络安全支持与促进、网络运行安全、网络信息安全、监测预警与应急处置、法律责任、附则。

3）《互联网信息服务管理办法（修订草案征求意见稿）》

《互联网信息服务管理办法》是为了规范互联网信息服务活动，促进互联网信息服务健康有序发展制定的办法。

2000 年 9 月 20 日，中华人民共和国国务院第三十一次常务会议通过《互联网信息服务管理办法》，2000 年 9 月 25 日公布施行。

根据 2011 年 1 月 8 日《国务院关于废止和修改部分行政法规的决定》修订，2021 年 1 月 8 日，国家网信办就《互联网信息服务管理办法（修订草案征求意见稿）》公开征求意见，意见反馈截止日期为 2021 年 2 月 7 日。

《互联网信息服务管理办法（修订草案征求意见稿）》一共有六章，包括总则、设立、运行、监督检查、法律责任、附则。

2. 网络直播平台准入许可涉及的规定

1）网络直播平台准入基础资质

（1）《增值电信业务经营许可证》（即"ICP 许可证"）。《互联网信息服务管理办法》第三条第二款规定，经营性互联网信息服务，是指通过互联网向上网用户有偿提供信息或者网页制作等服务活动。《互联网信息服务管理办法》第七条规定，从事经营性互联网信息服务，应当向省、自治区、直辖市电信管理机构或者国务院信息产业主管部门申请办理互联网信息服务增值电信业务经营许可证。根据《电信业务分类目录》（2015 年版）中的相关规定，网络直播平台服务应该归属于"B25 信息服务业务"中的"信息发布平台和递送服务"。

网络直播平台的经营性互联网信息服务属性主要体现为收取会员费、虚拟货币或其他物品等费用，因此，在开展网络直播平台前需要办理 ICP 许可证。

（2）《网络文化经营许可证》（即"文网文许可证"）。根据《互联网文化管理暂行规定》的相关规定，互联网文化产品是指通过互联网生产、传播和流通的文化产品，包括专门为互联网而生产的网络音乐娱乐、网络游戏、网络演出剧（节）目、网络表演、网络艺术品、网络动漫等互联网文化产品；将音乐娱乐、游戏、演出剧（节）目、表演、艺术品、动漫等文化产品以一定的技术手段制作、复制到互联网上传播的互联网文化产品。互联网文化活动是指提供互联网文化产品及其服务的活动。如果从事经营性互联网文化活动，则应申请取得《网络文化经营许可证》。

此外，根据《关于加强网络直播服务管理工作的通知》的规定，涉及网络表演业务的网络直播服务提供者应当取得《网络文化经营许可证》。因此，网络直播平台提供的服务涉及以上互联网文化产品及服务的，应当申请《网络文化经营许可证》。

2）网络直播平台准入行业细分资质

（1）涉及广播电视节目——《广播电视节目制作经营许可证》。《广播电视节目制作经营管理规定》规定，设立广播电视节目制作经营机构或从事专题、专栏、综艺、动画片、广播剧、电视剧等广播电视节目的制作和节目版权的交易、代理交易等活动的行为，应当先取得《广播电视节目制作经营许可证》。申请《广播电视节目制作经营许可证》应当符

第9章 电子商务新型法律法规

合国家有关广播电视节目制作产业发展规划、布局和结构，并具备下列条件：①具有独立法人资格，有符合国家法律、法规规定的机构名称、组织机构和章程；②有适应业务范围需要的广播电视及相关专业人员、资金和工作场所，其中企业注册资金不少于300万元人民币；③在申请之日前三年，其法定代表人无违法违规记录或机构无被吊销过《广播电视节目制作经营许可证》的记录；④法律、行政法规规定的其他条件。

网络直播平台若存在对视频节目的制作和在线播出网络视听节目等，应当取得《广播电视节目制作经营许可证》。根据上述规则及实操经验，《广播电视节目制作经营许可证》申请难度相对较小。虎牙直播、斗鱼直播等主流平台均已取得《广播电视节目制作经营许可证》。

（2）涉及营业性演出——《营业性演出许可证》。根据《营业性演出管理条例》的规定，营业性演出是指以营利为目的为公众举办的现场文艺表演活动。组织从事营业性演出经营活动的演出经纪机构需取得《营业性演出许可证》。演出经纪机构申请从事营业性演出经营活动，应当有3名以上专职演出经纪人员和与其业务相适应的资金，并向省、自治区、直辖市人民政府文化主管部门提出申请。文化主管部门应当自受理申请之日起20日内做出决定。批准的，颁发《营业性演出许可证》。

网络直播平台需要主播进行直播，直播业务即是由主播所从事的营业性演出经营活动，网络直播平台即为演出经纪机构，因此网络直播平台必须先具备《营业性演出许可证》才能与直播艺人签约。根据上述规定及实操经验，《营业性演出许可证》与《广播电视节目制作经营许可证》一样申请难度不大，虎牙直播、斗鱼直播等涉及直播业务的平台均已取得《营业性演出许可证》。

（3）涉及互联网视听节目——《信息网络传播视听节目许可证》。根据《互联网视听节目服务管理规定》的规定，互联网视听节目服务是指制作、编辑、集成，并通过互联网向公众提供视音频节目，以及为他人提供上载传播视听节目服务的活动。从事互联网视听节目服务，应当依照该规定取得广播电影电视主管部门颁发的《信息网络传播视听节目许可证》或履行备案手续。同时，《互联网视听节目服务管理规定》第八条规定，申请从事互联网视听节目服务的，应当同时具备以下条件：①具备法人资格，为国有独资或国有控股单位，且在申请之日前三年内无违法违规记录；②有健全的节目安全传播管理制度和安全保护技术措施；③有与其业务相适应并符合国家规定的视听节目资源；④有与其业务相适应的技术能力、网络资源和资金，且资金来源合法；⑤有与其业务相适应的专业人员，且主要出资者和经营者在申请之日前三年内无违法违规记录；⑥技术方案符合国家标准、行业标准和技术规范；⑦符合国务院广播电影电视主管部门确定的互联网视听节目服务总体规划、布局和业务指导目录；⑧符合法律、行政法规和国家有关规定的条件。

同时，《国家新闻出版广电总局关于加强网络视听节目直播服务管理有关问题的通知》亦明确规定，持有新闻出版广电行政部门颁发的《信息网络传播视听节目许可证》，且许可项目为第一类互联网视听节目服务第七项的互联网视听节目服务机构，方可通过互联网对一般社会团体文化活动、体育赛事等组织活动的实况进行视音频直播，不符合上述条件的机构及个人，包括开设互联网直播间以个人网络演艺形式开展直播业务，但不持有《信息网络传播视听节目许可证》的机构，均不得通过互联网开展上述所列活动的视音频直播服务。此外，根据《关于加强网络直播服务管理工作的通知》，涉及网络视听节目直播等业务的网络直播服务提供者应当取得《信息网络传播视听节目许可证》。

互联网视听节目服务在直播平台中的主要业态体现为短视频的发布以及直播，因此，《信息网络传播视听节目许可证》应为带有短视频发布或直播功能的直播平台从事业务必不可少的资质，但根据上述《互联网视听节目服务管理规定》的要求，只有国有独资或国有控股单位才有资格申请《信息网络传播视听节目许可证》，因该规定于2008年1月31日生效，在此之前只要不是外资入股的企业都有申请资格；该规定生效后，对于大部分直播平台来说，申请《信息网络传播视听节目许可证》的难度大大增加。

目前，针对上述难以取得《信息网络传播视听节目许可证》的问题，主流的处理方法有三个：一是收购已经取得《信息网络传播视听节目许可证》的公司；二是挂靠在国有控股的音视频类公司名下，该类做法存在一定的风险；三是和相关主管部门沟通"节目"的概念和外延的确定，直播或者短视频的内容如何可不界定为"节目"，可在一定程度上通过设定业务模式并和具体监管部门的沟通，避免部分直播业务被认定为"节目"，进而无须取得《信息网络传播视听节目许可证》。

3. 网络直播平台面临的主要监管规则

除了基础层面的相关规定，互联网信息办公室、广电总局、工信部等不同主管部门还陆续出台了《关于加强网络表演管理工作的通知》《关于加强网络视听节目直播服务管理有关问题的通知》《互联网直播服务管理规定》《关于加强网络直播服务管理工作的通知》等一系列更有针对性的规定，对网络直播平台的行为规范和责任都进行了明确，具体梳理如下。

1）《关于加强网络表演管理工作的通知》

2016年7月1日，文化部出台了《关于加强网络表演管理工作的通知》，明确网络表演经营单位要对本单位提供的网络表演承担主体责任，对所提供的产品、服务和经营行为负责，确保内容合法、经营有序、来源可查、责任可究。《关于加强网络表演管理工作的通知》的部分内容如下。

（1）督促网络表演经营单位和表演者落实责任。网络表演经营单位要对本单位提供的网络表演承担主体责任，对所提供的产品、服务和经营行为负责，确保内容合法、经营有序、来源可查、责任可究。网络表演经营单位要健全内容管理制度，配足内容审核人员，严格监督表演者表演行为，加强对用户互动环节的管理。要严密技术监控措施，畅通投诉举报渠道，完善突发事件应急处置机制，确保能够第一时间发现并处置违法违规内容。一经发现含有违法违规内容的网络表演，要及时关闭表演频道，停止网络传播，保存有关记录，并立即向所在地省级文化行政部门或文化市场综合执法机构报告。

表演者对其开展的网络表演承担直接责任。表演者应当依法依规从事网络表演活动，不得开展含有低俗、色情、暴力等国家法律法规禁止内容的网络表演。表演者应当自觉提高职业素养，加强道德自律，自觉开展内容健康向上的网络表演。

各级文化行政部门和文化市场综合执法机构要加强对辖区内网络表演经营单位的管理和培训，依法强化网络表演经营单位直接发现、第一时间处置违法违规内容等主体责任，对逾期不予处理或处理不到位的，要严肃追责，依法查处。

（2）加强内容管理，依法查处违法违规网络表演活动。内容管理是网络表演管理工作的重点。各级文化行政部门和文化市场综合执法机构要加强对辖区内网络表演经营单位的日常监管,重点查处提供禁止内容等违法违规网络表演活动,包括:提供含有《互联网文化管理暂行规定》第十六条规定的禁止内容,或利用人体缺陷或者以展示人体变异等方式招徕用户,或以恐怖、残忍、摧残表演者身心健康等方式以及以虐待动物等方式进行的网络表演活动;使用违法违规文化产品开展的网络表演活动;对网络表演活动进行格调低俗的广告宣传和市场推广行为;等等。

对提供上述违法违规网络表演的网络表演经营单位,文化行政部门和文化市场综合执法机构要依据《互联网文化管理暂行规定》坚决予以查处,没收违法所得,并处罚款;情节严重的,责令停业整顿直至吊销《网络文化经营许可证》;构成犯罪的,依法追究刑事责任。地方文化行政部门和文化市场综合执法机构要按照"谁处罚,谁列入"的原则,根据情形,将违法违规网络表演经营单位列入黑名单或警示名单。

对提供违法违规网络表演的表演者,地方文化行政部门和文化市场综合执法机构要责令所在网络表演经营单位关停表演者频道,并及时将违法违规表演者的信息和证据材料报送文化部。文化部根据情形,将违法违规表演者列入黑名单或警示名单。列入黑名单的表演者,禁止其在全国范围内从事网络表演及其他营业性演出活动,具体时限视违法违规情节轻重确定。

文化行政部门负责将黑名单通报同级有关部门,并建议实施联合惩戒,强化对违法违规网络表演经营单位和表演者"一处违法,处处受限"的信用监管。各级行业协会要在本行业协会范围内,对列入黑名单的网络表演经营单位和表演者予以通报并抵制。

(3)对网络表演市场全面实施"双随机、一公开"。各地文化行政部门和文化市场综合执法机构要立即对本行政区域内的网络表演经营单位开展一次调查摸底,全面掌握网络表演经营单位情况。在此基础上,充分利用网络文化市场执法协作机制,对网络表演市场全面实施"双随机、一公开",定期开展随机抽查,及时向社会公布查处结果,公布网络表演市场黑名单和警示名单。

各地文化行政部门和文化市场综合执法机构要抓紧制定网络表演随机抽查工作实施方案和随机抽查事项清单,以现场检查、网络巡查为主要抽查方式,以网络表演内容为抽查重点。对投诉举报较多的网络表演经营单位,要加大随机抽查频次,重点监管。要利用全国文化市场技术监管与服务平台,记录随机抽取的检查对象、执法检查人员、检查事项、检查结果等,做到全程留痕,实现过程可溯源、责任可追溯。

本通知所称的网络表演是指将现场进行的文艺表演、网络游戏等文化产品技法展示或解说等,通过信息网络实时传播或者以音视频形式上载传播,供用户在线浏览、观看、使用或者下载的产品和服务。

2)《关于加强网络视听节目直播服务管理有关问题的通知》

2016年9月2日,国家新闻出版广电总局(国家版权局)下发《关于加强网络视听节目直播服务管理有关问题的通知》,重申互联网视听节目服务机构开展直播服务,必须符合《互联网视听节目服务管理规定》和《互联网视听节目服务业务分类目录》的有关规定;指出开展网络视听节目直播服务应具有相应资质,不符合相关条件的机构及个人,包括开设互联网直播间以个人网络演艺形式开展直播业务,但不持有《信息网络传播视听节目许可证》的机构,均不得通过互联网开展相关活动、事件的视音频直播服务,也不得利用网络直播平台(直播间)开办新闻、综艺、体育、访谈、评论等各类视听节目,不得开办视听节目直播频道。未经批准,任何机构和个人不得在互联网上使用"电视台""广播电台""电台""TV"等广播电视专有名称开展业务。此外,还对开展网络视听节目直播服务的单位应具备的技术、人员、管理条件、直播节目内容、相关弹幕发布、直播活动中涉及的主持人、嘉宾、直播对象等做出了具体要求。

3)《互联网直播服务管理规定》

2016年11月4日,国家互联网信息办公室发布《互联网直播服务管理规定》,明确互联网直播服务提供者和发布者在提供互联网新闻信息服务时,都应依法取得互联网新闻信息服务资质,并在许可范围内开展互联网新闻信息服务。互联网直播服务提供者应对互联网新闻信息直播及其互动内容实施先审后发管理,提供互联网新闻信息直播服务的,应设立总编辑;同时要求互联网直播服务提供者应落实企业主体责任,建立健全各项管理制度,配备与服务规模相适应的专业人员,具备即时阻断互联网直播的技术能力。对直播实施分级分类管理,建立互联网直播发布者信用等级管理体系及黑名单管理制度。

《互联网直播服务管理规定》第三条规定,提供互联网直播服务,应当遵守法律法规,坚持正确导向,大力弘扬社会主义核心价值观,培育积极健康、向上向善的网络文化,维护良好网络生态,维护国家利益和公共利益,为广大网民,特别是青少年成长营造风清气正的网络空间。

《互联网直播服务管理规定》第七条规定,互联网直播服务提供者应当落实主体责任,配备与服务规模相适应的专业人员,健全信息审核、信息安全管理、值班巡查、应急处置、技术保障等制度。提供互联网新闻信息直播服务的,应当设立总编辑。

互联网直播服务提供者应当建立直播内容审核平台,根据互联网直播的内容类别、用户规模等实施分级分类管理,对图文、视频、音频等直播内容加注或播报平台标识信息,对互联网新闻信息直播及其互动内容实施先审后发管理。

《互联网直播服务管理规定》第九条规定,互联网直播服务提供者以及互联网直播服务使用者不得利用互联网直播服务从事危害国家安全、破坏社会稳定、扰乱社会秩序、侵犯他人合法权益、传播淫秽色情等法律法规禁止的活动,不得利用互联网直播服务制作、复制、发布、传播法律法规禁止的信息内容。

《互联网直播服务管理规定》第十二条规定,互联网直播服务提供者应当按照"后台实名、前台自愿"的原则,对互联网直播用户进行基于移动电话号码等方式的真实身份信息认证,对互联网直播发布者进行基于身份证件、营业执照、组织机构代码证等的认证登记。互联网直播服务提供者应当对互联网直播发布者的真实身份信息进行审核,向所在地省、自治区、直辖市互联网信息办公室分类备案,并在相关执法部门依法查询时予以提供。

互联网直播服务提供者应当保护互联网直播服务使用者身份信息和隐私,不得泄露、篡改、毁损,不得出售或者非法向他人提供。

《互联网直播服务管理规定》第十四条规定,互联网直播服务提供者应当对违反法律法规和服务协议的互联网直播服务使用者,视情采取警示、暂停发布、关闭账号等处置措施,及时消除违法违规直播信息内容,保存记录并向有关主管部门报告。

4)《关于加强网络直播服务管理工作的通知》

《关于加强网络直播服务管理工作的通知》是2018年8月全国"扫黄打非"办公室会同工业和信息化部、公安部、文化和旅游部、国家广播电视总局、国家互联网信息办公室联合下发的通知，部署各地各有关部门进一步加强网络直播服务许可、备案管理，强化网络直播服务基础管理，建立健全长效监管机制，大力开展存量违规网络直播服务清理工作。《关于加强网络直播服务管理工作的通知》的部分内容如下。

（1）加强网络直播服务许可和备案管理工作。网络直播服务提供者应依法向电信主管部门履行网站 ICP 备案手续，涉及经营电信业务及互联网新闻信息、网络表演、网络视听节目直播等业务的网络直播服务提供者，应当分别向相关部门申请取得电信业务经营、互联网新闻信息服务、网络文化经营、信息网络传播视听节目等许可，并于直播服务上线 30 日内按照有关规定到属地公安机关履行公安备案手续。

互联网接入服务业务、互联网数据中心业务、内容分发网络业务（以下简称"网络接入服务"）提供者不得为未履行 ICP 备案手续、未取得相关业务许可的网络直播服务提供者提供网络接入服务。

移动智能终端应用软件分发平台（以下简称"应用商店"）不得为未履行 ICP 备案手续、未取得相关业务许可的网络直播服务提供者提供移动智能终端应用软件（以下简称"App"）分发服务。

（2）强化网络直播服务基础管理工作。各网络接入服务提供者应按照要求通过"工业和信息化部 ICP/IP 地址/域名信息备案管理系统"向各地通信管理局报送网络直播服务提供者 ICP、IP 地址、域名等信息。

有关部门将建立违法网络直播服务提供者黑名单，网络接入服务提供者应核验网络直播服务提供者的 ICP、IP 地址和域名信息，不得为信息不一致、黑名单中的网络直播服务网站、App 提供网络接入服务。

应用商店不得为黑名单中的网络直播服务 App 提供分发服务。

各网络直播服务提供者应按照要求落实用户实名制度，加强网络主播管理，建立主播黑名单制度，健全完善直播内容监看、审查制度和违法有害内容处置措施。

（3）组织开展存量违规网络直播服务清理工作。网络接入服务提供者、应用商店应立即进行全面清查，要求未提供 ICP 备案手续或者相关业务许可材料的网络直播服务提供者在两个月内补充相关材料，两个月后仍然无法提供相关材料的应停止服务，对拒绝提供相关材料的网络直播服务提供者应立即停止服务。

（4）建立健全网络直播服务监管工作机制。网络直播服务提供者应严格按照许可范围开展业务，不得利用直播服务制作、复制、发布、传播法律法规禁止的信息内容。

网络接入服务提供者应按照要求建立内容审核、信息过滤、投诉举报处理等相关制度，建立 7×24 小时应急响应机制，加强技术管控手段建设，按照要求处置网络直播中的违法违规行为。

网络直播服务提供者应当按照有关法律法规要求，记录直播服务使用者发布内容和日志信息并保存一定期限，对自己不具备存储能力且不购买存储服务的网络直播服务提供者，网络接入服务提供者不得提供服务。网络接入服务提供者、网络直播服务提供者应当依法配合有关部门的监督检查、调查取证，并提供必要的文件、资料和数据。

（5）《网络表演经营活动管理办法》。2016 年 12 月 2 日，文化部印发《网络表演经营活动管理办法》，该办法明确网络表演经营活动是指通过用户收费、电子商务、广告、赞助等方式获取利益，向公众提供网络表演产品及服务的行为。从事网络表演经营活动的网络表演经营单位，应根据《互联网文化管理暂行规定》，向省级文化行政部门申请取得《网络文化经营许可证》，其经营范围应明确包括网络表演，同时规定网络表演不得含有"以偷拍偷录等方式，侵害他人合法权益的"等六类内容。网络表演经营单位应要求表演者使用有效身份证件实名注册并予以核实。强调网络表演经营单位应完善用户注册系统，保存用户注册信息，积极采取措施保护用户信息安全等。本办法自2017年1月1日起施行。

《网络表演经营活动管理办法》表明：为切实加强网络表演经营活动管理，规范市场秩序，推动网络表演行业健康有序发展，根据《互联网信息服务管理办法》《互联网文化管理暂行规定》等有关法律法规，文化部制定了《网络表演经营活动管理办法》，现予印发，请认真贯彻执行。网络表演是网络文化的重要组成部分。各级文化行政部门和文化市场综合执法机构要加强对网络表演市场的管理和规范，主动引导网络文化经营单位依法依规开展经营活动，自觉提供内容健康、向上向善，有益于弘扬社会主义核心价值观的优秀网络表演，促进我国网络文化繁荣发展。

《网络表演经营活动管理办法》第四条规定，从事网络表演经营活动的网络表演经营单位，应当根据《互联网文化管理暂行规定》，向省级文化行政部门申请取得《网络文化经营许可证》，许可证的经营范围应当明确包括网络表演。网络表演经营单位应当在其网站主页的显著位置标明《网络文化经营许可证》编号。《网络表演经营活动管理办法》第五条规定，网络表演经营单位对本单位开展的网络表演经营活动承担主体责任，应当按照《互联网文化管理暂行规定》和《网络文化经营单位内容自审管理办法》的有关要求，建立健全内容审核管理制度，配备满足自审需要并取得相应资质的审核人员，建立适应内容管理需要的技术监管措施。不具备内容自审及实时监管能力的网络表演经营单位，不得开通表演频道。未采取监管措施或未通过内容自审的网络表演产品，不得向公众提供。

《网络表演经营活动管理办法》第六条规定，网络表演不得含有以下内容：① 含有《互联网文化管理暂行规定》第十六条规定的禁止内容的；② 表演方式恐怖、残忍、暴力、低俗，摧残表演者身心健康的；③ 利用人体缺陷或者以展示人体变异等方式招徕用户的；④ 以偷拍偷录等方式，侵害他人合法权益的；⑤ 以虐待动物等方式进行表演的；⑥ 使用未取得文化行政部门内容审查批准文号或备案编号的网络游戏产品，进行网络游戏技法展示或解说的。

《网络表演经营活动管理办法》第七条规定，网络表演经营单位应当加强对未成年人的保护，不得损害未成年人身心健康。有未成年人参与的网络表演，不得侵犯未成年人权益。

9.3 移动电子商务的法律法规

9.3.1 移动电子商务的认知

1. 移动电子商务的定义

移动电子商务（m-commerce），是由电子商务的概念衍生出来，传统的电子商务以PC（个人计算机）机为主要界面，是有线的电子商务，而移动电子商务则是通过手机、PDA（个人数字助理）这些可以装在口袋里的移动终端，在任何时间、任何地点，只要有移动网络就可以开始。移动电子商务就是利用手机、PDA 及掌上电脑等无线终端进行的 B2B、B2C、C2C 的电子商务。

2. 移动电子商务的特征

1）不受时空控制

移动电子商务是电子商务从有线通信到无线通信、从固定地点的商务形式到随时随地的商务形式的延伸，其最大优势就是移动用户可随时随地地获取所需的服务、应用、信息和娱乐。用户可以在自己方便时，使用智能手机或 PDA 查找、选择及购买商品或其他服务。

2）开放性、包容性

移动电子商务因为接入方式无线化，使得任何人都更容易进入网络世界，从而使网络范围延伸更广阔、更开放；同时，使网络虚拟功能更带有现实性，因而更具有包容性。

3）潜在用户规模大

目前我国的移动电话用户已接近 17 亿，是全球之最。显然，从计算机和移动电话的普及程度来看，移动电话远远超过了计算机。而从消费用户群体来看，手机用户中基本包含了消费能力强的中、高端用户，而传统的上网用户中以缺乏支付能力的年轻人为主。

4）易于推广使用

移动通信所具有的灵活、便捷的特点，决定了移动电子商务更适合大众化的个人消费领域，例如，自动支付系统，包括自动售货机、停车场计时器等；半自动支付系统，包括商店的收银柜机、出租车计费器等；日常费用收缴系统，包括水、电、煤气等费用的收缴等。

5）定制服务的个性化

由于手机等移动终端比 PC 机具有更高的可连通性与可定位性，因此移动电子商务的生产者可以更好地发挥主动性，为不同顾客提供定制化、个性化的有效服务。商家可以开展依赖于包含大量活跃客户和潜在客户信息的数据库的个性化短信息服务活动，以及利用无线服务提供商提供的人口统计信息和基于移动用户当前位置的信息，商家可以通过具有个性化的短信息服务活动进行更有针对性的广告宣传，从而满足客户的需求。

9.3.2 移动电子商务经营活动的法律法规

1. 移动互联网应用程序管理

移动互联网应用程序是指通过预装、下载等方式获取并运行在移动智能终端上、向用户提供信息服务的应用软件。

根据国家互联网信息办公室《移动互联网应用程序信息服务管理规定》的规定，通过移动互联网应用程序提供信息服务，应当依法取得法律法规规定的相关资质。

移动互联网应用程序提供者和互联网应用商店服务提供者不得利用移动互联网应用程序从事危害国家安全、扰乱社会秩序、侵犯他人合法权益等法律法规禁止的活动，不得利用移动互联网应用程序制作、复制、发布、传播法律法规禁止的信息内容。

互联网应用商店服务提供者应当对应用程序提供者进行真实性、安全性、合法性等审核，建立信用管理制度，并向所在的省、自治区、直辖市互联网信息办公室分类备案；督促应用程序提供者保护用户信息，完整提供应用程序获取和使用用户信息的说明，并向用户呈现；督促应用程序提供者发布合法信息内容，建立健全安全审核机制，配备与服务规模相适应的专业人员；督促应用程序提供者发布合法应用程序，尊重和保护应用程序提供者的知识产权。

2．移动通信运营商

移动通信运营商（mobile telecom operator）是指开办移动通信业务的服务部门。

国内有三大通信运营商：中国移动、中国联通、中国电信。

1）信息管理

移动通信运营商应执行国家关于信息管理的规范，不得使用专属短信号码发送商业推广信息；依照国家规定履行监管责任，不得自行发送未经用户请求的商业信息，不准未经用户请求或者同意强行发送信息（所谓手机预告）。

移动通信运营商可以读取用户的地理位置信息并发送提示行政区域变化的信息，但不得主动推送商业信息，政府或者其他公共服务部门发布的公益信息除外。

在移动通信运营商平台提供服务的第二类增值电信业务，由移动通信运营商受理和处理投诉，并跟踪反馈。

2）安全保障

移动通信运营商应当开通其实名制手机挂失的数据库，供银行、第三方支付等机构查询、核实，防止实名制手机被盗用作身份验证工具。移动通信运营商应当为移动终端设备在遗失、失窃等情况下提供快捷的挂失方法，并且保持业务系统挂失及止损业务服务 24 小时正常运行。挂失后未及时处理导致用户损失的，不得以格式合同条款不公平地要求用户承担损失。

服务于移动电子商务的移动通信运营商的客服和投诉应开通 7×24 小时在线投诉或者电话值班服务，因未及时受理挂失造成用户损失的，应当依法承担责任。

通过电子标签或者其他技术方式对商品进行跟踪监控，可能导致用户泄露位置或隐私的，应当对用户进行提示。

3．移动电子商务平台经营者

1）相关职责

移动电子商务平台经营者应当履行下列职责。

（1）核对验证平台内经营者的身份证明、联系方式和法律文件送达地址并定期复核。

（2）与平台内经营者签订书面协议，应具备售后服务、投诉处理、争端解决等必要内容。

（3）制定并公布该平台的《用户协议》和商业规则。

（4）制定并公布知识产权保护规则，并提供知识产权权利人投诉的通知入口。

（5）在显著位置提供客户服务的入口及联系方式。

2）业务规定

（1）移动电子商务平台经营者对其自身或者关联企业提供的服务应与其他服务隔离，不得滥用自身优势地位。

（2）免费软件服务不能免除移动电子商务平台经营者对知识产权的合理谨慎的注意义务；参与收费软件下载分成的，应当承担比免费软件下载更大的知识产权保护义务。

(3) 就移动电子商务合同成立、生效具体内容举证有差异的,若采用第三方数据存管的,以第三方数据为准,无第三方数据的,服务商具有举证责任。

(4) 移动电子商务的用户协议,个人信息及隐私保护政策,知识产权保护政策,在修改前应当公布,并提供历史修改的版本和时间。

(5) 在移动电子商务发生争议或者投诉时,用户可以将截屏、打印文件作为投诉的初步证据,运营商对事实有异议的,应当提供系统原始记录文件。

4. 移动电子商务平台内经营者

移动电子商务平台内经营者属于电子商务经营者,应当执行我国《电子商务法》对电子商务经营者的一般规定。

移动电子商务平台内经营者主要分为两类:一类是依托台式终端设备电子商务销售平台进一步开发的移动电子商务销售平台,针对这类经营者已经有了比较成熟的管理规则和办法;另一类是通过微信、QQ、微博等移动端开展电子商务活动的微商。

微商是移动电子商务平台内经营者中一种新型的并具有特殊形式的经营者。微商是指通过微信、QQ、微博等移动端进行的商品或服务活动的集合,同时也指所有从事这个行业的从业者。微商诞生于2013年,是随着中国移动互联网和微信平台的快速发展而诞生的新兴行业。

微商的操作模式基本可以分为两种:一种是微信商城(例如有赞、微信小店等),类似于电子商务的B2C;另一种是微信朋友圈卖货,类似于淘宝这样的C2C,主要通过微信朋友圈进行商品的展示和销售,这种微商通常又称为"朋友圈微商",这也是微商行业中最主流、占比最高的一个类别。微商主要以代购、非标准商品的分享购买为主要形态,品类以化妆品、母婴用品、养生保健品,以及高端农产品、高端零食、古董文玩为主要代表。

微商交易中的特殊问题有以下三个。

(1) 微信朋友圈交易模式导致消费维权和售后保障很难。微商平台通过微信朋友圈、粉丝群等开展"熟人交易",卖家的身份基本未进行实名信息审核,导致对违法主体追责难、售后服务和消费维权难。

(2) 特有的广告营销方式导致广告违法问题突出。社交平台广告投放简单,成本低廉,形式多样,垃圾广告泛滥,虚假宣传广告盛行,虚构交易、编造用户评价等问题泛滥。

(3) 移动社交平台监管不到位。微商提供平台认为,微信只是提供了一个社交和通信渠道,使用者利用微信发布商品信息、销售商品,由此产生的法律责任与平台无关。但从我国《电子商务法》对平台经营者监管的角度看,无论是微信、微博,还是易信,只要移动社交平台经营者为平台上的卖家提供了服务,平台就应该承担相应的责任和义务。

针对上述问题,需要加强以下四个方面的工作。

(1) 落实我国《电子商务法》,推动移动电子商务平台切实履行相关责任、义务,包括严格履行网商经营主体真实身份审核,加强对经营信息发布、商品销售等经营行为的审查,健全和完善交易信息保存,及时解决消费纠纷,等等。

(2) 探索建立多部门联动机制,加强协同建立多元共治的社会共治监管体系。移动电子商务涉及多个部门,对内要进一步明确各业务部门的监管职责,加强跨省、自治区、直辖市和跨地区的监管协作,实现从上到下资源共享、协查协办、指挥协调、上下联动。

(3) 探索建立与社交网络平台运营商的信息协作机制和技术合作机制,加强虚假信息防控和商品质量监测。在移动社交网络上传播商品信息，准入门槛低，人人都是信息的发布者与互动者。因此，社交网络平台运营商要积极建立有效的商品信息管控机制，强化信息发布控制，加强构建媒体的诚信体系；市场监管部门与运营商要共同制定监管标准，积极探索商品监管的技术手段，一旦发现违规行为，应协同微信运营商立即停止商品销售，或者对入驻的商户采取控制措施。

（4）加强执法，严厉打击各种损害消费者权益的行为。根据消费者投诉的重点区域、重点行业、重点商品，适时组织开展专项整治行动，重点查处社会及媒体高度关注的违法违规行为。

9.3.3 典型移动电子商务应用的法律法规

1．移动支付

1）移动支付的概念

移动支付也称为手机支付，是允许用户使用其移动终端（通常是手机）对所消费的商品或服务进行账务支付的一种服务方式。移动支付主要分为近场支付和远程支付两种。近场支付是指用手机刷卡的方式坐车、买东西等。远程支付是指通过发送支付指令或借助支付工具进行支付的方式。

移动支付是电子支付的一种类型，支付宝和微信支付是两个移动支付的典型。在国内，移动支付场景扩展至生活的方方面面，第二梯队——第三方移动支付企业逐渐发展起来，苏宁支付、京东支付、百度钱包等第二梯队平台加快成长；在国外，中国移动支付业务扩张趋势明显。

2）移动支付面临的主要法律风险

（1）用户信息及隐私安全风险。应用移动支付的前提是用户必须以实名方式注册，提交自己的详细信息。银行、运营商、第三方网络机构等都存在对用户的信息与隐私保管不善，被黑客窃取的可能。一些机构在利益的驱使下，会利用客户的这些信息制造商业机会或者进行商业推销等。

（2）账户资金安全的法律风险。从目前的情况来看，我国的移动支付平台大多以智能手机为载体，智能手机依托于先进的网络技术，而网络技术本身就具有一定的安全隐患。现阶段我国部分网络平台的支付系统中存在一些高危漏洞，一些不法分子会利用这种漏洞窃取用户的资金。产生这种状况的主要原因是用户安全意识差，没有对自身的密码、用户账号、身份证等进行妥善的保管，进而使不法分子在窃取用户的相关信息后利用网络漏洞窃取用户信息，从而引发一系列的资金安全问题。

例如，现阶段一些不法分子伪装成淘宝客服与用户进行交谈，在交谈的过程中提出一些优惠政策来激发用户的购买欲望，但是在购买之前，用户需要提供个人信息作为保障；之后不法分子利用虚假的身份进行开户，造成用户账户资金安全的法律风险。

（3）金融法律风险。在移动支付的过程中，经常出现行为人利用移动支付的交易规则、技术漏洞、监管缺位等实施的破坏金融管理秩序等违法犯罪行为。一些犯罪分子利用移动支付的自由交易及信息保护不完善，实施破坏金融管理秩序的犯罪，主要涉及洗钱罪和信用卡诈骗罪。

3）移动支付风险的防范

（1）应用移动支付标准。围绕移动支付、非银行支付，我国制定并发布了相应的金融标准，涵盖标识编码、安全规范、接口要求、受理终端、支付应用、联网联合、检测规范等环节。同时，采用"金融标准+检测认证"方式，规范了事前准入和事中监管。电子商务整个产业链，包括清算机构、银行、非银行支付机构、芯片厂商、终端厂商、商户等应严格执行相关标准，构建良好的金融生态环境，保障移动支付的健康快速发展。

（2）加强对移动支付行业的两个主角的管理。移动通信服务提供者和移动支付服务提供者是移动支付行业的两个主角。移动通信服务提供者应当遵守《电信服务规范》的规定，实现通信业务的准确性、有效性和安全性。移动支付服务提供者应依法取得《支付业务许可证》，遵循主要服务电子商务发展和为社会提供小额、快捷、便民小微支付服务的宗旨，按照规定为客户开立支付账户，提供网络支付服务。自 2018 年 6 月 30 日起，支付机构受理的涉及银行账户的网络支付业务全部通过网联平台处理，"网联平台"将成为第三方支付机构服务的专门的支付清算平台，任何第三方支付机构只要接入银行、用户进行跨行转账，平台都将掌握具体的商品交易信息和资金流向，从而防范洗钱、挪用备付金等行为，并对第三方支付行业的风险进行有效管控。同时，移动通信服务提供者和移动支付服务提供者应该就监测移动支付违法犯罪问题建立协同监测平台，并与执法平台相连，对诈骗、洗钱、异常交易记录等违法犯罪活动进行实时监测，受理用户对违法犯罪活动的举报，及时将违法犯罪情况通报警方，开展执法协助。

（3）提高移动电子商务经营者的风险意识。移动电子商务经营者使用移动支付业务，应慎重选择具有支付清算业务资质的银行或者支付企业。利用条码支付（主要是二维码支付）时，移动电子商务经营者应当按照中国人民银行《条码支付业务规范（试行）》的规定，接受银行、支付机构的管理，签订条码支付受理协议，就银行结算账户的设置和变更、资金结算周期、结算手续费标准、差错和争议处理等条码支付服务相关事项进行约定，明确双方的权利、义务和违约责任。

（4）妥善解决未授权支付和错误或迟延支付。移动支付的当事人众多，交易过程快捷，且是无纸化交易，一旦发生未授权移动支付，难以迅速辨别是在哪一个环节出了问题。移动运营商、银行和支付平台运营商等应承担举证责任，证明自己已经履行了保证客户信息安全的义务。在移动支付中一旦发生错误或者迟延支付，当事人应采取相应的补救措施以减少损失。如果客户因自己的错误导致错误或者迟延支付，应由自己承担相应的法律责任。

2．网约车

1）网约车的运作流程

网约车是"网络预约出租汽车"的简称。按照交通部等七部委颁布的《网络预约出租汽车经营服务管理暂行办法》的定义，网约车经营服务是指以互联网技术为依托构建服务平台，整合供需信息，使用符合条件的车辆和驾驶员，提供非巡游的预约出租汽车服务的经营活动。网络预约出租汽车经营者（简称"网约车平台公司"）是指构建网络服务平台，从事网约车经营服务的企业法人。

2）网约车运作的法律规范

我国首部网约车管理办法《网络预约出租汽车经营服务管理暂行办法》从以下五个方面对网约车的运作做出了规范。

（1）网约车平台公司。申请从事网约车经营的企业，应当具有企业法人资格，获得相应出租汽车行政主管部门的批准，具备开展网约车经营的互联网平台和与拟开展业务相适应的信息数据交互及处理能力，具备供交通、通信、公安、税务、网信等相关监管部门依法调取查询相关网络数据信息的条件。网络服务平台数据库接入出租汽车行政主管部门监管平台，服务器设置在中国，有符合规定的网络安全管理制度和安全保护技术措施；与银行、非银行支付机构签订提供支付结算服务的协议；有健全的经营管理制度、安全生产管理制度和服务质量保障制度；在服务所在地有相应的服务机构及服务能力。

（2）网约车车辆。拟从事网约车经营的车辆应是 7 座及以下乘用车，安装具有行驶记录功能的车辆卫星定位装置、应急报警装置，车辆的技术性能应符合运营安全相关标准要求。

（3）网约车驾驶员。从事网约车服务的驾驶员应取得相应准驾车型机动车驾驶证并具有 3 年以上驾驶经历；无交通肇事犯罪、危险驾驶犯罪记录，无吸毒记录，无饮酒后驾驶记录，最近连续 3 个记分周期内没有记满 12 分记录，无暴力犯罪记录。

（4）网约车经营行为。网约车平台公司承担承运人责任，应当保证运营安全，保障乘客的合法权益；应当保证提供服务的驾驶员具有合法从业资格，根据工作时长、服务频次等特点，与驾驶员签订多种形式的劳动合同或者协议，明确双方的权利和义务；应当公布确定符合国家有关规定的计程计价方式，明确服务项目和质量承诺，建立服务评价体系和乘客投诉处理制度；不得有意排挤竞争者或者独占市场，以低于成本的价格运营，扰乱正常市场秩序，损害国家利益或者其他经营者合法权益等不正当价格行为，不得有价格违法行为；应当加强安全管理，落实运营、网络等安全防范措施。

（5）监督检查。出租汽车行政主管部门应当建设和完善政府监管平台，实现与网约车平台信息共享；加强对网约车市场监管，加强对网约车平台公司、车辆和驾驶员的资质审查与证件核发管理；定期组织开展网约车服务质量测评，并及时向社会公布本地区网约车平台公司的基本信息、服务质量测评结果、乘客投诉处理情况等信息；各有关部门应当按照职责建立网约车平台公司和驾驶员信用记录，并纳入全国信用信息共享平台；公安机关、网信部门应当按照各自的职责监督检查网络安全管理制度和安全保护技术措施的落实情况，防范、查处有关违法犯罪活动。

9.4　农村电子商务的法律法规

9.4.1　农村电子商务的认知

1．农村电子商务的概念

狭义的农村电子商务一般指其内涵，是指利用互联网（移动互联网），通过计算机、移动终端等设备，采用多媒体、自媒体等现代信息技术，为从事涉农领域的生产经营主体提供在网上完成产品或服务的销售、购买和电子支付等业务交易的过程，其中也包括对接外部电子商务平台、建立电子商务基础设施、进行电子商务知识培训、搭建电子商务服务体系和出台电子商务支撑政策等业务。

广义的农村电子商务一般还包括其外延部分，它更多地强调在农村推进和应用电子商务，它不仅指工业品下乡或农产品进城，还包括以下五个层面的含义：将农产品通过网络途径销售出去；在乡村聚集的以销售本地特色商品为主要业务的乡村电子商务，如淘宝村、淘宝镇；将电子商务的物流、人才流、信息流、资金流聚集在县城周边，形成电子商务服务业、包装仓储物流相关产业和商品配套供应产业协同集群发展的县域电子商务；将农民需要的生活服务、农业生产资料和生活日用品通过电子商务终端的延伸，实现服务到村的农村电子商务，典型的就是阿里巴巴、京东实行的农村战略；将信息技术、大数据、物联网技术应用到农业生产，实现农业的规模化、精准化生产，并促进农业与乡村旅游和谐发展。

2. 农村电子商务的分类

1）农产品电子商务

农产品电子商务是指在农产品销售过程中，全面导入电子商务系统，利用信息技术，以网络为媒介，进行需求、价格等信息的发布与收集，依托农产品生产基地与物流配送系统，为顾客提供优质农产品和服务的一种新型的商业运营模式。农产品电子商务主要分为以下三类。

（1）自产自销：即由农民、种养大户、家庭农场、农业企业等将自己生产的农产品通过网络销售出去，主要采用 B2C、C2C 模式。自产自销的优点是集"产加销"于一体，货源可控、质量可控、价格可控；缺点是品种单一、季节性强、单打独斗。

（2）专职电子商务：即由零售电子商务商家或电子商务企业通过网络为农民、农业企业销售农产品，有的采用代销模式，有的建有电子商务平台。专职电子商务的优点是专业性强、选择性强、适应性强；缺点是货源、质量、价格不可控。

（3）自产带销：上述二者的结合，既做产品，又做平台。

2）农资电子商务

农资即农用物资，是指农业生产中所需的物质资料，包括化肥、种子、饲料、农机、农药等。农资电子商务平台的出现是让各种农资价格信息透明化，农民可以货比三家，而不必为假冒伪劣担惊受怕，一旦出了问题，农民就有了明确的追溯和索赔通道。借助"互联网+农业"的大潮，未来农技服务与农资电子商务完全可以嫁接，农化服务的专业化和及时性将大大增强。

对于农资经销商来说，简单地销售产品越来越难实现业务上的扩张。与其在这个巢穴中越陷越深，不如改行做服务商，不再为卖产品和赊销犯愁，专业为农资电子商务平台提供物流配送、农技服务，集中优势资源做自己更擅长的事情。很显然，正在兴起的农资电子商务为此提供了可能。

总之，农资电子商务并不仅仅是"互联网+农资"，而是"互联网+农资+仓储+物流+金融+服务+经销商"的综合解决方案。因此，农资电子商务只是刚刚开始，还有很长的路要走。

3）农业电子商务

农业电子商务是指利用现代信息技术（互联网、计算机、多媒体等）为从事涉农领域的生产经营主体，提供在网上完成产品或服务的销售、购买和电子支付等业务交易的过程。农业电子商务是一种全新的商务活动模式，它充分利用互联网的易用性、广域性和互通性，实现了快速可靠的网络化商务信息交流和业务交易。

农业电子商务是以农业网站平台为主要载体为农业提供各种商务服务或直接经营商务业务的过程。农业电子商务是一个涉及社会方方面面的系统工程，包括政府、企业、商家、消费者、农民，以及认证中心、配送中心、物流中心、金融机构、监管机构等，通过网络将相关要素组织在一起。农业电子商务是从农业传统生产和经营活动中发展起来的新的社会经济运作模式。

3. 农村电子商务的特征

1）整体性特征

整体性特征是指农村发展所需要的区域整体社会经济的发育水平。农村电子商务支持系统的系统性主要表现为，它与多个部门和领域的平台都有重要的联系，包括农产品的生产、加工、网络营销路径、配送物流以及产品售后等农村电子商务环节中必不可少的环节，所以大量人力和物力的倾注也是不可或缺的。

农村电子商务的发展依赖于农村区域社会经济文化发育的整体水平，电子商务发展依赖的是农村区域的综合实力，因此，只有那些区域发展阶段较高、社会发育水平综合全面的农村区域才有条件推进农村电子商务。不具备整体实力的地区需要强化支持体系各因素中的弱项和短板，创造良好的整体条件后才能顺利推进农村电子商务的发展。不分区域、不系统审视区域发展状态、不科学评估区域发展水平就盲目推进农村电子商务发展，不会达到预期效果，也不可能以期望通过农村电子商务的发展推进地方产业升级转型和区域经济水平的提高。

农村电子商务发展要求的整体性体现在区域发展阶段、综合竞争力、社会文明程度、经济的现代化程度、商业文化底蕴等方面。

农村社会发展阶段至少要基本脱离传统农业发展和小农经济阶段。区域综合竞争力较高，体现在城市化水平较高，综合基础设施较发达，基本公共服务项目没有缺失；社会文明程度较高，体现在受教育程度较高，崇尚文明和科学，经济水平足以承受电子商务基础设施建设和其他短缺的电子商务支持体系建设；商业文化底蕴较浓厚，体现在市场较发达。

2）连锁性特征

连锁性特征主要表现为产业连锁、区域互动、市场非场所性等三方面。

一个完整的农村电子商务产业是一个联通生产、销售、加工、基础设施建设等诸多环节的价值链。

农村电子商务的产品销售以地方名优特产、地方优势农产品为主，农村电子商务的农村地区必然会形成农业产业化和农业生产的地域分工，分工的结果是建立和强化区域互动，实现农业生产的因地制宜原则。

农村电子商务的市场不是地方市场，其市场圈的形成完全颠覆了传统市场形成与演化的逻辑，最大的特征是市场空间和市场规模的快速、无限放大。因此，农村电子商务的投入成本主要是以构建诚信为核心内容的线上市场的形象塑造，随着美誉度的提升而提高知名度。

3）集聚性特征

集聚性特征主要表现在电子商务商家的空间集聚、产品生产者的空间集聚、以电子商务企业为核心的物流、金融、仓储服务等的区位集聚。因此农村电子商务通常集聚在一些特殊的区位，从而形成专业性很强、特色鲜明的电子商务村、电子商务园区、电子商务小镇等。

农村电子商务的产业集群是既可以有劳动力，将资源转换成产品，又可以直接钱生钱的经济，也就是说，将实体经济和虚拟经济融合了的经济活动。农村电子商务是在信息技术的参与下，使传统农村产业变得更为创新，所以这是它与一般产业集群存在差异的地方，但同时又包含了一般产业集群的四大特征，即在一个固定的地方有大量的企业聚集、有主导的产业支持、有自己运行的机制、有根植性。而这些特征在义乌上有一个很好的体现。所以农村电子商务的产业集群是交叉融合了不同产业和相关的传统产业的。

以义乌为例，义乌已经形成了包含服装、饰品、针织、拉链等各种小商品的产业集群，虽然卖的是各类小商品，但已经形成了一个大的产业链。由各类小商品形成一个市场，再由一个个市场形成一个小企业，各个企业集群在义乌这个地方扎根，这种特殊的发展格局已基本形成。义乌的产业集群发展迅速，范围广泛。随着市场规模的逐渐扩大以及多种功能的完善之后，义乌发展成为到目前为止最大、最有名气的小商品批发集聚地，一跃成为知名的国际商贸城市。因此农村电子商务具有产业集群这一显著产业特征。

4）销售平台低投入与支持体系高投入并存特征

由于农村电子商务商户绝大多数就是一个网店，投入成本十分低廉。但是，如果把农村电子商务作为一个系统考虑，是社会长期发展积累的各种社会财富和生产力进步的结果，不是简单的某个时间断面上能算清楚的投入产出比。另外，作为一个体系，农村电子商务顺利运营所要投入的各个环节中，绝大多数是社会公共服务提供的基础设施。因此，虽然从电子商务商户的经营角度看确实是低投入，但从整体性看，其实是社会高度发达的产物，无法计算运营成本。

尽管运营销售平台的投入不多，但农村电子商务的支持体系投入是巨大的、系统的和长期的。没有大量的、长期的资金投入，难以建成农村区域的物流系统、信息业基础设施系统、农村道路系统和农副产品的产供销一体的产业链系统。

9.4.2 农村电子商务的相关法律法规

从培育农村电子商务供应链、促进产销对接到开展"电子商务进农村综合示范工作"，国家政策针对农村电子商务发展的措施越来越明确，目标也越来越清晰。2015—2020年6月初，我国农村电子商务的相关法律法规汇总如下。

2015年5月，国务院发布了《关于大力发展电子商务 加快培育经济新动力的意见》，积极开展农村电子商务。加强互联网与农业农村融合发展，引入产业链、价值链、供应链等现代管理理念和方式，研究制定促进农村电子商务发展的意见，出台支持政策措施。

2015年11月，国务院发布了《关于促进农村电子商务加快发展的指导意见》，强调农村电子商务是转变农业发展方式的重要手段，是精准扶贫的重要载体，通过大众创业、万众创新，发挥市场机制作用。加快农村电子商务发展，把实体店与电子商务有机结合，使实体经济与互联网产生叠加效应，对于促消费、扩内需，推动农业升级、农村发展、农民增收具有重要意义。

2017年2月，中共中央、国务院发布了《关于深入推进农业供给侧结构性改革 加快培育农业农村发展新动能的若干意见》，促进新型农业经营主体、加工流通企业与电子商务企业全面对接融合；加快建立健全适应农产品电子商务发展的标准体系；支持农产品电子商务平台和乡村电子商务服务站点建设；深入实施电子商务进农村综合示范；鼓励地方规范发展电子商务产业园；完善全国农产品流通骨干网络；加强农产品产地预冷等冷链物流基础设施网络建设，完善鲜活农产品直供直销体系。

2015年7月，国务院发布了《关于积极推进"互联网+"行动的指导意见》，开展电子商务进农村综合示范，支持新型农业经营主体和农产品、农资批发市场对接电子商务平台，积极发展以销定产模式。完善农村电子商务配送及综合服务网络，着力解决农副产品标准化、物流标准化、冷链仓储建设等关键问题，发展农产品个性化定制服务等。

2017年8月，商务部、农业部发布了《关于深化农商协作大力发展农产品电子商务的通知》，顺应互联网和电子商务发展趋势，充分发挥商务、农业部门协作协同作用，以市场需求为导向，着力突破制约农产品电子商务发展的瓶颈和问题，加快建立线上线下融合、生产流通消费高效衔接的新型农产品供应链体系。

2018年5月，财务部、商务部、国务院扶贫办发布了《关于开展2018年电子商务进农村综合示范工作的通知》，深入建设和完善农村电子商务公共服务体系，培育农村电子商务供应链，促进产销对接，加强电子商务培训，带动贫困人口稳定脱贫，推动农村电子商务成为农业农村现代化的新动能、新引擎。

2019年1月，中共中央、国务院《关于坚持农业农村优先发展做好"三农"工作的若干意见》，推进重要农产品全产业链大数据建设，加强国家数字农业农村系统建设；继续开展电子商务进农村综合示范，实施"互联网+"农产品出村进城工程；全面推进信息进村入户，依托"互联网+"推动公共服务向农村延伸。

2019年2月，中共中央、国务院发布了《关于促进小农户和现代农业发展有机衔接的意见》，发展农村电子商务，鼓励小农户开展网络购销对接；深化电子商务扶贫频道建设，开展电子商务扶贫品牌推介活动，推动贫困地区农特产品与知名电子商务企业对接。

2019年4月，中共中央、国务院发布了《关于建立健全城乡融合发展体制机制和政策体系的意见》，完善农村电子商务支持政策，实现城乡生产与消费多层次对接。

2019年5月，财政部、商务部、国务院发布了《关于开展2019年电子商务进农村综合示范工作的通知》，以电子商务进农村综合示范为抓手，加强农村流通设施建设，提升公共服务水平，促进产销对接，探索数据驱动，打造综合示范"升级版"，构建普惠共享、线上线下融合、工业品下乡和农产品进城畅通的农村现代流通体系。

2019年12月，农业农村部、发改委、财政部、商务部发布了《关于实施"互联网+"农产品出村进城工程的指导意见》，建立完善适应农产品网络销售的供应链体系、运营服务体系和支撑保障体系，促进农产品产销顺畅衔接、优质优价，带动农业转型升级、提质增效，拓宽农民就业增收渠道，以市场为导向推动构建现代农业产业体系、生产体系、经营体系，助力脱贫攻坚和农业农村现代化。

2020年1月，农业农村部、中央网络安全和信息化委员会发布了《数字农业农村发展规划（2019—2025年）》，深化电子商务进农村综合示范，实施"互联网+"农产品出村进城工程，推动人工智能、大数据赋能农村实体店，全面打通农产品线上线下营销通道。

2020年4月，农业农村部、财政部发布了《关于做好2020年农业生产发展等项目实施工作的通知》，提升便民服务、电子商务、培训体验服务水平，推进"互联网+"农产品出村进城，将益农信息社打造成为农服务的一站式窗口。

2020年5月，农业农村部发布了《"互联网+"农产品出村进城工程试点工作方案》，发挥"互联网+"在推进农产品生产、加工、储运、销售各环节高效协同和产业化运营中的作用，培育出一批具有较强竞争力的县级农产品产业化运营主体，建立完善适应农产品网络销售的供应链体系、运营服务体系和支撑保障体系。

2020年6月，财政部、商务部、国务院扶贫办发布了《关于做好2020年电子商务进农村综合示范工作的通知》，深入开展电子商务进农村综合示范，夯实农村物流基础设施，健全农村电子商务公共服务体系，培育壮大农村市场主体，畅通农产品进城和工业品下乡。

拓展实训

【实训目标】

通过实训使学生初步了解跨境电子商务的法律法规、直播电子商务的法律法规、移动电子商务的法律法规以及农村电子商务的法律法规。

【实训内容】

了解并掌握电子商务新型法律法规，如跨境电子商务的法律法规、直播电子商务的法律法规、移动电子商务的法律法规以及农村电子商务的法律法规。

【实训步骤】

（1）以2~3人为单位组成一个团队，设负责人一名，负责整个团队的分工协作。
（2）团队成员通过分工协作，多渠道搜集相关资料。
（3）团队成员对搜集的材料进行整理，总结并分析电子商务新型法律法规。
（4）各团队将总结制作成表格，派出一人作为代表上台演讲，阐述自己团队的成果。
（5）教师对各团队的成果进行总结评价，指出不足与改进措施。

【实训要求】

（1）考虑到课堂时间有限，实训可采取"课外+课内"的方式进行，即团队组成、分工、讨论和方案形成在课外完成，成果展示安排在课内。
（2）每个团队方案展示时间为10分钟左右，教师和学生提问时间为5分钟左右。

复习思考题

1. 跨境电子商务零售进口的参与主体主要有哪些？
2. 网络直播基础层面的相关规定有哪些？
3. 移动电子商务经营活动的法律法规有哪些内容？

参考文献

[1] 法律出版社法规中心. 最新电子商务法规汇编[M]. 北京：法律出版社，2018.

[2] 凌斌. 电子商务法[M]. 北京：中国人民大学出版社，2019.

[3] 吴景明.《中华人民共和国电子商务法》消费者权益保护法律制度：规则与案例[M]. 北京：中国法制出版社，2019.

[4] 罗佩华，魏彦珩. 电子商务法律法规[M]. 北京：清华大学出版社，2019.

[5] 温希波，邢志良，薛梅. 电子商务法：法律法规与案例分析[M]. 北京：人民邮电出版社，2019.

[6] 韩晓平. 电子商务法律法规[M]. 北京：机械工业出版社，2020.

[7] 郑远民，李俊平. 电子商务法发展趋势研究[M]. 北京：知识产权出版社，2012.

[8] 全国人大财政经济委员会电子商务法起草组. 中国电子商务立法研究报告[M]. 北京：中国财政经济出版社，2016.

[9] 王芸，袁颖. 电子商务法规[M]. 北京：高等教育出版社，2016.

[10] 柯桦龙，周海斌，夏雪峰，等. 以案说法：电子商务法案例评析[M]. 北京：机械工业出版社，2016.

[11] 李国旗. 电子商务法实务研究[M]. 杭州：浙江大学出版社，2015.

[12] 高富平. 中国电子商务立法研究[M]. 北京：法律出版社，2015.

[13] 刘喜敏，迟晓曼. 电子商务法实务研究[M]. 大连：大连理工大学出版社，2015.

[14] 张楚，郭斯伦. 电子商务法教程[M]. 北京：首都经济贸易大学出版社，2005.

[15] 杨路明. 电子商务法[M]. 北京：机械工业出版社，2007.

[16] 秦成德. 电子商务法[M]. 北京：科学出版社，2007.

[17] 李适时. 各国电子商务法[M]. 北京：中国法制出版社，2003.

[18] 郭懿美. 电子商务法经典案例研究[M]. 北京：中信出版社，2006.

[19] 杨坚争. 电子商务法教程[M]. 北京：高等教育出版社，2007.

[20]《电子商务法》最权威解读！[EB/OL].（2018-09-06）. https://www.sohu.com/a/252301138_100002749.

[21] 中国互联网络信息中心. CNNIC 发布第 45 次《中国互联网络发展状况统计报告》[EB/OL].（2020-04-28）. http://www.gov.cn/xinwen/2020-04/28/content_5506903.htm.